GRENZENLOS

MIT DEM FAHRRAD
4 JAHRE UM DIE WELT

WILFRIED HOFMANN

Edition Fahrrad

Verlag Kastanienhof

Grenzenlos - Mit dem Fahrrad 4 Jahre um die Welt

© Verlag Kastanienhof

Hauptstraße 59, 01796 Struppen

E-Mail: anfrage@verlag-kastanienhof.de

Homepage: www.verlag-kastanienhof.de

ISBN 978-3941760226

Fotos: Gisela und Wilfried Hofmann

Umschlagsgestaltung: © Verlag Kastanienhof

Innengestaltung & Satz : © Verlag Kastanienhof

Lektorat: Monika Welz

Gesamtkonzept: Manfred Hoffmann

Erste Auflage 2011

Wilfried Hofmann, Jahrgang 1955, lebt mit seiner Frau Gisela im thüringischen Sonneberg. Als gelernter Anlagentechniker arbeitete er zuletzt als Sicherheitsfachkraft und Betriebsrat.

Das Jahr 1989 bedeutete für die beiden vor allem die Möglichkeit, gemeinsam mit ihren Söhnen zu reisen, neue Länder, sich selbst neu zu entdecken und Träume zu verwirklichen.

In der Mitte des Lebens beschlossen sie, die „Reise ihres Lebens" zu machen, packten die Fahrräder und fuhren los, um ihren Sohn Martin in Neuseeland zu besuchen.

Wilfried Hofmann fasst das Fazit dieser Reise so zusammen: „Bei all den Erlebnissen über die vier Jahre wurde uns immer bewusster, wie kurz unsere Zeit auf diesem Planeten ist und wie klein und unwichtig wir doch eigentlich sind. Zwei radelnde Sandkörner in Raum und Zeit …"

INHALTSVERZEICHNIS

Für Martin, Matthias und Gi

PROLOG

Schon immer war Reisen eine große Leidenschaft von uns. Bis 1989 konnten wir jedoch – systembedingt – nur recht begrenzt die östlichen Länder besuchen. Aber schon damals war uns irgendwie bewusst, zu Ost werden sich über kurz oder lang auch die anderen Himmelsrichtungen gesellen. Dies war auch bitter nötig, denn die Ostgebiete waren nach 15 Jahren irgendwie zu eng geworden und großflächig „abgegrast". Die Glück bringende Wende 1989 kam also gerade zur richtigen Zeit. Da wir bereits davor meist nicht pauschaltouristisch unterwegs waren, somit diesbezüglich auch etwas Erfahrung als Individualtouristen unser Eigen nennen konnten, lag für die Zukunft eine erhoffte, aber noch ungeahnte Vielfältigkeit vor uns. Diese begann 1990. Zu dieser Zeit wurden wir regelrecht „reisegeil". Mit unterschiedlichsten Campern eroberten wir Ex-Jugoslawien, Albanien, Griechenland, die Türkei und „wagten" uns sogar in den Iran. Jeder Tag Urlaub war eine neue Erfahrung, ein herrliches Geschenk der Freiheit. Vor den Kornati-Inseln in der kroatischen Adria unternahmen wir eine einwöchige Faltboottour und erlangten dabei unter den Jachtseglern viel Anerkennung, denn es war gerade eine recht stürmische Zeit. Später begannen wir, die Wüstenländer in unser Herz zu schließen.

Bei vielen dieser kleinen und auch größeren Abenteuer begleiteten uns unsere Söhne. Gemeinsam machte es einfach mehr Spaß, all die neuen Möglichkeiten zu erleben, auf Berge zu steigen, am Lagerfeuer zu sitzen und unbekannte Kulturen kennenzulernen. Unsere Kinder sind bis heute dieser Art des Reisens treu geblieben: Matthias ist in der Zwischenzeit stolzer Besitzer eines Wohnwagens und erlebt alljährlich mit seiner Familie die Reisewege seiner Kindheit und Jugend nach. Martin, er war damals 22 Jahre alt, überraschte uns im Jahre 2002 mit einer ganz anderen Eingebung. Er wollte eine längere Fahrradtour unternehmen. „Länger" bedeutete dabei, der Zeitrahmen war völlig offen und der Weg sollte das Ziel sein.

Wir als Eltern wurden damals oft gefragt, wie wir solch eine Eingebung nur unterstützen könnten? Nun, wenn man Kinder hat, dann hat man eigentlich nur ein Interesse: Den Kindern soll es gut gehen, sie sollen mit sich und der Welt im Reinen sein und ihre eigenen Erfahrungen machen können. Und aus diesem Grund gaben wir Martins Wunsch unseren vollen Segen. Wir selbst hatten zu dieser Zeit gerade eine vierwöchige Fahrradtour auf Sri Lanka in überaus guter Erinnerung und steckten mitten in der Vorbereitungsphase für eine nächste im Jemen.

Im Sommer 2003 begann Martins Fahrradtour Richtung Asien. Da die Nabelschnur ja glücklicherweise nie ganz zerschnitten wird, bestätigten seine E-Mails und Telefonate unsere Annahme, dass es ihm die meiste Zeit wirklich gut ging. Somit war das, was wir ihm wünschten, auch eingetroffen. Seine eigene Eingebung war sein richtiger Weg! Bis 2007 begleiteten wir gedanklich seine Tour, besuchten ihn in Thailand und Ägypten, erledigten seine bürokratischen Hürden im Heimatland und machten uns so nebenbei selbst Gedanken über unsere eigenen Eingebungen.

Nach 10 000 Fahrradkilometern bis Thailand, einer sechsmonatigen Segeltour auf der Dschunke der Abenteurer Axel Brümmer und Peter Glöckner von Thailand bis Ägypten und vielen weiteren Motorradkilometern mit Freunden in Indien hielt sich Martin dann über ein Jahr in Australien auf. Hier verdiente er sich – die Ersparnisse waren schon lange aufgebraucht – irgendwie seinen Lebensunterhalt und lebte dann mit seiner Frau Dana, die er auf der Dschunke kennengelernt hatte, in Neuseeland. Neben seinen zwei süßen Töchterchen nennt er in der Zwischenzeit auch eine kleine Baufirma sein Eigen. Oft rief er an. „Wann besucht ihr mich endlich?", war eine ständige Frage.Eines Tages sagte ich daher halb im Scherz zu ihm: „Wir werden dich besuchen, doch kann das noch etwas dauern, denn wir werden mit den Fahrrädern zu Besuch kommen. Zwei Jahre werden wir wohl dazu brauchen." Martin war platt, aber hörbar begeistert von der Idee seiner Alten.

Unsere eigenen Eingebungen überschlugen sich ab

Herbst 2006. Zu dieser Zeit wurde uns nämlich klar: Wir können noch sooft – wenn auch in der Regel so untypisch anders – urlauben, ein schnelles Ende ist dabei aber leider immer in Sicht. Das wertvolle Gut Zeit war bei uns immer zu knapp bemessen. Wie viele andere Menschen, so vertrösteten auch wir uns gedanklich auf das noch ferne Rentenalter. Durch den frühen Tod unserer Väter wurde uns aber schnell bewusst, was mit erhofften Träumen urplötzlich geschehen kann. Im Herbst 2006 begann daher unsere eigene kraftvolle und unbeirrbare Umsetzungsphase. Wir arbeiteten sozusagen nun unsere Eingebungsliste ab.

Eigentum verpflichtet! Dies merkt man umso mehr, wenn man sich davon teilweise oder auch ganz trennen will. Wir verkauften unser Wohnmobil und viele weitere bisher geliebte Eigenheiten. Im Gegenzug stellten wir unseren zukünftigen Fahrradhaushalt zusammen. Dies aber waren noch die kleinsten Hürden, denn nebenbei mussten wir noch mit unseren Arbeitgebern einiges abklären und vieles andere mehr vervollständigte die immer länger werdende Liste. Die Zusage von Giselas Mutter, unsere Eigentumswohnung zu beziehen, war Gold wert. Gold wert war auch das Versprechen unseres Sohnes Matthias, sich um alle anstehenden Probleme während unserer Abwesenheit zu kümmern. Neben der sozusagen „ererbten" Aufgabe, Martins zugegebenermaßen nun überschaubaren Deutschland-Verpflichtungen weiter nachzukommen, übernahm er auch für seine Eltern alle wichtigen und unwichtigen Dinge: Steuererklärungen, Betreuung unseres Reisekontos, Krankenversicherungen, Eigentümerversammlungen wegen unserer Wohnung und nicht zuletzt auch die notwendige Betreuung, soweit erforderlich, unserer geliebten Mütter. Gisela arbeitete damals in einer Schule als Sekretärin. Im öffentlichen Dienst ist es tarifvertraglich möglich, eine Auszeit ohne Bezüge für bis zu fünf Jahre zu beantragen. Dies ist eine prima Regelung, denn sie ermöglicht auch den reibungslosen Wiedereinstieg nach Monaten oder gar Jahren. Meine Arbeitsstelle gehörte jedoch nicht zu dieser gesegneten Oberhoheit und es fiel mir nicht leicht, mich nach 35 überwiegend guten Jahren von den vielen Firmengeistern zu trennen. Ich habe meine Arbeit als Betriebsrat und Sicherheitsfachkraft sehr gemocht. Nie werde ich die herzliche Verabschiedung vergessen.

Die letzte herzliche Verabschiedung fand dann aber im Familien- und Freundeskreis statt. Wie im Film vergingen die letzten Vorbereitungswochen. Zahlreiche interessante, lebensfrohe Jahre lagen zu dieser Zeit hinter uns, erhoffte unvergessliche Momente vor uns.

Am 30. April 2007 starteten wir zu unserem eigenen großen Abenteuer. Zusammen brachten wir es da schon immerhin auf 101 gesegnete Lebensjahre. Dies war zum Glück aber unseren beiden Drahteseln egal …

EUROPA

WIR HABEN ANGST, JEMAND KÖNNTE UNS NOCH STOPPEN

Der Abschied fällt uns leicht und schwer. Letzte Küsse machen die Runde, dann steigen wir auf, rollen langsam die uns bekannte Straße hinunter, schauen dabei immer wieder nach hinten. „Passt auf euch auf! Bleibt gesund!", sind die letzten Worte, die wir hören.

Nach der ersten Biegung lassen wir uns treiben, pedalen irgendwie gedankenverloren gen Süden. Fast fühlen wir uns wie auf der Flucht. Wir werden über Tage das Gefühl nicht los, jemand könnte uns noch stoppen, zurückholen und so unsere geplante Reise unendlich verkürzen.

In der ersten Zeit schenkt uns der Himmel Sonnenschein. Bei Regensburg erblicken wir die Donau. „Die ist wichtig für uns", sage ich zu Gi. „Ihr blauer Weg wird uns bis Bulgarien bringen. "Von meiner Frau ist nur ein „Ja, gut!" zu hören.

Unser tägliches Radzigeunerleben klappt schon recht ordentlich, denke ich weiter. Für das Frühstück bin ich zuständig. Da wird auch gleich Tee für den ganzen Tag gekocht. Das Einpacken am Morgen und das Auspacken am Abend brauchen viel Zeit – kein Wunder bei acht Fahrradtaschen, zwei Lenkertaschen und zwei Rucksäcken. 35 Kilo für Gi und über 40 Kilo für mich wollen verstaut sein. Was soll's, die ersten Tage sind halt gewichtsmäßig gewöhnungsbedürftig und hart. Kleine Knieprobleme und Muskelkater stellen sich ein.

„Wi, mein Sattel macht wieder Ärger!"

„Mein Gott! Warum hast du mir von deinem erneuten Sattelproblem nicht schon in Wien etwas gesagt?" Zum zwölften Mal richte ich den Sattel ein. Es dauert lange, bis dann endlich alles wirklich optimal ist.

In der Slowakei höre ich – Gott sei Dank – nichts mehr davon. Vor Budapest sagt Gi: „Übrigens – danke, mein Sattel ist jetzt echt gut eingestellt!" Natürlich ist es wichtig, die richtige Einstellung auszuprobieren, denn mit dem ungewohnten Gepäck ist letztendlich jeder Millimeter entscheidend fürs Fahrvergnügen. Zu Hause war mir allerdings nicht klar, dass dies fast bis Budapest andauern würde. Was mir dabei oft durch den Kopf ging? Tausend Kilometer gleich tausend Sattel-Problemchen! Ein Frauenhinterteil ist halt doch zum Glück irgendwie anders.

Auf einem Campingplatz kurz vor Budapest wird kräftig abkassiert. Dafür ist es dort recht lustig. Ein Deutscher, ein Ungar und ein Holländer stellen schnell fest, dass wir schon um die tausend Kilometer geradelt sein müssen. „Tausend Kilometer mit dem Fahrrad! Irrsinn! Das muss gefeiert werden!", lallen die drei. Zum Feiern gibt's Freibier und Freischnaps. Irgendwann reicht es mir. Ich mache einfach Schluss mit dem Trinken, denn Wichtigeres wartet auf mich – Abendbrot: leckeres Spiegelei mit Schinken und Paprika.

Am nächsten Morgen pedalen wir nach Budapest. Gi hat immer Angst vor großen Städten, großen Autos und unheimlich Stress an Ampeln. „Wir müssen aber da durch!", sage ich zu ihr. Von Nord nach Süd sind es 30 Kilometer. Ich suche nach ruhigen Straßen, was mir natürlich nicht immer gelingt, aber alles funktioniert doch besser, als ich erwartet hatte. Auf der Margaretheninsel machen wir eine Pause. Den zweiten Abschnitt nehmen wir schon recht locker. Gi wird übermütig. Bei Rot radelt sie über die Straße und am Zebrastreifen bleibt sie komischerweise einfach stehen. „Gi, es ist Rot!", rufe ich ihr mehrmals hinterher. Da fragt sie mich doch wirklich irgendwann: „Hast du vielleicht Fahrradfahrer-Großstadtstress?" So verrückt ist halt die Welt!

Unseren letzten Rastplatz auf ungarischem Boden taufe ich schon nach wenigen Minuten in „Mumiencamp" um. Auf diesem Campingplatz mit angeschlossenem Thermalbad sind ausschließlich deutsche Wohnmobilbesitzer im gesegneten Alter versammelt. Sie kurieren hier für einige Wochen oder gar Monate ihre Knochenleiden. Natürlich ist dies auch für unsere Gelenke gut. Das Thermalwasser hat erquickliche 40 Grad Celsius. Für die Wohnmobilfreunde sind wir eine Sensation. Wir bringen für zwei Tage ihren gewohnten Tagesablauf durcheinander. Sie haben etwas zu beäugen, zu beobachten und tüchtig zu bereden. Das Gute für uns dabei? Schon nach kurzer Zeit sind wir vollständig aufgenommen. „Wollt ihr einen Kaffee?", ist eine der Dauerfragen. Natürlich wollen wir. Besonders ich …

Lange denken wir noch an die schönen Stunden im „Mumiencamp", denn ab Südungarn ist Schluss mit Verwöhncamping. Unsere letzte Nacht, schon nahe der serbischen Grenze, verbringen wir auf einer Wiese am Rande einer Gartenanlage. Von den Kleingärtnern bekommen wir nette Worte. Neben nett gibt es aber auch Überraschendes: „Radelt nicht nach Serbien, die mögen Resteuropa nicht. Der Balkankrieg hat alles kaputt gemacht. Lasst das lieber!"

An der serbischen Grenze sind wir dann tatsächlich sehr alleine. Kein Ungar will nach Serbien und kein Serbe will nach Ungarn. Die Abfertigung ist unfreundlich. Auch unsere restlichen Forint will niemand in Dinar umtauschen.

Weiter entlang der Donau radeln wir Kilometer für Kilometer, Tag für Tag, dabei immer Ausschau haltend nach den auf der Landkarte verzeichneten Campingplätzen. Erst später begreifen wir, dass mit Camping in Serbien nichts los ist. An manchen Tagen pedalen wir 20 bis 30 Kilometer Umwege – dabei immer in der Hoffnung, dass die Karte und auch die Aussagen der Serben stimmen mögen und es tatsächlich irgendwo ein Camp gibt. Leider jedes Mal Fehlanzeige …
Unsere Schlafplätze sind sehr unterschiedlich. Sogar in einem Kloster frage ich an in der Hoffnung auf eine Mönchszelle oder einen Platz für das Zelt im großen Klostergarten.

„Natürlich kannst du hier schlafen", flöten mir die Mönche entgegen. Als sie aber Gi sehen, ist plötzlich Schluss mit lustig, Schluss mit Zelten im Klostergarten oder gar einem Zimmerchen. Sie drehen sich einfach um und schreiten davon. Macht nichts, denn im selben Dorf, nach nur zwei Mal fragen, stellt uns eine junge Familie ihr im Ausbau befindliches Bauernhaus zur Verfügung. Ein andermal schlafen wir an einem Weinberg, dann neben einem Restaurant oder einfach am Waldrand. Immer versuchen wir, so nah wie möglich an den Ufern der Donau zu bleiben. Dies ist jedoch nicht mehr so einfach.

Belgrad ist für uns nicht das Wahre. Und auch die oftmalige Unfreundlichkeit der Serben gibt uns Rätsel auf. Vieles erinnert an alte Zeiten. Sie wirken fast alle verbittert. „Der Balkankrieg hat ihnen gänzlich die Lebensfreude genommen", sage ich viel zu oft zu Gi.

Ab und an kommt aber doch Freude auf, denn die jungen Leute sind meist hilfsbereit und zum Glück auch lebenshungrig. Eines der größten serbischen Probleme scheint jedoch der Alkohol zu sein. So viele betrunkene Männer haben wir noch nie gesehen. Schon am Morgen schütten sich viele mit Bier und Schnaps voll. Sie pressen sich den Alkohol regelrecht rein. Jeder Zweite, den wir nach irgendetwas fragen, hat eine kräftige Fahne.

Nach neun serbischen Tagen kommen wir an der bulgarisch-serbischen Grenze an. Vorher wieder das gleiche Spiel: „Radelt ja nicht nach Bulgarien, auch nicht nach Rumänien, denn dort sind alle Verbrecher!", werden wir sehr oft gewarnt.

An der Grenze empfängt man uns nicht. Niemand ist zu sehen. Gi geht in die Baracke. „Will denn niemand unsere Pässe sehen?"

„Ja, sie werden gleich jemanden schicken."

Aus „gleich" wird aber eine halbe Ewigkeit. Gerade als Gi, dabei etwas angespannter als vorher, nochmals nachfragen will, kommt eine dieser typischen Grenzerinnen, wie wir sie noch aus DDR-Zeiten kennen. Versteinerter Blick, hochhackiges Schuhwerk und Farbkastengesicht, das sind die Wahrzeichen der vermeintlichen Freundlichkeit. „Gebt mir eure Pässe! Wo habt ihr denn geschlafen? Zeigt mir dafür die Rechnungen! Sprecht ihr überhaupt englisch?", schreit sie uns regelrecht an.

Da ist sie bei Gi an der richtigen Adresse. „In einem Land wie Serbien, wo es kaum ein Hotel gibt, geschweige denn einen Campingplatz, ist die Frage nach Rechnungen wohl eine Frechheit! Wir haben bei Serben geschlafen oder einfach an der Donau, in Weingärten und an anderen Orten. Wir können aber, wenn Sie es so wünschen, noch schnell einige Rechnungen schreiben!", ist ihre laute Antwort.

Farbkastengesicht nimmt daraufhin noch mehr Farbe an. Ich merke, jetzt muss ich einschreiten, um Schlimmeres zu verhindern. Ich beruhige die farbige Dame mit: „Wie schön es an der Donau doch war und wie gastfreundlich die Serben sind!"

Farbkastengesicht wird etwas blasser und alles löst sich nur kurz danach in Wohlgefallen auf. Ein Zöllner will nur noch wissen: „Habt ihr Schmuggelzeug in den Taschen?" Auch er ist ein typischer Vergangenheits-Vertreter seiner Zunft. Mit seinem „Kampfhunde-Lächelgesicht" winkt er uns aber schließlich durch.

Die bulgarischen Grenzer behandeln uns sehr freundlich. Sofort entwickelt sich ein angenehmes Gespräch. Auf meine Frage, warum uns alle Serben vor den Bulgaren warnen würden, gibt es auch gleich eine Antwort: „Die Serben können mit niemandem. Sie haben Probleme mit den Ungarn, den Kroaten, den Slowenen und, und, und."

Entlang der Donau gibt es – genau wie in Serbien – keinen einzigen Campingplatz. Der Unterschied sind aber die Menschen. Sie sind durchweg freundlich und so lösen sich theoretische Probleme oft wie von selbst. Gleich hinter der Grenze schlafen wir bei einer Familie in deren sehr kleinem Haus. Sie geben uns ein Zimmer. Der Hausherr hat bis vor Kurzem noch in einem Atomkraftwerk an der Donau gearbeitet. „Viele haben dort jetzt ihre Arbeit verloren. Ich auch. Für viele Bulgaren sind jetzt schlechte Zeiten angebrochen", klagt unser Gastgeber den ganzen Abend.

Nach drei Tagen fahren wir in einem weiten Bogen am Atomkraftwerk vorbei. Als ich es mir so anschaue, kommt mir der nette Familienvater wieder in den Sinn. So vergehen die Tage entlang der Donau immer mit einem anderen

Nachtlager und täglich neuen Eindrücken. 100 Kilometer vor der Donaustadt Russe biegen wir ab, um in Richtung Nessebar zu radeln. Nach über 2000 Kilometern kommt so unser Donau-Abschied. „Es war eine richtige Entscheidung, immer dem Fluss zu folgen", sage ich stolz zu Gi.

„Sehr blau ist die Donau ja nun wirklich nicht, aber durchaus schön. Es hat Spaß gemacht!", gibt sie zurück.

Etwas schwamm im Wasser mit langen blonden Haaren …

In Afrika hat jeder Fluss einen Flussgeist. Da die Männer dort viel Zeit mit Arbeiten an den Flüssen verbringen, ist dieser Flussgeist in der Regel weiblich und somit auch sehr schön. Schön bedeutet aber nicht gleich gut. Viele dieser Flussgeister besitzen angenehme wie auch unangenehme Seiten. Wenn die Donau einen Flussgeist hat, so war er oder sie gut zu uns. Ich glaube sogar, an einem Abend – es war gerade Vollmond – den Donaugeist gesehen zu haben. Es war nur ein kurzer Augenblick, von einem Weinberg aus. Etwas schwamm im Wasser mit langen blonden Haaren ... Nach fünf Tagesetappen radeln wir in Nessebar am Schwarzen Meer ein. Hier finden wir für einige Tage Erholung. Packfreie Tage werden es.

Bisher gab es nur ein wirkliches, dafür aber wiederkehrendes Problem für uns: Der tägliche Aufbruch war am Anfang ein echtes Zeitproblem. Es dauerte so um die anderthalb bis zwei Stunden, bis wir startklar waren. Da gibt es immer viel zu tun. Ich stehe zuerst auf, zünde ein Lagerfeuer an, koche dann zwei Tassen Kaffee, einen dünnen für Gi, einen dicken für mich, ein Löffel Zucker für Gi, zwei Löffel Zucker für mich, eine Kanne Tee für Gi mit fünf Löffeln Zucker und fünf Stück Kardamom und zum Schluss zwei Liter Tee mit einer Zitronenmischung für mich. Wenn kein Strom greifbar ist, ich auch kein Lagerfeuer entfachen kann, werfe ich den Benzinkocher Marke „Rubin" an. Der hat jedoch einen Nachteil: Er macht Krach wie ein T-34, stört somit Gi noch beim Schlummern, ist aber zum Glück auch so zuverlässig wie der russische Panzertyp. Dann machen wir gemeinsam Frühstück, Gi dabei noch im Schlafsack, ich bereits halb geschnürt. Das leidige Einpacken folgt auf dem Fuß. Wir verpacken und sortieren täglich fast unseren gesamten Haushalt neu. In der Zwischenzeit schaffen wir den

Aufbruch manchmal schon nach nur einer Stunde.

Nach etwa zwanzig Kilometern suchen wir uns dann eine Gelegenheit für ein zweites Frühstück. In der Regel halten wir an einem dieser typischen Tante-Emma-Läden, von denen es seit Ungarn in jedem Dorf mindestens zwei gibt. Wir kaufen dort gleich den Proviant für den ganzen Tag. Mittags machen wir eine längere Pause, um dann ausgeruht bis zum späten Nachmittag oder Abend zu radeln. Dann beginnt die Suche nach einem Schlafplatz. Wir machen uns schon lange keine Gedanken mehr, wo wir denn abends schlafen werden. Es kommt eh anders, als man denkt. In der Regel ist es eine Überraschung – meist eine angenehme.

Bei der notwendigen täglichen Kalorienzufuhr gibt es längst vergessene Genüsse. In Serbien und besonders in Bulgarien schmecken die Erdbeeren, die Kirschen und die Tomaten, wie wir es aus unserer Kindheit noch in Erinnerung haben. Täglich verspachteln wir daher viel frisches Obst und Gemüse. Den Geschmack kann man kaum beschreiben, einfach nur erdbeerfrisch und naturgut.

Unser theoretisches Problem vor unserer Abreise, ob wir uns bei 24 Stunden Zusammensein nicht auf die Nerven gehen würden, hat sich zum Glück auch positiv eingepegelt. Täglich freuen wir uns auf den neuen Tag. Wir radeln ja eh in recht unterschiedlichen Abständen. Meist bin ich zwei bis drei Kilometer vorneweg. Nur an wichtigen Wegkreuzungen halte ich an. In den Pausen und am Abend gibt es viel zu erzählen.

Jeder hat etwas anderes gesehen oder das gemeinsam Gesehene wird beredet. Wir können sehr viel lachen, diskutieren und den nächsten Tag planen.

Nessebar ist sehr schön. Unser Zimmer gleicht einem Balkon am Meer. Am Morgen werden wir vom Geschrei der Möwen geweckt und am Abend lullen uns die Wellen in den Schlaf. Danach liegt aber endlich das touristische Küstenbulgarien hinter uns, denn nach nur 20 Kilometern merken wir sehr schnell, es gibt keinen Lärm, keine Baufahrzeuge und keine Touristen mehr. „Im Durchschnitt verdienen die Bulgaren 150 Euro pro Monat", wurde uns in Nessebar erzählt. Bei Spritpreisen für Super-Benzin von durchschnittlich 1 Euro pro Liter ein Problem. Natürlich sind die Dinge des täglichen Bedarfs für uns immer noch absolut billig. Wo in Europa bekommt man noch eine Flasche Bier für 25 Cent oder ein Mittagessen für zwei Personen mit Getränken, Vorsuppe, Hauptgang und Nachtisch für unter 4 Euro? Für uns billig, aber für die Bulgaren einfach sehr teuer. Eines der bulgarischen Hauptprobleme ist aber der absolute Niedergang der einstigen Industrie, soweit sie überhaupt je vorhanden war. Ganz selten sieht man so etwas wie einen Neubeginn oder den Versuch, etwas zu gestalten für die so wichtige Zukunft. In unserem Ostdeutschland blüht auch nicht jeder Landstrich, aber viele haben reichlich Knospen, stelle ich immer wieder zufrieden fest.

Über die Berge bis zur türkischen Grenze beginnt eine herrliche 60 Kilometer lange Strecke. Nur drei Dörfer zählen wir. Wir haben ordentlich zu kämpfen mit den Steigungen, der Hitze und dem Gewicht unserer Räder. Zwischen den drei Dörfern leben in einzelnen Waldlichtungen Zigeuner. Wir erleben sie ganz aus der Nähe, wie sie am Lagerfeuer kochen, mit den Kindern spielen oder ihrer Arbeit mit den Pferden nachgehen. Unser Zelt steht immer irgendwo dazwischen. Wir genießen diese Tage sehr.

Zwischen den Dörfern leben in einzelnen Waldlichtungen Zigeuner.

Wenn die Amerikaner wieder einmal einen Spionagefilm drehen wollen, in dem ein Agentenaustausch an der Grenze zum ehemaligen Ostblock stattfindet, dann gibt es eigentlich nur einen einzigen Ort dafür: Es muss der Grenzübergang

MalkoTarnowo sein! Der Übergang liegt in einer wilden Bergschlucht. Schon Kilometer vorher erfolgen die ersten Kontrollen. Stacheldrahtzäune und beinstarke Eisenschlagbäume stammen noch aus der alten, sehr kalten Zeit. Die Grenzer selbst nehmen allerdings alles sehr gelassen. Mit ihren Pokergesichtern winken sie uns durch. Nur einer will etwas von mir wissen: „Wie hat dir mein Land gefallen?"

„Die Bulgaren haben weniger Kinder als noch zu sozialistischen Zeiten. Vor 20 Jahren waren es viel, viel mehr", lasse ich ihn wissen.

„Das stimmt. Es ist so wie bei euch in Deutschland. Die Ein-Kind-Ehe ist jetzt auch bei uns angekommen. Bulgarien wird aber weiter existieren, denn die Türken und Zigeuner machen viele Kinder. Die neue Zeit ist für die Türken und Zigeuner. Bald haben sie die Mehrheit!" Dabei macht er ein verbittertes Gesicht.

Ich antworte nicht.

TÜRKEI

SALAM ALEIKUM UND HOŞ GELDINIZ

„Salam aleikum!", rufen wir vielen Türken von unseren Rädern aus zu. Sofort ist das Eis gebrochen. Bei „Friede mit euch!" wünschen uns die strahlenden Gesichter immer „Aleikumsalaam" oder sie entgegnen einfach: „Willkommen!"

Aus der bulgarischen Schlaglochpiste wird eine breite Teerstraße. Schon im ersten türkischen Dorf merken wir weitere Unterschiede. Die Dorfstraße ist voller Menschen. Kindergeschrei. „Macht eine Pause! Trinkt Tee mit uns! Friede sei mit euch!", dies hören wir bis Istanbul täglich.

30 Kilometer vor Istanbul beginnt ein Höllenverkehr. Meine Nerven flattern. In diesem Moment hasse ich alle Kraftfahrer. Ich hasse sie wirklich! Die Pkw-Fahrer hasse ich einfach nur so. Die Lkw-Fahrer hasse ich schon doppelt, aber die Busfahrer, die würde ich am liebsten sogleich in die Hölle schicken. Ich schaue immer wieder nach hinten. Wo steckt Gi? Während einer Pause schauen wir uns an und jeder denkt: Wenn das Istanbul sein soll, dann jetzt schon herzlichen Glückwunsch! Wir schwitzen, die Klamotten kleben am Körper und Gi fragt immerzu: „Wie weit ist es denn noch?"

„Nicht mehr weit!" Bewusst ist mir dabei immer: Notlügen haben nicht umsonst ihren Namen.

Martin hatte geschrieben: „Kämpft euch durch bis zum

Goldenen Horn und fragt dann nach dem ‚Hostel Sindbad'. Da war ich auch. Der Schuppen ist gut!" Ich frage danach und nur vier Seitenstraßen weiter finden wir ohne große Mühe das „Hostel Sindbad". Schlagartig werden die Straßenteufel von vielen kleinen Engelchen vertrieben und die Notlügen haben ein Ende.

Wir wohnen auf Zeit im Altstadtviertel. Wie wir schnell feststellen, eine gute Wahl, denn das „Sindbad" ist ideal für uns. Die Räder können wir mit aufs Zimmer nehmen. Es gibt auch eine Dachterrasse. Dort kochen wir auf unserem T-34 oder schauen nur in die Gegend. Richtung Norden erblicken wir den Bosporus. Er ist die Verbindung vom Mittelmeer zum Schwarzen Meer. Viele Schiffe kreuzen täglich diesen Seeweg. Östlich liegt der asiatische Teil von Istanbul. Richtung Süden erstrecken sich die Altstadthäuser mit ihren zahlreichen Dachterrassen, die Minarette der Moscheen und das Marmarameer mit seinen Inseln. Im Westen sehen wir den weltweit bekannten touristischen Teil von Istanbul. Wir bestaunen die Minarette der Sultan-Ahmed-Moschee. Nicht weit davon entfernt befindet sich die Hagia Sophia. Istanbul ist eine Wucht! Wir hätten uns diese Stadt nie so schön vorgestellt! Was die Augen bei unseren täglichen Streifzügen sehen, übertrifft die kühnsten Erwartungen. Sobald wir uns von den Hauptstraßen entfernen, tauchen wir ein in die Viertel mit den schönen Moscheen, aber auch überraschend vielen herrlichen Kirchen, den bunten Basaren und den erfrischenden Parkanlagen. Es soll über zehntausend Restaurants geben, einige Hundert kleine und auch größere Parks und natürlich viele, viele Basare. Es macht unheimlich Spaß, hier zu sein! Natürlich ist uns bewusst, dass es nicht so in der gesamten Türkei sein wird. Nach Osten hin wird einiges anders werden. Was wir aber hoffen, ist, dass auch dort die Menschen so freundlich und hilfsbereit sind wie hier. Erst nach über einer Woche können wir uns von Istanbul trennen.

Mit der Fähre schippern wir übers Marmarameer bis Yalova. Als der Kahn anlegt, sage ich beiläufig: „Wir sind in Asien, liebe Gi. Nur gut sechs Wochen haben wir gebraucht."

Gi schaut in Richtung Istanbul zurück, winkt mit beiden Händen und ruft dabei gleichzeitig: „Endlich sind wir angekommen! Ich kann's nicht fassen! Ich dachte schon, wir schaffen das nie!"

Die nächsten Tage werden relativ hart, denn die ersten wirklichen Berge versperren uns den Weg zur Anatolischen Hochebene. Die Straße schiebt sich in Etappen auf über 1000 Meter Höhe. Am dritten Tag hängen wir wieder einmal schiebend an einer dieser Steigungen. Wir sind ausgelaugt. Wir schwitzen nicht, es ist weit schlimmer, wir sind zwei Brauseköpfe auf Dauerbetrieb. Die Tage sind mit etwa 40 Grad sehr heiß. Ein türkischer Brummifahrer scheint Mitleid mit uns zwei Halbverrückten zu haben, denn er stoppt, öffnet seine Fahrertür und spricht: „Hallo, ihr seid bestimmt zwei Deutsche. Ihr könnt einsteigen, wenn ihr wollt."

Ich schaue zu Gi hinüber und mir wird sofort bewusst, es wäre sicherlich gut, meinen Radler-Stolz zu überwinden. Daher nicke ich leicht. Besagter Radler-Stolz pegelt sich dann auch sehr schnell ein, als uns der gute Mann erklärt, dass diese Achterbahnfahrt noch lange so andauern wird. Bis Afyon könne er uns mitnehmen. Das sind gut 190 Kilometer.

Auf der Fahrt schauen wir drei uns oftmals aufgeregt an, denn die Straße schiebt sich wirklich von Höhenzug zu Höhenzug, um dann achterbahngleich wieder ins nächste Tal zu stürzen. Unser Fahrer ist ein guter Kerl, auch wenn ich sofort vermute, seine gute Tat hat auch etwas mit Eigennutz zu tun. Er sucht ganz einfach Unterhaltung, denn wie er uns erzählt, ist er schon zwei Tage auf Achse ohne geschlafen zu haben. Da sind wir zwei natürlich wie ein Wachhaltemittel für die nächsten Stunden. Ständig reden wir über Gott und die Welt und immer wenn ich merke, dass seine Augen kleiner werden, stelle ich ihm eine neue Frage. Kurz vor Afyon macht er sich zu meiner Überraschung ein Bier auf. Ich kann nur noch staunen.

Ab Afyon schiebt sich die Straße in leichten Steigungen und Gefällen über die Anatolische Hochebene. Hier setzt uns der Wenig-Schläfer ab. In Konya erreichen wir nach einigen Tagen die alte Seidenstraße. Die soll uns bis zur iranischen Grenze bringen. Dass wir nun auf geschichtsträchtigen Straßen radeln, erkennen wir leicht an den Ortsnamen.

Wir nächtigen in Sultandagi, in den Sultansbergen oder machen zwei Tage Pause in Sultanhani. Bei Obruk verbringen wir eine Nacht an einer verfallenen Karawanserei. Nur zehn Meter davor, aber gut vierzig Meter tiefer gelegen, befindet sich eine Einsturzdoline mit türkisblauem Wasser von gut 200 Metern Durchmesser. Aus Sicherheitsgründen fragen wir aber vorab immer die Menschen vor Ort, ob wir unser Zelt aufschlagen dürfen. In diesem Fall fragen wir gleich beim Imam der Dorfmoschee, da diese nahe der Karawanserei liegt. Die Verständigung mit ihm ist schwierig. Er spricht kein Englisch und unser Türkisch ist natürlich auch sehr schlecht. „Wenn er Imam ist, so spricht er doch sicherlich etwas Arabisch", sind Gis Gedanken. Ihre Lieblingssprache ist Arabisch.

Ich frage ihn also: „Sprichst du arabisch?"

„Sa", ist die eindeutige Antwort darauf.

Jetzt geht alles recht schnell. „Der ganze Grund und Boden – einschließlich der Karawanserei – und auch der See, alles gehört zur Moschee. Ist alles in Glaubensbesitz. Die wenigen Dorfbewohner wollen keine Touristen im Ort haben. Deswegen wird auch die Karawanserei nicht restauriert. Alles soll so bleiben, wie es ist. Aber ihr seid ja keine richtigen Touristen. Und wenn es Probleme gibt, sagt einfach meinen Namen. Ich bin Imam Murak. Friede mit euch!"

Am Abend ruft Murak zum letzten Gebet. Die Sonne geht unter. An der Einsturzstelle versammeln sich Tausende

Vögel. Wir genießen die Ruhe, die ersten Sterne, den Halbmond und die einkehrende Nachtkühle. In diesem Moment fühlen wir uns angekommen, angekommen in Asien. Wie die alten Handelsleute verbringen wir die Nacht an der Karawanserei.

In Sultanhani bleiben wir zwei Tage auf einem Campingplatz. Noch immer ist es um die 40 Grad heiß. Wir wollen einfach mal ein bisschen ausruhen. Dann geht es wieder straff los und nach acht weiteren Radeltagen treffen wir in Göreme im Herzen von Kappadokien ein.Die einzigartige Landschaft der Erdpyramiden, Felsenwohnungen und Kirchenmit einer Ausdehnung von gut 300 Quadratkilometernist für eine längere Pause wie geschaffen.Uns interessieren diese Felskegel und Feenkamine, die je nach Gegend in anderen Farben erscheinen. Für mich ist es sofort das „Märchenland" der Türkei. Einfach mal wieder nur schön!

Am Morgen unseres Aufbruchs von Göreme verabschieden uns zehn Heißluftballone. „Es ist bestimmt sehr faszinierend, eine solche Ballonfahrt bei Sonnenaufgang zu erleben", schwärmt meine Frau.

„130 Euro pro Person kostet der Spaß. Gi, einfach zu teuer!"

So staunen wir halt von unten.

Schon tagelang hatten wir den höchsten Berg der Region vor Augen. Es ist der Erciyes Dağı mit 3917 Metern. Auch im Sommer schmückt ihn eine kleine Schneehaube. Mit jedem Kilometer wird die Bergsicht klarer. Jeder weitere Kilometer

Für mich ist es sofort das „Märchenland" der Türkei.

bedeutet aber auch Steigungen. Bereits um zehn Uhr macht uns der glutrote Feuerball mächtig zu schaffen. Am Nachmittag erreichen wir den Bergpass auf 1535 Metern Höhe. Wir genießen die folgende rasante Abfahrt. Vor uns erstrecken sich die großen Salzseen der Region. So schön diese Landschaft aber auch ist, wir können sie leider nicht richtig genießen. Zum ersten Mal haben wir echt zu kämpfen mit der Hitze. Schon einfache Steigungen sind eine Qual. Es ist Juli, die Salzseen sind so gut wie ausgetrocknet und die Windgeschwindigkeit liegt bei null. Nur ab und an huscht ein Auto vorbei. Dafür sind zahlreiche Schildkröten unterwegs. Bei jeder, die versucht, über die heiße Straße zu watscheln, halte ich an und trage sie in ihre gewünschte Richtung. Sie sollen nicht enden wie viele ihrer Artgenossen –

als Panzermatsch auf dem Straßenbelag. Welche Temperaturen am Nachmittag bei diesen idealen Bratpfannenverhältnissen herrschen, wir können es nur erahnen. An jeder Wasserstelle halten wir, füllen unsere Flaschen auf und machen unsere Kopfbedeckungen nass.

Abgekämpft schieben wir die Räder vom Ortsrand von Dereli ins Zentrum. Dort trinken, trinken und trinken wir – und nebenbei essen wir auch etwas. Wie so oft spricht uns ein Türke an. Eigentlich wollten wir noch ins nächste Dorf radeln, um uns dort einen Platz fürs Zelt zu suchen, doch der gute Mann erzählt von einem „guten und preiswerten Hotel". Am Hoteleingang erwartet uns ein freundlicher älterer Herr. Auch ohne viele Worte verstehen wir uns gleich. Er zeigt uns einen Zettel. Darauf steht geschrieben: „Alkohol ist auf den Zimmern verboten und Weibsbilder dürfen nicht angeschleppt werden." Das Zimmer mit Balkon mitten im Zentrum ist für diesen Preis ein Glücksgriff. Auch habe ich ja mein „Weib" inklusive. In dieser Nacht träume ich aber nur von zwei Spiegeleiern in einer glutroten Bratpfanne.

Nach der Bratpfanne strampeln wir uns mächtig ab. Ständig pedalen wir in Höhen von 1000 bis 2000 Metern. In einem Kurdendorf auf 1700 Metern wird es nachts schon recht höhenkalt. Die Oma im Haus bringt uns zum Glück dicke Decken.

Für all diese Übernachtungen hat nie jemand etwas verlangt. Alles war wie selbstverständlich. Es gab auch meist ein Abendessen und ein ausgiebiges Frühstück. Bei unseren Versuchen, etwas zu geben, wurde immer abgelehnt. Was aber alle Türken mögen, ob sie nun jung sind oder alt, sind Bonbons. Da werden sie echt schwach. In der Zwischenzeit habe ich sie tütenweise in den Packtaschen.

Schon seit einiger Zeit trage ich außerdem ein dickes, einen Meter langes ummanteltes Elektrokabel bei mir. Dies war und ist für ein besonderes Problem gedacht: In der Türkei gibt es viele wilde Hunde. Drei Mal hatten wir damit schon Probleme. Gi hat mächtige Angst, denn die Kerle sind wirklich nicht gerade klein, sehen zudem auch noch wild aus und bellen immer recht kräftig. Dies tun sie am liebsten nahe bei Gi. Nach dem ersten Hundeangriff schrie sie nur einen einzigen Satz: „Bleib ab sofort bei mir und hilf mir!"

Wenn also die Hunde angerannt kommen – und die kommen doch wirklich immer wieder –, schwinge ich das Kabel. Mit gespitzten Ohren bleiben sie dann stehen. Zumindest bis jetzt klappte das ganz gut …

Wir durchradeln die 5,5 Kilometer lange und bis zu 12 Meter hohe Stadtmauer von Diyarbakir mit ihren 72 Türmen und vier Toren. Die Mauer, viele Häuser, Moscheen und die Karawansereien hier sind aus Basaltblöcken erbaut worden. Wir tauchen ein in ein noch unverfälscht orientalisches Viertel mit Basaren, Teegärten, mit dem regelmäßigen Rufen der Muezzins und dem Verkaufsgeschrei der Händler aus den zahllosen engen Gassen und schon nach wenigen

Stunden sind wir nur noch verliebt in diese Stadt. Wir durchstreifen sie täglich viele Stunden. Die engen Gassen erlauben uns dabei keinerlei Orientierung. In den Wohnvierteln der armen Kurden geht es am lustigsten, am lautesten und am chaotischsten zu. Es gibt absolut verfallene Häuser, aber auch liebevoll gepflegte Innenhöfe. Manche sind so schön, dass sie in der Seele rühren. Täglich entdecken wir Neues, Schönes und auch Sonderbares. Jede Familie hat mindestens fünf Kinder. Zehn und mehr sind ebenfalls keine Seltenheit. Vor Sonnenuntergang trifft sich alles in den Gassen vor den Häusern.

„Wo kommt ihr her?", wird gefragt.

„Aus Deutschland", ist immer unsere Antwort.

Manche behaupten dann: „Das kann nicht stimmen! Ihr sprecht doch unsere Sprache und dein Mann sieht kurdisch aus!"

Wir sind uns schnell einig: Diese Bemerkungen machen unsere Reise auf jeden Fall nicht schwieriger. Allerdings muss ich wohl doch mal mit Mutter ein ernstes Wörtchen reden. Ob nicht doch Oma in längst vergangener Zeit …?

Durch unsere wenigen erlernten türkischen und kurdischen Wörter finden wir jedes Mal schnell Kontakt zu den Menschen. Wir kommen mit den zwei Volksgruppen gut aus. In der Regel erkennt man sofort, ob es sich um Kurden oder Türken handelt. Bei den Türken betonen wir die Schönheit der Türkei und bei den Kurden die Schönheit von Kurdistan. Bei den Türken loben wir Atatürk und bei den Kurden drehe ich mir eine Zigarette mit Tabak aus Muş (kurdische Tabakstadt).

Gleich hinter Diyarbakir kommen wir in die erste größere Polizeikontrolle.

„Irgendetwas liegt in der Luft, Gi."

Allerdings brauchen wir noch einige Zeit, bis wir begreifen, worum es geht. Alle 20 bis 30 Kilometer sind nun Straßensperren aufgebaut. Zwei Mal treffen wir auf gepanzerte Armeefahrzeuge. Am Abend biegen wir in eine lehmige Dorfeinfahrt ein, um nach einer Übernachtungsmöglichkeit zu fragen. Es ist ein Kurdendorf, alle Häuser sind aus Lehm gebaut. Schon am Ortsrand kommen die Kinder auf uns zu gerannt. Sie schieben unsere Räder zum Chef des Dorfes. Das ist in kleinen Ortschaften üblich. Der Gast wird zum Bürgermeister oder Imam geführt. Diese entscheiden dann, ob es eine Möglichkeit für eine Übernachtung gibt.

„Ihr könnt hier nicht bleiben!", kanzelt uns der Imam schnell ab.

Sogleich frage ich die umstehenden Dorfbewohner: „Gibt es hier eine Schule?"

„Ja, ja, ja!", schreit es aus vielen Kehlen.

Gut dreißig Einheimische begleiten uns zu der kleinen Dorfschule. Auch der Imam reiht sich böse blickend ein. Die Schule hat zwei Klassenräume. Wir bekommen den großen Raum zugewiesen. Darin befindet sich eine große

Wir bleiben in der Schule.

Bei Sonnenaufgang weckt mich Gi: „Irgendwas stimmt nicht!"

Schreibtafel mit türkischen und arabischen Schriftzeichen.
Ein Koranvers ist auf Arabisch angeschrieben. Gi liest den
Kindern den Vers vor und schreibt mit Kreide den fehlen-
den zweiten Satz dazu.

Über alle Köpfe hinweg brüllt der Imam auf einmal: „Ihr
könnt bei mir im Haus schlafen!" Er verspricht uns auch ein
üppiges Abendessen.

Natürlich haben wir unseren Stolz. Gi sagt daher nur ein
Wort: „La", was auf Arabisch „nein" bedeutet. An den Gesichtern der Dorfbewohner erkennen wir, dass unsere Entscheidung auch von ihnen überaus freudig begrüßt wird.

Drei Mal am Abend bekommen wir Besuch. Drei Frauen
bringen uns herrlich kühles Trinkwasser. Kinder reichen

uns den Schlüssel für die Schultoilette durchs offene Fenster. Die letzten Besucher sind vier junge Leute, zwei hübsche Mädchen und zwei fesche Burschen. Auf einem Tablett bringen sie uns Gemüseeintopf, Brot und eine Megamelone. Noch lange reden wir. Erst sehr spät können wir schlafen.

Bei Sonnenaufgang weckt mich Gi. „Irgendetwas stimmt nicht!", sagt sie noch schlaftrunken. „Draußen sind Leute. Die klopfen ständig an die Tür!" Dann schleicht sie zu einem Fenster und schaut hinaus. „Wir sind umstellt von Soldaten mit Maschinenpistolen im Anschlag!"

„Du spinnst!"

„Dann sieh doch selbst!"

Ich traue meinen Augen nicht. Gi hat recht! Am Dorfeingang ist sogar ein Panzer in Stellung gebracht worden.

„Was ist da los? Wir sind doch nicht etwa in einem PKK-Dorf gelandet und die Armee macht eine Säuberungsaktion?!"

So schnell waren wir in den ganzen letzten Monaten noch nicht angezogen. Weiteres Klopfen und Geschrei unterstützt die Blitzaktion. „Bist du fertig?", rufe ich Gi zu. Und ohne die Antwort abzuwarten, öffne ich die Tür. Zwei Soldaten und drei Männer in Zivil stürmen ins Zimmer. Sonderbarerweise sind wir für sie irgendwie Luft, sie beachten uns nicht weiter. Während alle mit den Armen fuchteln und im Raum herumspringen, vernehmen wir immer nur die Worte: „Beeilt euch!"

Als sie eine Wahlurne in den Klassenraum tragen, geht uns endlich ein Licht auf: Es ist Wahlsonntag und die Schule fungiert als Wahllokal. Gi kichert. Als sie die ersten Packtaschen rausträgt, höre ich: „Morgenstund hat Gold im Mund."

Gut eine Woche pedalen wir von Bergpass zu Bergpass. Bei den Abfahrten surren die Speichen ihre Melodien. Die Landschaft ist einmalig schön. Kahle Berge erscheinen uns wie Könige. Erhaben blicken sie zu Tal. Braune Erde an ihren Flanken. Gelbe Getreidefelder reihen sich über unglaublich viele Kilometer am Wegesrand. Zwischen diesem Braun und Gelb und dem Grau der Felsenberge ziehen vereinzelt bunte Punkte dahin. Diese laufen hinter Eseln her und sind recht oft am Abend unsere Gastgeber. Nur Gutes erleben wir da. Kurz hinter Bitlis erblicken wir den Vansee. Für die Kurden ist es ein Meer, da die gegenüberliegenden Ufer oft nicht zu erkennen sind. Kein Wunder, bei 165 Kilometern Länge und 125 Kilometern Breite. Der See ist siebenmal so groß wie der Bodensee und wird von Bergen von über 4000 Metern Höhe eingerahmt.

Bei unserer Nordumradelung des Sees treffen wir leider auf die ersten Steine werfenden Kurdenjungen. Einer trifft mich am Rücken. Da ich mächtig wütend bin, steige ich vom Rad, ergreife selbst zwei handliche Steine und verfolge den Burschen. In den Dorfgassen kann ich ihn aber nicht mehr sehen.

Nach 160 Kilometern, am Ostende des Vansees, gabelt sich die Straße. Wir radeln in Richtung der Berge weiter. Eine wildromantische Straße führt von dort bis zur iranischen

Grenze. An dieser Straßengabelung geht es mir zum ersten Mal echt dreckig. Ich habe starke Gliederschmerzen. Die an diesem Tag wenigen Kilometer bis Muradiye werden zur Qual. Es sind bis dahin zwar nur kleine Steigungen zu überwinden, aber auch die lassen mich fast verzweifeln. Ein ständiger Durst macht mir ebenfalls zu schaffen und auch mein geliebter Zitronentee hilft nicht mehr, dieses Gefühl zu besiegen.

In Muradiye setzen wir uns vor einem Laden. Ich trinke drei Flaschen Cola im Schnelldurchlauf und verschlinge eine ganze Schokolade. Danach überfällt mich eine Müdigkeit, die ich so noch nicht kannte. Alles ist nur noch bleiern in mir. Gi fragt nach einem Hotel. Es gibt keines. Am Ortsausgang hält uns ein alter Mann an. Er ist plötzlich da. Zu Gi sagt er: „Dein Mann hat Probleme. Folgt mir!" Er führt uns zu einer Moschee. Im Hof dahinter befindet sich ein kleines Haus. Ich bin so fertig, dass ich mich sofort im Vorraum der Moschee ausstrecke. Der alte Mann spricht mit dem Imam und Gi. Fünf Minuten später liege ich in einem Zimmer. Auf einer weichen Matratze mache ich es mir bequem. Der Imam bringt Decken und Kopfkissen. Seine Frau gibt mir heiße Milch und Brot. Unter meine Füße legt sie große Polster. Viele Stunden später wache ich wieder auf. Zuerst ist mir nicht klar, wo ich bin. Ich schaue nach oben, sehe die typischen Pappelholzstämme, die hier in der Gegend die Decken der Häuser tragen, und merke sofort, dass es mir viel besser geht.

Wir verbringen die Nacht im Haus des Imams, seiner Frau und ihres erst 14 Tage alten Babys. Die Stunden bei ihnen sind einige der schönsten in der gesamten Türkei. So viel Herzlichkeit, so viel Einfühlungsvermögen haben wir noch nicht erlebt. Die Familie kümmert sich rührend um uns. Während ich geschlafen habe, hat der Imam gekocht. Am späten Abend gibt es ein vorzügliches Abendmahl. Nach dem Essen reden wir noch kurz. Ohne Unterbrechung schlafe ich dann bis zum nächsten Morgen. Durch den Geruch von frischem Brot werden wir geweckt.

„Geht es dir besser?", fragt Gi.

„Ja."

„Wirklich?"

„Ja, ich denke, wir können weiter."

Der Abschied fällt diesmal besonders schwer. An den Wasserfällen von Muradiye reden wir noch lange von diesem wunderbaren Familienglück. Dabei erinnern wir uns an den alten Mann, der so plötzlich da war, uns zum Imam brachte und genauso schnell wieder verschwunden war.

Vor Dogubayazit, der Grenzstadt zum Iran, mühen wir uns über den bisher höchsten Pass. Über 2500 Meter ist er hoch. Knapp drei Monate Türkei liegen hier hinter uns und jeder Tag war anders schön. Auf dem Radelweg bis zur Grenze begleitet uns noch für lange Zeit der wolkenlose 5137 Meter hohe Ararat. Der ewig Schneebedeckte hebt unsere Stimmung, doch gedanklich stellen wir uns da bereits

Der Abschied fällt diesmal besonders schwer.

auf Grenzschwierigkeiten ein. So schnürt Gi kurz vorher ihr Kopftuch noch einmal fest, schiebt die Haare restlos darunter, denn auch für Ausländerinnen ist im Iran Kopftuchzwang angesagt. Ich stelle mich auf viele Fragen ein. Auch vermute ich, dass unsere Taschen vom Zoll aufs Gründlichste durchsucht werden.

Diese Gedanken sind dann aber alle für die Katz, denn nach nur fünf Minuten schieben wir unsere Räder durch das große eiserne Tor. Freundliche Iraner schauen zuvor nur gelangweilt in unsere Pässe und wünschen uns einen angenehmen Aufenthalt in ihrem Land. Hier hätte ich mir Farbkastengesicht aus Serbien für eine Weiterbildung hergewünscht.

IRAN

JAPANISCHE FAHRRAD-KOLLEGEN

Beim Pedalen bis Maku, es ist die erste größere iranische Stadt, bekommen wir bereits Gastgeschenke. Eis, Obst, Tee oder auch kühles Wasser wird uns gereicht. Sofort fällt uns die Höflichkeit der Iraner auf. Es ist eine sehr angenehme, zurückhaltende Freundlichkeit. Wir fühlen uns nach nur wenigen Stunden gleich wohl.

„Sind das etwa Japaner?", rufe ich plötzlich und zeige auf eine Hütte.

„Wo?", fragt Gi.

Nach nur wenigen Minuten kennen wir die Geschichte unserer Begleiter.

Nach nur wenigen Minuten kennen wir ihre Geschichte: Der eine ist von Portugal und der andere von London aus gestartet, um ins ferne Japan zurückzuradeln. Im Münchner Hofbräuhaus haben sie sich zufällig getroffen und fahren seit dem bayrischen Biergelage gemeinsam.

Drei Tage radeln wir – bis Tabriz – als deutsch-japanisches Viererteam. Am ersten Tag legen wir gemeinsam 110 Kilometer zurück. Die zwei Jungs sind sehr nett. Sie sprechen ein sehr gutes Englisch und haben ständig großen Hunger. Beim Abendessen in einem Straßenrestaurant frage ich den Besitzer: „Können wir in deinem Restaurant die Nacht verbringen?"

„Ja, kein Problem!"

Wir schlagen unsere Zelte, wegen der vielen Moskitos, im Restaurant auf. Es gibt sogar eine Dusche. Was wollen wir mehr? Unsere Freunde sind über meinen Einfall sehr glücklich, essen zwei Mal und somit ist unser Gastgeber auch zufrieden.

Kurz vor Tabriz verlieren wir den „König der Wälder" und die „Himmelsweite" (Übersetzung ihrer Namen Teu Ji und Haru Ki). Ich bin darüber nicht traurig, denn Teu Ji wollte ständig mein Fahrrad haben. Er war regelrecht begeistert von der „deutschen Wertarbeit". Bei jedem Halt fing er erneut davon an: „Ich möchte auch so ein Fahrrad. Wollen wir nicht tauschen?" Dabei streichelte er immer meinen Ledersattel. Die beiden waren aber sehr nette Jungs.

Wir in unserem schon etwas höheren Alter konnten sie ein bisschen „bemuttern" und „bevatern". Dies tat uns gut. „König der Wälder" und „Himmelsweite" belohnten uns dafür mit ihrer typisch japanischen, oft schon ehrwürdig und kaiserlich daherkommenden Höflichkeit und Dankbarkeit.

Tabriz gefällt uns auf Anhieb. Was fällt uns zuerst auf und treibt uns um?

Es gibt keine sichtbaren Satellitenschüsseln. Diese wurden per Gesetz vor einigen Jahren verboten. Der iranische Fuhrpark ist total überaltert. Lkws und Omnibusse, oft Mercedes aus den 50er Jahren, schleudern ihr Gift in die Umwelt. Die Busse sind in der Mitte getrennt. Der hintere Bereich ist der Frauenbereich. Bereits an der Haltestelle stehen Männlein und Weiblein, auch Familien getrennt an. Alle Frauen tragen Kopftuch. Manche Frauen tragen unter ihren langen Röcken oder Mänteln jedoch keine Strümpfe an den Füßen, man staune, denn seit vier Jahren ist die Strumpfpflicht aufgehoben. Dies hört sich erst einmal alles recht diktatorisch an. Der islamische Staat hat seine eigenen Gesetze und Vorschriften. Vieles ist für uns nur schwer nachvollziehbar. Es gilt im Iran auch die Scharia. Bei Diebstahl oder Alkoholgenuss wird noch immer die Peitsche zum Einsatz gebracht: 20 Hiebe für dies und 50 Hiebe für das, alles ist da peitschenmöglich.

Der Iran, viermal so groß wie Deutschland, gilt aus amerikanischer Sicht als „Schurkenstaat", bastelt vielleicht an der Atombombe und ist der zweitgrößte Erdölbesitzer dieser Welt. Wir selbst fühlen uns aber wohl. Das mag bei all dem Vorgenannten etwas erstaunen, doch wir werden hier ja nicht ewig bleiben und somit die negativen Seiten auch nicht lange erleben oder gar ertragen müssen. Im Gegenteil – wir genießen, auch wenn wir erst wenige Tage im Iran sind, ausgiebig die zahlreichen positiven Seiten. Die Menschen sind überaus nett und ausgesprochen höflich. Im Gegensatz zur Osttürkei gibt es hier auch nicht diese abgekapselte Männerwelt. Viele Iranis sind absolute Familienmenschen. Sie haben sich ihre Nischen geschaffen. Es gibt viele Buchläden und Zeitungsstände. Auch deutsche Klassiker sind da zu finden. Die Frauen des Landes sind neugierig und weltoffen. Und ich muss auch gestehen, sie sind oftmals sehr hübsch. Trotz dieser fürchterlichen Gesetze und Vorschriften – die Iranis verstehen es, daraus das Beste zu machen. Es ist ein Spiel bis an die Grenzen des momentan Machbaren, des momentan Erlaubten.

Aber all das sind momentan nicht unsere Sorgen, denn wir suchen ein Hotel. Vier haben wir schon inspiziert. Schließlich klopft mir ein junger Mann auf die Schulter.

„Können wir euch helfen?"

„Wir suchen ein preiswertes Hotel in der Stadt."

„Unsere Wohnung ist zu klein, bei uns wird das nichts, doch wir werden euch helfen." Dabei schaut er Gi an. Die junge Frau neben ihn muss seine Frau oder seine Freundin sein. Wir stellen uns gegenseitig vor. Er heißt Mustafa, seine Freundin Fatima.

Drei Hotels betreten wir gemeinsam. Im dritten bleiben wir. Zum Dank laden wir die beiden für den nächsten Abend in den Volkspark ein. Pünktlich um 18 Uhr stehen sie vor dem Hotel. Auf dem Weg zum Park unterhalten wir uns. „Wir haben studiert, sind 25 Jahre jung, schon fünf Jahre zusammen und sparen kräftig für unsere Hochzeit. Da wir aber noch nicht verheiratet sind, gibt es oft große Probleme", lassen sie uns wissen.

Der Volkspark ist überfüllt. Zwischen Eisbuden, Kettenflieger, Schießbuden und vielem mehr schlendern Tausende Tabrizer umher. Fatima und Gi lassen kein Karussell aus.

Auf einer Wiese suchen wir uns schließlich einen Platz. Ich hole schnell noch vier Eistüten und freue mich bereits auf die erhofft lange Unterhaltung. Wir reden über den Iran, übers Kopftuch und den Koran. Als sie dann wissen wollen, wohin wir denn noch radeln würden, sagt Gi: „Erst mal bis Neuseeland, da wohnt unser großer Sohn. Wir haben es ihm versprochen. In spätestens 18 Monaten wollen wir dort sein."

Mit offenem Mund starren uns die zwei an. Gerade als ich weiter erklären möchte, klingelt ein Handy. Fatima sucht unter ihrem schwarzen Umhang und drückt auf Empfang. Ihr gesprochenes Farsi verstehen wir nicht, an den Gesichtern merken wir aber, es muss etwas Unangenehmes sein.

„Mein Vater hat mich angerufen. Es ist schon 21 Uhr. Ich muss nach Hause."

Jetzt schauen wir verdutzt. „Gibt es ein Problem zu Hause?", bohrt Gi nach.

„Nein, es gibt kein Problem. Ich bin zwar schon 25 Jahre alt, doch wir sind nicht verheiratet. Wir haben das Geld für die Hochzeit noch nicht zusammen. Wie immer besteht mein Vater darauf, dass ich gehorsam bin. Wir müssen leider gehen. Ich bekomme sonst mächtig Ärger."

Am nächsten Tag verlassen wir Tabriz.

Zwölf Tage brauchen wir bis Isfahan. Ständig radeln wir in Höhenlagen von 1300 bis über 2000 Metern. Die Steigungen sind aber recht leicht zu bewältigen, da sie zwar sehr lang, aber nicht unbedingt steil sind. Auch ist es endlich nicht mehr so heiß. Die 25 bis 30 Grad empfinden wir als erfrischend. Unsere Route führt uns entlang des größten Salzsees im Iran. Danach steigt die Straße bis auf über 2000 Meter Höhe an. Über Nebenstraßen wollen wir bis Isfahan radeln. Einer dieser Wege entpuppt sich jedoch als 70 Kilometer lange Sand- und Schotterpiste. Die wenigen Autos, die uns begegnen, hüllen uns in eine dicke Staubschicht. Von einer Anhöhe aus blicken wir auf Hamadan. Wir haben Hunger, wollen schnell die steile, verstaubte Piste runter – doch nur wenig später passiert es. In der nächsten Biegung ist der Wind so stark, dass Gi das Gleichgewicht verliert, Richtung Straßenabhang gedrückt wird und beim Bremsversuch stürzt. Ihre rechte Hand blutet sehr stark. Das nächste Auto, das auf uns zurollt, hält sofort an. Nach der Wundversorgung sagt der Fahrer: „Ich nehme euch mit nach Hamadan."

Gis Hand sieht nicht gut aus.

Gis Hand sieht nicht gut aus, zum Glück scheint aber nichts gebrochen. Das Rad hat auch einiges abbekommen. Wir nehmen die Hilfe dankbar an und fahren mit.

Nach zwei Tagen Erholung in Hamadan radeln wir weiter. Zum Schalten der Gänge greift Gi mit der linken Hand umständlich zum Schaltgriff, der sich rechts befindet. Nach einer Woche ist die Hand dann wieder völlig in Ordnung.

Isfahan ist für uns, nur wenig später, die Perle des Iran. Diese Oasenstadt – ich taufe sie „Brückenstadt" – mit gut zwei Millionen Einwohnern wird von einem breiten Fluss durchzogen. Es gibt zahlreiche alte Brücken. Die schönste ist die 33-Bogen-Brücke. Sie ist gut 300 Meter lang. In unserem Hostel trifft sich die iranische Traveller-Welt. Hier hört man die neuesten Nachrichten und bekommt Tipps für die nächsten Grenzübertritte und Visaverlängerungen. Wir unterhalten uns mit Schweizern, Spaniern, Japanern und iranischen Gästen, erkunden täglich die wunderschöne Stadt oder lassen ganz einfach die Beine und die Seele baumeln. Da wir in Isfahan recht schnell und ohne große Probleme eine Visaverlängerung erhalten, können wir die Zukunft weit ruhiger planen, denn das gibt uns einen weiteren Monat Zeit für dieses schöne Land.

In unserem Hostel treffen wir auch einen Schweizer Radler, doch noch größer ist unsere Freude, als „Himmelsweite", unser japanischer Freund, plötzlich in der Tür steht. Gemeinsam beraten wir die Situation für einen Grenzübertritt nach Pakistan. Schnell merken wir aber, dass wir schlechte Karten haben. „Himmelsweite" kommt gerade aus Teheran und hat leider schlechte Nachrichten im Gepäck. Schon seit einigen Wochen ist die Grenze nach Pakistan für Japaner und auch Deutsche verschlossen. Bereits im Internet hatte ich darüber gelesen, wollte es aber nicht so recht glauben. „In den letzten Tagen und Wochen gab es Entführungen, Anschläge und in Quetta (pakistanische Stadt an der afghanischen Grenze), wo wir durchradeln müssten, sind größere

Auseinandersetzungen an der Tagesordnung." Unser japanischer Radelfreund will nun über die GUS-Staaten sein Glück versuchen. Er muss im Januar in Tokio sein. Da wir dank unserer Visaverlängerung bis Ende Oktober im Iran bleiben können, gibt es noch die Ausweichroute über die Vereinigten Arabischen Emirate nach Oman. Für uns steht schnell fest, wir werden an die Golfküste radeln und von dort bis Bandar Abbas. Das hat den Vorteil: Von da aus gehen Fähren in die Emirate. „Himmelsweite" drücken wir die Daumen für seine Nordtour und sagen ihm zwei Mal: „Kauf dir unbedingt Winterkleidung!"

Zwischen all den guten und schlechten Neuigkeiten finden wir aber täglich Zeit, um die herrliche Stadt zu durchstreifen. Dies ist auch nötig, denn ein Paket für unseren Sohn Matthias soll endlich seine Postreise antreten. Also tragen wir unseren nach ISO 9001 verpackten Karton in die große Hauptpost. Matthias mag nämlich alle Sorten von Nüssen. Da diese hier billig sind, eigentlich saubillig, sprühte der Satz „Wir schicken Matzi Nüsse!" förmlich aus Gis Mund.

Ich erlaubte mir da nur anzumerken: „Kennst du die Portopreise des Iran?"

„Nein, aber hier ist doch alles billig."

Am Schalter Nummer eins nimmt ein Mann ein großes Messer und zerlegt unser sorgsam verpacktes Paket in viele, viele Einzelteile. Ich bekomme sofort die Krise und würde am liebsten „Stopp!" schreien, doch es lohnt sich nicht, der

Kerl ist zu schnell. Der Inhalt liegt verstreut auf einem großen Tisch. Der Mann gibt uns drei Formulare zum Ausfüllen, fragt nach den Preisen für die einzelnen Nusstüten und schiebt dann alles wieder zurück ins schon leicht zerfledderte Paket. Am Schalter Nummer zwei packen wir die Sachen dann ein. Am Schalter Nummer drei leiste ich sechs Unterschriften, um dann am Schalter Nummer vier zu bezahlen. Vom Schalter Nummer vier geht es mit einer Quittung zurück zu Schalter Nummer drei. Mit dem Paket laufe ich zu Schalter Nummer fünf. Dort wird zwar nicht nach ISO das Paket neu geschnürt, dafür aber drei Mal stempelversiegelt. Nach der Versiegelung schreiben wir die Heimatadresse drauf – zur Sicherheit muss ich zwei Mal schreiben. Zum Schluss bekomme ich tatsächlich eine Quittung für das Paket. ISO 9001 greift nun doch noch!

All das dauert eine Stunde. Wir tragen es mit Fassung, denn in der großen Halle holen zahlreiche Iranis ihre Pakete ab. Sie haben dabei ein Problem weniger: Sie müssen ihre Pakete nicht mehr selbst aufmachen. Die sind wirklich schon alle geöffnet, der Inhalt fein säuberlich in Plastiktüten verstaut, versiegelt und abgestempelt.

Ach ja: Der Portopreis betrug umgerechnet 35 Euro. Ich könnte jetzt noch heulen. Mit dem Wunsch, das überaus teure Paket möge Matthias auch wirklich erreichen, verlassen wir schließlich die schöne Stadt.

ZAHNSCHMERZEN, ZAHNSCHMERZEN …

„Ich habe Zahnschmerzen."

„Warum bist du nicht in Isfahan zum Zahnarzt gegangen?"

„Da habe ich nichts mehr gemerkt."

Dabei schaut mich Gi tieftraurig an. Ich kenne den Blick. Er bedeutet: Die Zahnschmerzen pochen echt stark! Ich schaue auf die Landkarte. „Die nächste Stadt ist 150 Kilometer entfernt."

„Ich habe noch Tabletten. Ich hoffe, sie helfen."

Auf halber Strecke zum Golf, es ist bereits sehr spät am Nachmittag, sehen wir am Straßenrand einige Zelte mit der Halbmondflagge. „Eine Krankenstation!", ruft mir Gi überglücklich zu. Wir reden kurz mit den Halbmondleuten wegen ihrer Zahnschmerzen. Es ist so, wie wir vermutet hatten: Es ist eine Notversorgung für die Bergnomaden. Zahnbehandlung, so wie wir sie kennen, gibt es hier aber nicht. Im Zahnarztzelt – das gibt es wirklich – steht ein klappriger Stuhl. In einer Schüssel liegen noch zwei blutige Zähne. „Hier wird nur notgezogen und hammerbetäubt", stellt Gi fest. Sie will plötzlich unbedingt schnell weiter.

Einige Kilometer weiter kommt ein Zehn-Häuser-Dorf mit einem Zwei-Quadratmeter-Überlebensladen. Wir fragen den Besitzer, ob es irgendwo einen Platz für unser Zelt gäbe. Ganz schnell ist klar, dass wir seine Gäste sind und im

Ganz schnell ist klar, dass wir seine Gäste sind.

Haus übernachten können. Die Großfamilie kümmert sich rührend um uns. Wir bekommen ein gutes Abendessen und den schönsten Raum zum Schlafen. Zuvor aber packt der Großvater ein kleines Päckchen aus. Die Großmutter bereitet solange die Inhaliergeräte vor. Langsam kapiere ich: Die zwei rauchen Haschisch („Schwarzer Afghane"). Für den Rest der Familie, die Kinder sitzen auch dabei, scheint das aber kein Problem zu sein. Das Rauschgift kommt aus Afghanistan. Auf den Handel damit steht im Iran die Todesstrafe.

„Viele Iranis haben mit dieser Sache ein Problem", wird uns gesagt. Doch die meisten alten Leute rauchen das Zeug. Es wird dann oft behauptet, es wäre gut gegen die Kälte und würde auch das Hungergefühl dämpfen. Ich kann mir vorstellen, dass die zwei Alten mit dieser Weisheit aufgewachsen sind. Bei uns gibt es ja auch oft die Meinung, Schnaps würde den Körper wärmen. Ich überlege kurz, ob einige Züge nicht gut gegen Gis Zahnschmerzen wären, doch schon an ihrem Gesicht erkenne ich die Antwort, also lasse ich die dumme Frage.

Am nächsten Morgen starten wir bereits bei Sonnenaufgang, denn Gi treibt es zum Zahnarzt. In der Nacht hat sie kaum geschlafen. Zur Nomaden-Krankenstation wollte sie aber auch nicht zurück. Ihr einziger Kommentar: „Ich gehe nicht in dieses Schlachtzelt!"

Zwei Radeltage später erblicken wir von einer Passhöhe aus eine Oasenstadt weit unten im Tal. Dort lernen wir einen Bankmenschen, einen Bergsteiger, einen Apotheker, einen islamischen Parteisekretär und einen Zahnarzt kennen. Was die alle miteinander zu tun haben? Sehr viel!

Wie so oft im Iran beginnt auch hier alles mit einem Anruf: Am Ortseingang der Oasenstadt befindet sich eine Polizeistation. Da Gi es vor Schmerzen kaum noch aushält, fragt sie sogleich: „Wo ist der nächste Zahnarzt?"

Im Nu sind mindestens fünfzehn neugierige Iraner um uns versammelt. Einer der Männer spricht zum Glück englisch. Es ist der Bankmensch. Sofort übernimmt er die Initiative. Er greift zum Handy und ruft seinen Freund, den Bergsteiger an. Der Bergsteiger wiederum ruft dann seinen Freund, den Zahnarzt an. Nach 30 Minuten ist klar, erst in frühestens zwei Stunden kann Gi zum Zahnarzt. Der Zahnarzt hat aber ebenfalls einen Freund und der arbeitet in einem Hotel dieser Oasenstadt. Also führt uns der Bankmensch dorthin. Dieses Hotel ist zwar sehr teuer, aber da wir ja alle Freunde sind, bekommen wir 25 Prozent Freundesnachlass. Da ist unsere Freude natürlich groß. Eigentlich ist es meine Freude, denn Gi hat zahntechnisch andere Probleme. Erst gegen Abend kommen der Bankmensch und der Bergsteiger und bringen uns zu besagtem Zahnarztfreund. Der Bergsteiger spricht am besten englisch und soll Gi bei den Übersetzungen helfen. Gis Zahn wird begutachtet. Sie bekommt ein Rezept gegen die starken Schmerzen verschrieben, denn der Zahnarzt kann die Sache erst am nächsten Tag behandeln. Mit dem Bankmenschen und dem Bergsteiger fahren wir dann zum Apotheker, denn so müssen wir nichts bezahlen, da wir ja nun alle Freunde sind. Wir werden zum Hotel zurückgefahren und es wird uns versprochen, dass uns der Bergsteiger morgen zum Zahnarzt fahren würde, sobald dieser ihn angerufen hätte.

Gi durchlebt eine schmerzerfüllte Nacht. Am Morgen hält sie es kaum noch aus. Ich gehe zum islamischen Parteisekretär. Er ist der Chef des Hotels und kümmert sich sehr intensiv um unsere Pässe. Diese müssen wir in jeder Unterkunft abgeben, sie werden dann kopiert und der Polizei übermittelt. Hier herrscht halt noch Ordnung. Der islamische Parteisekretär hilft sofort, der Zahnarzt ist ja auch sein

Freund. Er ruft ihn an und nur 30 Minuten später ist der Bergsteiger da. Gemeinsam fahren wir nun zum Zahnarzt.

Zwei Stunden sitzt Gi auf dem von ihr so „geliebten" Zahnarztstuhl. „Er ist ein guter Zahnarzt", versichert sie mir später. Als Gis Behandlung fertig ist, fragen wir nach der Rechnung.

„Macht euch keinen Kopf deswegen. Wir kommen am Abend ins Hotel."

Dort verabschiedet sich unser Bergsteigerfreund mit dem Versprechen: „Heute Abend, wenn wir alle da sind, regeln wir das mit der Rechnung."

Kaum im Zimmer, klopft der islamische Parteisekretär und nervt wegen der Pässe. „Ihr bleibt doch jetzt sicherlich noch eine Nacht länger, oder? Ich muss das doch wieder der Polizei melden."

Um 19 Uhr klopft es an der Tür. Es sind nicht die von uns erwarteten Freunde, sondern ein Kellner bringt uns ein Abendessen mit all den Sachen, die wir gerne essen. Natürlich im Auftrag des islamischen Parteisekretärs – und da wir ja nun alle Freunde sind, ist es natürlich kostenlos. Gi kann – ich schäme mich ordentlich dafür – noch nichts essen. Bis 22 Uhr warten wir vergebens auf all unsere neuen Freunde. Und auch am nächsten Morgen, als wir losradeln wollen, ist keiner zu sehen. Ich frage beim Abschied noch den Parteisekretär, doch er winkt ab. „Es wollte euch nur keiner sagen, dass die Behandlung nichts kostet."

Wirklich prima Freunde!

Tagelang radeln wir bergauf und bergab. Das Zagrosgebirge gleicht einer Achterbahn. Leider können wir die Gegend nicht so recht genießen, denn Gis Zahn macht erneut Ärger – diesmal absoluten Ärger. Eine eitrige Entzündung. Ihr Kiefer wird dick und die Schmerzen nehmen täglich zu – so wie auch die Lufttemperatur. Unser nächstes Ziel – Bandar-e Bushehr – liegt am Golf und die Monatsmitteltemperatur im Juli beträgt sagenhafte 36 Grad.

Schweißüberströmt ist unser erster Gang in dieser Stadt zwangsweise wieder zum Zahnarzt. Es wurde auch höchste Eisenbahn. Gis vereiterter Kiefer wird gleich ohne Betäubung geschnitten. Am nächsten Morgen fühlt sie sich wie neu geboren, denn der vereiterte Beulendruck ist nun endlich weg. Nach drei weiteren Tagen mit vielen weiteren Terminen auf dem Zahnarztstuhl kann sie wieder einigermaßen essen. Es gibt lecker Süppchen, zermalmte Bananen und viele Säfte. Noch zwei weitere Tage warten wir. Das Brotkauen klappt dann auch schon wieder irgendwie. Dies ist für uns das Startzeichen Richtung Bandar Abbas. Auch wenn es fast unerträglich schwül ist und Gi in den letzten Wochen einiges an Gewicht verloren hat, entscheiden wir, nicht mehr länger zu warten. Etwa tausend Kilometer liegen vor uns.

Mehr als zwei Wochen sind wir unterwegs. Zwischen den größeren Städten Bushehr und Abbas gibt es auf dieser Strecke nur eine größere Stadt und sonst nur Dörfer in weiten Abständen.

Die ersten 800 Kilometer entlang der Küste sind landschaftlich einfach nur herrlich. In den Dörfern sehen wir dann auch die ersten Windtürme. Diese ersetzen den Kühlschrank und die Klimaanlage in den Lehmziegelhäusern. Ebenfalls faszinieren uns die Lehmkuppelbrunnen. Immer wenn wir welche am Straßenrand erblicken, wissen wir, gleich kommen ein paar Palmen und dann auch schon das nächste Dorf. Und ein Dorf bedeutet für uns immer Trinkwasser, nette Menschen und auch Brot. Jeden Tag werden wir eingeladen. Die Herzlichkeit der Iraner ist unbeschreiblich.

200 Kilometer vor Bandar Abbas wechselt die Landschaft radikal ihr Erscheinungsbild. Wir radeln durch ein großes Mangrovengebiet. So schön diese mit ihrem Grün auch aussehen, sie haben einen großen Nachteil: In der Nacht quälen uns die Stechmücken. Wir wollen aber auch nicht das Moskitozelt aufbauen, denn – man glaubt es kaum – die zwei Grad kühlere Luft außerhalb lässt uns die Plagegeister ertragen. Wir schlafen auf unseren Schlafsäcken, bedeckt von leichten Tüchern. Bei Tag nerven dann viele kleine schwarze Fliegen. Sie kriechen in die Ohren, Nasen – und wehe, man macht den Mund auf! In dieser Gegend erblicken wir die ersten „Maskenfrauen". Die Dorfschönen tragen Gesichtsmasken. Sie bedecken damit die Stirn, die Nase und die Wangen bis zu den Ohren. Für die Augen ist ein Sehschlitz eingearbeitet. Diese Masken sind aus Leder gefertigt, schwarz gefärbt, aber auch manchmal recht bunt.

Bandar Abbas liegt an der Straße von Hormus. Hier suchen wir uns ein billiges Hotel für die restlichen Iran-Tage, denn schon beim ersten Besuch im Fährbüro bekommen wir recht unbürokratisch zwei Tickets für die Fähre nach Dubai. Es bleiben uns also noch sieben Tage Iran. Bandar Abbas ist eine typisch arabisch wirkende Hafenstadt. Hier kommt allerdings hinzu: Es ist das bekannteste „Schmugglernest" am Persischen Golf. Über die vorgelagerten Inseln Hormus und Qeshm kommt alles, was begehrt und verboten ist. Das fängt bei technischen Geräten an, geht über Reizwäsche, Whisky und Rauschgift und endet bei Pornofilmen. Die Dinge kommen aus den Vereinigten Arabischen Emiraten und Oman. Dorthin gelangen sie per Schiff aus der ganzen Welt. Mit Schnellbooten werden sie auf die vorgelagerten Inseln gebracht. Die restlichen zehn Kilometer Seeweg übernehmen dann die iranischen Schmuggler.

Wir machen einen Tagesausflug mit einem Boot zur Insel Qeshm. Dort reden wir auch mit den Schmugglern am Strand. Sie beladen gerade ihre Boote. Mit riesigen Karren wird das Zeug aus den Dörfern gebracht. „Die Polizei drückt meist beide Augen zu, nur manchmal spielen die verrückt, dann ist zwei Tage Ruhe und das Spiel beginnt erneut", erklärt mir ein drahtiger Bursche. Als er fortfährt, staune ich nur noch. „Weil auf den Schmuggel von Pornos nach iranischem Gesetz von 1994 die Todesstrafe steht, beschweren wir die Kisten mit Steinen, um sie bei Kontrollen schnell zu versenken. Für Alkoholschmuggel ist Gefängnis angesagt und für Zigarettenschmuggel nur Peitschenhiebe." Dabei dreht er mir den Rücken zu. Einige Striemen erkenne ich da. Wow! Ich bin platt!

„Ich wünsche euch ein langes und auch schmerzfreies Leben", sage ich den Jungs zum Abschied. Dabei verbeuge ich mich kaiserlich, wie unsere zwei Japaner es immer getan haben.

„Seid ihr Deutsch?", hören wir es durch die Abfertigungshalle rufen.

„Ja. Und wo kommst du her?"

Rolli ist Schweizer Radler, von Beruf Programmierer und nach eigener Aussage – zum Glück, wie er extra betont – hätte er selbst vor ein paar Monaten gemerkt, dass er eine längere Auszeit nötig hat. Binnen einer Woche hat er alles in der Schweiz stehen und liegen lassen, sich ein Rad gekauft und fluchtartig seine Heimat verlassen.

Kurz nach dem Auslaufen besorgt uns der etwas nervende Rolli auch gleich einen Termin beim Kapitän. „Kommt, Gi und Wi! Ich denke, wir sollten uns das Allerheiligste mal anschauen."

Zwei Stunden verbringen wir auf der Brücke. Rolli ist hier in seinem Element, erklärt er doch der staunenden Mannschaft und auch uns all die blinkenden, radarsuchenden und lotmessenden Geräte. Nach zahlreichen Rolli-Erklärungen und noch mehr Tee ist die Mannschaft und sind auch wir geschafft. Rolli geht es aber erstaunlich gut.

VEREINIGTE ARABISCHE EMIRATE

FRAKTION „DURCHFRESSER"

Im supermodernen Hafengebäude von Dubai werden unsere Augen irisvermessen und da Gi eine Frau ist und ich glücklicherweise ihr Radelbegleiter, winkt man uns sofort durch. Schlangestehen für Frauen und Kinder gibt es in den Emiraten nicht.

„Lass uns auf Rolli warten!"

„Ich mag den Typen nicht", flüstere ich Gi zu.

„Ich ja auch nicht unbedingt, doch er ist ein Radelkollege, da hält man doch zusammen, oder?"

Mit Rolli fahren wir an einen einsamen Strand. Gi kocht uns Nudeln und da Fernradler ja Kollegen sind, laden wir Rolli zum Abendbrot ein.

„Eure Nudeln schmecken ja vorzüglich!", nuschelt er beim Mampfen.

„Danke. Ich koche gleich noch einen Kaffee für uns."

Nach einer halben Stunde serviere ich Rolli leckeren Kaffee.

Da wir sehr müde sind und am nächsten Tag recht früh in die Stadt wollen, legen wir uns zeitig auf unsere Schlafsäcke. Nach gut zwei Stunden wache ich auf: In 20 Metern Entfernung sehe ich im Feuerschein Rolli beim Köcheln.

Am nächsten Morgen – Rolli wird erst durch unseren

Kaffeegeruch munter – sagen wir dem Fernradlerkollegen: „Du kannst gleich bei uns mit frühstücken."

Nur eine Stunde später pedalen wir gemeinsam über eine dreispurige Autobahn ins Zentrum. Wir durchradeln das Geschäftsviertel mit all seinen Hochhäusern, der Börse und den Luxushotels. Hinweisschilder verraten uns den Rest. Sie zeigen die Wege zum Bowling Center, zur Schlittschuhbahn, zum Gold-Basar, zur Pferderennbahn, zur Kamelrennbahn, zum Zoo, zu den Golfplätzen und – man mag es kaum glauben – auch zu einer Skiabfahrtshalle zeigt ein Schild. Bei 40 Grad im Schatten kann man in einer eisgekühlten gigantischen Halle den Berg runterwedeln. Die Stadt ist der blanke Wahnsinn. Nach der Osttürkei und dem Iran erleben wir drei einen richtigen Kulturschock. Da unser Frühstück recht mager ausfiel, wir hatten nicht mehr viel in unserer Proviantasche, beschließen wir zu dritt, uns ein zweites Frühstück zu genehmigen. Schnell finden wir eine indische Frühstückskneipe. Als die Rechnung kommt, erklärt uns Rolli: „Ich muss erst Geld vom Automaten ziehen. Bezahlt mal mit. Ich gebe es euch später."

Wir bezahlen sein recht üppiges Frühstück. Rolli nimmt sich auch gleich noch drei Flaschen Wasser aus dem Kühlschrank. Eine Stunde später spuckt ein Automat Geld für Rolli aus.

„Der Automat hat mir nur große Scheine gegeben. Ich werde mir jetzt ein gutes Hotelzimmer suchen und einen

Flug nach Indien muss ich auch schnellstens buchen." Er reicht uns die Hand. „Danke für das Frühstück!"

Wir sind irgendwie irritiert, denn dabei schwingt er sich bereits aufs Rad und fährt davon. Ich brülle: „Rolli, bleib stehen, ich muss dir noch was sagen!" Als ich bei ihm bin, sage ich: „Ich denke, nicht alle Schweizer sind so wie du. Ich wünsche dir trotzdem eine gute Reise und hoffe, du gibst das Geld für das Frühstück und das Wasser anderen Menschen, Menschen die es nötiger haben als du."

Rolli errötet. Er nickt nur blöd, sagt nichts, sondern radelt einfach davon. Mein Gefühl war richtig: Rolli gehört zur Fraktion der „Durchfresser".

Wir bleiben noch eine Nacht, allerdings nicht in einem der teuren Hotels, die es hier überall gibt. Am Null-Euro-Strand mit Duschen und Toiletten legen wir unsere Schlafsäcke aus.

„Gigant-City" liegt hinter uns, vor uns die lange Wüstenautobahn. Nur 180 Kilometer sind es bis zur omanischen Grenze. Eigentlich in zwei Tagen machbar, aber wir lassen uns vier Tage Zeit, denn wir sind auf Anhieb begeistert. Links und rechts der Autobahn wachsen bis zur Grenze Bäume. Diese werden auf der ganzen Strecke bewässert. Um die Bäume vor der Fresslust der Kamele zu schützen, ist ein Zaun auf ganzer Länge vorhanden. Alle paar Kilometer gibt es jedoch Ausgänge in die Wüste, zu kleinen Dörfern und Farmen. Immer nachmittags verlassen wir die eingezäunte immergrüne Straße, um in den Sanddünen zu übernachten. Zwanzig Meter hohe Dünen auf dieser Strecke sind keine Seltenheit. Bis zur Grenze fühlen wir uns darin sehr nachtwohl.

Bis zur Grenze fühlen wir uns darin sehr nachtwohl.

OMAN

DER BOTSCHAFTER WILL ES NICHT GLAUBEN

Von der Grenze bis Maskat sind es gut 400 Kilometer. Gleich nach der freundlichen Grenzabfertigung erblicken wir die ersten Ausläufer des Hadschar-Gebirges. Tief eingeschnittene Wadis teilen die bis zu 3000 Meter hohen Berge.

Nach vier Tagen erradeln wir einen leichten Bergpass kurz vor Maskat. Der Verkehr, aber auch die Luftfeuchtigkeit nehmen sprunghaft zu. Maskat liegt am Meer und auch wenn schon längst Herbst angesagt ist, zeigt das Thermometer noch immer 41 Grad. Innerlich köchelnd marschieren wir zur Jemenitischen Botschaft, doch man will uns keine Visa ausstellen. Wir sollen uns erst ein Zustimmungsschreiben der Deutschen Botschaft besorgen. Gi setzt sofort alles auf eine Karte. Recht hochtönig legt sie auf Arabisch los: „Ich will sofort mit der Deutschen Botschaft sprechen! Verbinden Sie mich, ich meine es ernst!" Nur Sekunden später, ich will's nicht glauben, gibt einer der Männer ihr den Hörer. Ich habe nur eine Erklärung dafür: Die zwei sind einfach nur perplex. Der andere schaltet das Mikro ein. Gi schildert unser Problem. Bestätigt wird: „Ihr braucht kein kostenpflichtiges Zustimmungsschreiben!"

Fünf Minuten später schweben, wie von Geisterhand herbeigezaubert, die Antragsformulare über den Tisch. „Morgen könnt ihr eure Pässe abholen!"

„Mit den Visa drin?"

„So Gott will", sind die Abschiedsworte.

Am nächsten Morgen parken wir unsere Fahrräder direkt am Botschaftseingang, denn wir wollen keine Zeit verlieren. Wenn wir unsere Reisepässe und somit die wichtigen Visa haben, soll es sofort Richtung Salala gehen. Es muss sich sehr schnell im Botschaftsgebäude herumgesprochen haben, dass wir mit Fahrrädern eingetroffen sind, denn nach einer längeren Wartezeit sagt man uns: „Es gibt ein großes Problem. Der Botschafter wird es euch sagen." Dann werden wir ins Allerheiligste geführt.

„Ich kann euch die Visa nicht geben. Ihr wollt doch nicht etwa nach Salala durch die Rub al-Chali radeln? Das sind tausend Kilometer durch die Wüste! Und an der Grenze wird man euch mit euren Fahrrädern auch nicht in den Jemen lassen. Im Jemen wird schon länger nicht mehr geradelt. Das geht so alles nicht! Warum habt ihr gestern nichts von den Fahrrädern gesagt? Jeder hier dachte, ihr fliegt!"

Eine Stunde redet hauptsächlich Gi mit dem völlig aufgelösten Botschafter in dessen Muttersprache. Nur wenn fahrradtechnische Angelegenheiten oder geografische Eckpunkte gefragt sind, werde ich einbezogen und somit wird kurz ins Englische gewechselt. Letztendlich lösen wir aber die vorher unlösbar erscheinende Aufgabenstellung. Nach einigen Zusicherungen und somit Versprechen von uns bewegt sich der Botschafter in unsere Richtung. Als er seine Grünphase erreicht, fasst er zusammen: „Wenn ihr mir zusichert, dass ihr am 18. November 2007 an der Grenzstation seid, dann gebe ich euch die Visa und rufe noch heute dort an."

„Ja", entgegnet Gi sofort.

„Langsam!", fällt ihr der Botschafter ins Wort. „Ich bin noch nicht fertig!" Übergangslos fügt er hinzu: „ Der 18. ist sehr wichtig für mich und für euch. Der Grenzübergang ist erst neu eröffnet. Da gab es noch keine Radler. Die lassen euch nicht rüber, wenn ich es ihnen nicht befehle. Ihr habt mir gesagt, ihr hättet Freunde im Jemen. Kann euch jemand mit dem Auto in Hawf abholen? Wenn ihr mir das auch zusichert, gebe ich euch die Visa. Im Jemen, aber das wisst ihr ja selbst, ist es im Moment sehr kritisch."

„Ja, ja", sagt Gi gleich für mich mit.

Noch vor einer Stunde waren unsere Erfolgsaussichten fast null. Bis an die Grenze – ins jemenitische Hawf – sind es um die 1200 Kilometer. Gut drei Wochen haben wir bis zum 18. November Zeit. Das ist kein Problem.

Bevor wir unsere Räder besteigen, klatschen wir zwei Mal ab. Wir sind happy. Das „Leere Viertel", die größte arabische Wüste, liegt vor uns. So Gott will, kommen wir auch in den Jemen. Die ersten 150 Kilometer bis zur vorerst letzten Oasenstadt sind ein Vergnügen. Immergrüne Wadis, gespeist von Wasser aus den Bergen, begleiten uns bis Adam. In Adam wird es Zeit umzudenken. Statt der sonst üblichen sechs Liter Wasser bunkern wir 12 Wasserflaschen mit insgesamt 18 Litern. Den Wasserverbrauch berechnen wir für jeweils zwei Tage, um auch wirklich zum nächsten Versorgungspunkt zu gelangen. Kekse, Datteln, Fischkonserven, Eckenkäse und andere Leckereien werden eingepackt. Die Räder stöhnen unter der Last. Gleich hinter Adam verschwinden die letzten Berghügel und die unendlich erscheinende Wüste dehnt sich vor uns aus.

Was sehr angenehm ist, es fährt kaum ein Auto auf der Wüstenstraße und aus der schwülwarmen Küstenluft ist eine angenehm trockene, wenn auch heiße Luft geworden. So radeln wir mit leichtem Rückenwind Kilometer für Kilometer, ohne dass sich die Landschaft spürbar verändert. Nur alle etwa 50 Kilometer führen Querpisten zu den Ölcamps in die Leere.

Unter Wüste stellt man sich ja immer nur Sand vor – und weil der so schön ist, natürlich richtige Sandberge. Diese

Wüste ist aber, bis auf wenige Ausnahmen, eine ausgesprochene Kiesel-, Sand- und Steinwüste. Erst gut 100 Kilometer in Nordrichtung, an der Grenze zu Saudi-Arabien, sollen sich die so schön anzuschauenden hohen Sanddünen auftürmen. Gewarnt wurden wir ausdrücklich davor, nicht nur vom Botschafter, die Wüstenstraße auf uns unbekannten Querpisten zu verlassen, denn diese verlieren sich oft im Nichts.

Von Tag zu Tag verinnerlichen wir immer mehr unseren neuen Tagesablauf.

Von Tag zu Tag verinnerlichen wir immer mehr unseren neuen Tagesablauf. Gut eine Stunde bevor die Sonne am Horizont für 12 Stunden verschwindet, halten wir Ausschau nach einem Lagerplatz. Manchmal schaffen wir es erst kurz vor Sonnenuntergang, denn es ist gar nicht so leicht, etwas

Passendes in dieser Einöde zu finden. Oftmals hat man für Kilometer nicht einen einzigen dieser typischen Wüsten-bäume oder -sträucher, die idealerweise die Sicht zur Straße versperren und auch Schatten spenden. Auch wenn wir uns hier sicher fühlen, wollen wir nicht, dass unser Nachtlager zu erspähen ist. Wenn wir dann einen geeigneten Platz er-blicken, fängt die eigentliche Quälerei erst an: Die Räder durch das Kies-Sand-Gemisch zu schieben, ist nicht einfach. Am Platz angekommen, suchen wir Feuerholz und bereiten das Lager vor. Gi richtet das Zelt auf und auch ein. Sie mag nicht ohne diesen Zeltschutz schlafen. Sie hat große Angst vor Schlangen und Respekt vor Skorpionen. Ich kümmere mich in der Zwischenzeit um die Feuerstelle. Schon bei Tag sammeln wir dafür das wenige Holz am Wegesrand, das wir manchmal finden. Unser Panzerkocher hat in der Wüste Urlaub. Gekocht wird auf offener Feuerstelle. Aus unseren Vorräten versuchen wir immer etwas Leckeres zu zaubern. Gelingt das nicht so recht, dann reden wir uns unser Abend-mahl trotzdem super: „Das Schnitzel mit Blaukraut war aber heute lecker, gell, Wilfried?"

„Ja, Gisela. Und der Pudding zum Nachtisch ist dir be-sonders gut gelungen."

Bei diesen leckeren Wortschiebereien verschwinden dann Keks für Keks und Eckenkäse für Eckenkäse in unse-ren hungrigen Mägen. Danach laufen Teil eins, zwei und drei vom immer gleichen, aber wunderschönen Film mit dem Titel „Sternenhimmel in der Wüste". Wenn wir danach noch immer nicht müde sind, schalten wir einfach auf ein anderes Programm um. Der Film „Vollmond, zunehmender Mond oder abnehmender Mond" sorgt für schöne Stunden. Mit Sonnenaufgang beginnt der nächste Tag: Kaffee kochen, essen, zusammenpacken und die Räder zur Straße quälen. In den ersten vier Tagen durchradeln wir zwei Versorgungspunkte. Einmal hat die Ortschaft nur drei Häuser, die nächste besitzt zehn Häuser. Das Wichtigste dabei für uns? Die Wasservorräte und der Proviant müssen aufgefüllt werden. Wir suchen auch immer eine Waschgelegenheit. Mit richtiger Dusche ist natürlich nichts, doch auch wenn ein arabisches Hockklo nicht jedermanns Sache ist, so haben diese doch einen absoluten Vorteil: Es gibt nämlich immer einen langen Wasserschlauch, welcher idealerweise eine Dusche ersetzt. Absolut prima! Ein Hockklo und somit eine Dusche erobern wir in jeder Siedlung.

Nach zwei weiteren Tagen erreichen wir den größten Ort: ein kleines Dorf mit allem, was Wüstenzivilisation so verspricht. Wir durchstreifen das Oasendorf auf der Suche nach Leckereien wie Obst, Gemüse und Fruchtsäften. Auch kaufen wir wieder Datteln, den wichtigsten Energiespender in der Wüste. „Sieben Stück am Tag pro Person sollen auf längeren Wüstenstrecken die Energie zum Überleben geben", verrät mir Gi. Wir essen jeder gleich die doppelte Anzahl, wird uns doch in dieser Ortschaft mehrfach gesagt:

„Die nächsten Datteln und auch Wasser gibt es erst in gut 240 Kilometern."

Weitere fünf Tage erfreuen wir uns an der Einsamkeit, an vereinzelt auftauchenden Sanddünen und auch am Zusammentreffen mit den Beduinen. Es sind Jebalis und Harasis, die noch immer vereinzelt ihr Leben wie zu alten Zeiten im „Leeren Viertel" verbringen. Dazwischen erleben wir die Ausläufer eines Wüstensturms. Es ziehen plötzlich Wolken auf, für Minuten wird es unheimlich windig und einige Tropfen Regen fallen. Am nächsten Tag, welch ein Wunder, nur 20 Kilometer von unserem Nachtlager entfernt, erleben wir die blühende Wüste. Teile des Ödlands sind plötzlich grün, Büsche blühen und vereinzelte kleine Bäume haben saftig grüne Triebe. In Kiesvertiefungen steht knietief das Wasser. Zwei Mal nehme ich darin freudig ein Wüstenbad. Die Luft ist an diesem Tag klar. Immer wieder erblicken wir Spiegelungen. Wir sehen Berge, Seen und Wald. Dies alles sind optische Täuschungen, Fata Morganen. Auch wenn wir keine Wüstenfüchse sind, so benehmen wir uns doch wie diese: Wir erliegen nicht dem Wunsch, den Seen, Bergen und dem Wald zu folgen.

Nach fast tausend Wüstenkilometern erblicken wir die Stadt Thumrait. Hinter ihr türmen sich Berge auf. Sie sind das Tor zum Dhofar-Gebirge. Hier stoßen wir auch auf die alte Weihrauchpiste, die nach Süden bis Salala und nach Norden durchs „Leere Viertel" in Richtung Saudi-Arabien verläuft.

Kurz vor Thumrait höre ich ein komisches Geräusch am Hinterrad. Ich schaue nach. „Scheiße!"

„Was ist, Wi?"

„Die Felge ist an der Naht, wo sie fabrikmäßig zusammengeschweißt wird, gerissen!"

„Großes Problem?"

„Natürlich. Sogar ein sehr großes Problem, denn mit der Felge komme ich garantiert nicht bis Salala." Ich versuche, den Riss durch eine Unterlage zu stabilisieren und lasse Luft aus dem Reifen. Mit großen Sorgen im Kopf erreichen wir langsam radelnd Thumrait. Da die Felge aus Aluminium ist, brauche ich eine Alu-Schweißwerkstatt. Leider stellen wir aber nach zwei Stunden fest, in dieser Siedlung gibt es keine Möglichkeit zum Alu-Schweißen. Jeder erzählt uns aber, in Salala wäre das kein Problem. Wir sollten ein Auto nehmen, die Stadt sei nur gut 80 Kilometer entfernt.

„Wir haben es bis 80 Kilometer vor Salala geschafft. Jetzt mit dem Auto den restlichen Weg? Kommt gar nicht infrage!", sage ich bestimmt. Ich baue das Hinterrad aus, besorge ein Auto mit Fahrer und gemeinsam braust er mit mir und der Felge nach Salala. Unseren restlichen „Radelhaushalt" parken wir in seiner kleinen Werkstatt und Gi übernimmt für all die Dinge die Wachoberhoheit. Der Preis für die Autotour ist niedrig, die Unterhaltung mit dem stark Gas gebenden Achmed interessant und die Strecke traumhaft schön. In Salala suchen wir eine Werkstatt. Gleich an der ersten Bude werden wir handelseinig. Doch kurz darauf: Ich brülle wie am Spieß: „Neeeeeein!" Dabei schaue ich irgendwie Hilfe erhoffend in die Schweißerbruchbude. „Der tötet meine Felge!", brülle ich weiter.

Achmed brüllt nicht, sondern dreht geistesgegenwärtig diesem Möchtegern-Schweißer den Hahn ab. „Prima, Achmed!", sage ich. Wir schauen uns die Felge an. Sie ist total verzogen. „Die ist hin, Achmed!"

„Ja, das stimmt."

„Und jetzt?" Mir läuft der Schweiß aus allen Poren. Der Kerl hat zu viel heiße Flamme gegeben. „Nun ist eh alles egal, also können wir auch eine Notoperation versuchen. Achmed, sag dem Kerl, er soll noch mal Gas geben. Ach ja – und einen Hammer brauchen wir unbedingt!"

Nach Achmeds und meiner Anleitung wird die Felge erneut heiß gemacht, behämmert, wieder erwärmt, wieder behämmert. Das dauert eine grausame Ewigkeit. Nach 30 Minuten fallen wir uns in die Arme. Es ist zwar immer noch nicht wieder hundertprozentig gerade, aber die Bruchstelle ist dafür jetzt dick verschweißt. „Geschafft!", rufen wir freudig. Ich bin erleichtert. Unsere letzten 80 Wüstenkilometer bis Salala sind gerettet!

Zurück in Thumrait sage ich zu Gi: „Die Felge ist notgerettet, es würde aber Sinn machen, wenn wir die Räder abspecken. Die haben irgendwie zu viel Gewicht." Alles, was schon Tausende von Kilometern im Verborgenen schläft und nicht gebraucht wurde, wird sorgsam aussortiert. Mein Drahteselchen verliert somit binnen weniger Minuten fünf Kilo an Gewicht. Klingt lächerlich, doch ich bilde mir ein, meinen Felgen eine große Last zu nehmen.

Am nächsten Morgen verlassen wir Thumrait. Auf circa 500 Höhenmetern erblicken wir die ersten Weihrauchbäume. Sie wachsen in Arabien nur auf 400 bis 700 Metern Höhe, können nicht gezüchtet oder verpflanzt werden. Lange Zeit waren diese Bäume für die hier ansässigen Nomadenstämme buchstäblich Gold tragende Bäume, denn der Weihrauch wurde in längst vergangener Zeit mit diesem Edelmetall aufgewogen. Wir zapfen einen dieser Bäume an, warten, bis er die typische weiße, zähe Flüssigkeit ausspuckt, und versuchen den Geschmack zu erspüren. Es schmeckt fast wie Kaugummi, verliert aber schon nach wenigen Minuten das Aroma. Gegen Mittag erreichen wir den 900 Meter hohen Bergpass. Schon vorher war uns klar, egal, wie spät es sein würde, wir müssten uns hier in dieser Bergregion einen Lagerplatz für die heutige Nacht suchen. Die Omanis sprechen bei diesem bis zu 1800 Meter hohen Gebirge, welches Salala im weiten Bogen umspannt, von ihren „Immergrünen Waldbergen". Mit Grün haben sie recht, doch Wald, so wie wir ihn kennen, ist es eigentlich nicht. Vereinzelte mächtige, ausladende Bäume zwischen Felsen, in tiefen Schluchten und zwischen meterhohen Gräsern geben aber auch für uns etwas sehr zauberhaft Magisches wieder.

Einen dieser Sonnenschirmbäume suchen wir uns als Schlafplatz aus. Am Abend ziehen dichte Nebel über unser Lager. Für zwei Stunden ist die Sicht total verhangen. Diese Nebel und der Regen, hauptsächlich vorkommend in der omanischen Monsunzeit, sorgen für diese „Immergrünen Waldberge".

„Wi, wach auf! Bei der Kochstelle klappert das Geschirr. Ich hab Angst! Da muss jemand sein!"

Mensch oder Tier, fragt sofort mein Kopf. Achmed hatte mir nämlich gesagt: „Passt in den Bergen auf! Es gibt viele Schlangen, Skorpione und wilde Tiere."

Mit einem leichten Kribbeln in der Magengegend, aber voll konzentriert, bewaffnet mit meiner Taschenlampe und meinem Taschenmesser, öffne ich vorsichtig das Zelt und schaue angestrengt in die schwarze Nacht. Die Augen gewöhnen sich sehr schnell an die Dunkelheit, denn ein zauberhaft scheinender Mond hilft mir dabei. Somit erkenne ich nur wenig später rechts von mir vier lange Beine und einen gewaltigen Bauch. „Komm, leg dich her! Schau dir das an, einfach wunderbar!", flüstere ich Gi ins Ohr. „Es sind deine Freunde. Kamele hast du aus dieser Perspektive noch nie gesehen."

Sechs Kamele lagern um unseren Sonnenschirmbaum. Jetzt wird mir auch klar, warum alle Bäume die gleiche schöne Form haben. Auf Kamelmaulhöhe sind sie abgefressen. Eine Stunde bleiben die Kamele zu Besuch. Sie fressen oder laufen einfach nur umher. Sie schauen von oben auf uns herab. Aus unserer Perspektive sind es wirklich sehr imposante Tiere, aber zum Glück ja nicht wild. Nicht eines von ihnen berührt unser kleines Zelt.

Die restliche Strecke bis Salala ist ein Kinderspiel, denn wir flitzen bis zur Küste stetig bergab. Schon am Ortseingang finde ich einen indischen Fahrradspezialisten, der meiner immer noch verbogenen Felge mit nur wenigen Handgriffen eine verträgliche Form gibt. Wir radeln ein Hotel an und haben auf Anhieb Glück. Nach nervenraubenden 30 Minuten habe ich den Kerl endlich so weit, dass der Preis halbwegs in Ordnung für uns ist. Wir wollen einige Tage in diesem Hotel unter Palmen, am Puderzuckerstrand bleiben und sind uns jetzt schon sicher, die Tage können nur gut werden, denn alles hier ist unheimlich schön. Täglich sehen wir Delfine. Oft sind es weit über hundert Springer. Das Beste daran ist, dass wir sie sogar von unserem Zimmerfenster aus bestaunen können. Schon zum Frühstück wirbeln sie durch die Luft, durch die Wellen und manchmal ist auch eine Überschlagvariante dabei.

Um an die Grenze zu kommen, müssen wir die Mondberge überwinden. Sie sind Nomadengebiet einiger Stämme. Die jemenitischen Mondberg-Nomaden sind eine Nummer härter als ihre Kollegen in Oman. Noch heute regiert dort die Kalaschnikow. Der Name für die Mondberge könnte nicht treffender sein. Auf 160 Kilometern müssen wir drei gewaltige Anstiege überwinden. Es sind kahle Berge, karg, mit vielen Schluchten und einer unheimlich steilen, aber wunderschönen Bergstraße. Immer in Sichtweite ist dabei die so genannte „Piratenküste". „Radelt ja nicht an der Piratenküste entlang, da seid ihr weder auf dem Landweg noch auf dem Seeweg sicher", waren Martins Worte. Was mich dabei allerdings wunderte: Martin war ja selbst auf einer Dschunke genau diesen Seeweg gesegelt.

Wir hatten nur ein Problem bis zur Grenze. Gi legte einen

„Bleibt lieber hier! Wenn ihr Glück habt, werden sie euch nur ausrauben."

regelrechten Überschlag hin. An einer steilen Abfahrt bremste sie zu kräftig. Ein filmreifer Stunt-Überschlag folgte. Doch sie hatte Glück im Unglück: Nichts war total kaputt, weder

GRENZENLOS

an Mensch noch Maschine. Gi hatte nur leichte Abschürfungen, allerdings einen ziemlichen Schock erlitten.

Am letzten Abend in Oman, wir lagern gut drei Kilometer vor der Piratengrenze, spricht Gi mit zwei steinalt aussehenden Frauen. Beim Abschied sagt die eine von ihnen: „Bleibt lieber hier! Wenn ihr Glück habt, werden sie euch nur ausrauben."

JEMEN

EURO, WAS IST DAS?

Wir sind irgendwie aufgeregt, doch auf der omanischen Seite geht alles recht schnell. Die Beamten sind nett. „Wenn es Probleme gibt, kommt sofort zurück. Ich werde die Visa wieder gültig stempeln. Der Chef da drüben ist nämlich ein wenig verrückt", sagt uns der omanische Grenzer.

„Kommen hier viele Europäer her?", möchte ich wissen.

„Europäer kommen hier durch, ja, ja, vor zwei Tagen erst zwei Franzosen und vor gut einem Monat ein Engländer. Der Engländer war allerdings schon nach zwei Stunden wieder hier, weil es Probleme gab da drüben." Dabei schaut er verächtlich in Richtung Jemen.

Vom Gipfel der Grenzstation schaue ich zurück auf die „Mondberge" und das „Leere Viertel". „Wir werden das nie vergessen, so schön war es hier. Aber auch knüppelhart", bringt Gi heraus. Wir atmen tief durch, durchradeln eine kleine Senke und am anderen Berggipfel werden wir schon erwartet.

Mit den Worten „Salam aleikum. Auf euch warte ich schon länger. Der Botschafter hat angerufen", werden wir empfangen. Der Piratengrenz-Chef bittet mich in sein Büro. Gi muss draußen bleiben. Mit unseren Pässen bewaffnet, folge ich ihm. Minutenlang blättert er darin herum.

„Hast du eine Straßenkarte für uns und kann ich hier Geld wechseln?", frage ich.

„Karte gibt es hier nicht, aber Dollar kannst du an der Bude draußen tauschen."

An der Wand hängt eine große Jemen-Straßenkarte. Ohne zu fragen fotografiere ich sie ab. Im Display stelle ich fest: Mit der Vergrößerung sind alle Details zu sehen. Prima, so eine billige Landkarte hatte ich noch nie!

Der Herr der Stempel drückt zwei davon in die Pässe und erklärt mir sogleich: „Ihr habt Glück, der Botschafter hat euch angemeldet. Besorgt euch aber unbedingt ein Auto, denn mit Radeln ist hier nichts. Zu gefährlich! Die erste Straßensperre ist in 100 Kilometern." Als ich die Bude verlassen will, gibt er mir noch schnell die Hand und spricht: „Ihr seid meine ersten Radler. Sind die Deutschen alle so verrückt?"

„Nein, im Moment sind nur wir verrückt."

Um die ersten Tage über die Runden zu kommen, schiebe ich dem Geldwechsler 100 Euro über den Tisch. Der schaut den Schein mehrmals recht ungläubig an und fragt mich dabei wirklich: „Was ist das für Geld?" Ich denke, ich höre nicht richtig.

„Das sind 100 Euro und ich möchte Rial dafür."

„Wo kommt ihr her?", ist die nächste Frage.

„Aus Deutschland. Und Euro gibt es dort schon lange."

„Euro kenne ich nicht, Rial und Dollar ja, Euro nein. Aber ich helfe dir, ich kann ja mal in der Zentrale anrufen."

Die Telefon-Euro-Erkennung funktioniert, denn nach gut fünf Minuten legt er den Hörer auf, schaut nochmals verächtlich auf das Geld, blättert mir aber dann einen Berg Rial-Scheine auf den Tisch. Im Kopf überschlage ich schnell den Kurs und wiege die Knete mit der Hand. Haut ungefähr hin, sind so meine Gedanken. Der Euroschein-Erkenner lacht herzergreifend.

Gi hatte schon auf der omanischen Seite mit Bekannten in Sanaa telefoniert und unser genaues Grenzübertrittsdatum übermittelt. Doch auch diese Bekannten warnten uns: „Macht das ja nicht mit dem Fahrrad! Die Zeiten haben sich geändert. Wir schicken ein Auto."

Über die letzten Mondberghügel sausen wir in Richtung Küste. In Al Haifa genehmigen wir uns ein zweites Frühstück. Mit Maschinenpistolen bewaffnete Männer sitzen uns gegenüber, doch alle sind überaus freundlich in der Kneipe. Die Fahrräder sind für eine halbe Stunde die Sensation hier. Wir fragen nach eventuellen Problemen auf der Strecke bis Al-Mukalla (ca. 600 Kilometer).

„Nein, hier in unserem Gebiet gibt es keine Probleme. Später, so nach einer Autostunde, müsst ihr aufpassen." Mit dem Kilometer-Begriff können sie nichts anfangen, Autostunden sind die Zeitangaben.

An diesem Tag radeln wir 70 Kilometer, also etwa eine Autostunde, die Piratenküste entlang. Schnell sind die Warnungen verflogen. Herrliche Sanddünenbereiche wechseln

An diesem Tag radeln wir 70 Kilometer,

also etwa eine Autostunde, die Piratenküste entlang.

sich mit Lavagestein ab. In Richtung Norden erkennen wir die Hadramaut-Berge. Nur ein verrosteter Panzer und ein Minenfeldgebiet aus dem letzten Krieg dämpfen etwas die Stimmung. Kurz vor Sonnenuntergang pedalen wir an einem langen Sandstrand entlang. Ich stoppe, schaue auf zahlreiche Spuren und bin absolut begeistert: Schildkröten!

„Hier die Nacht verbringen und eventuell einer Meeresschildkröte bei der Eiablage zuzuschauen, das wäre natürlich der Hammer", rufe ich Gi zu.

„Da vorne ist ein Dorf", ruft sie zurück.

Dort angekommen, fragen wir nach dem Dorfchef und beziehen wenig später unser Nachtlager auf dem Dach der Dorfschule. Der Lehrer – im Schlepptau viele seiner Schüler –

bringt uns Tee. Eine Stunde lang sitzen wir in einem großen Kreis, schlürfen Tee, kauen Kekse und antworten auf all die uns bereits bekannten Fragen unserer lieben Gastgeber.

Am nächsten Morgen erreicht uns das Auto. Die Freude ist groß. Wir verstauen die Räder im Kofferraum. Dabei hilft Ali (Name geändert), ein Freund aus Sanaa. „Der Jemen ist kein einfaches Land mehr", legt Ali auch gleich los. „Die Sicherheitslage ist nicht gut. Alle 100 Kilometer gibt es Straßensperren und Kontrollen. Ich musste viel Schmiergeld zahlen und war 36 Stunden ohne größere Pausen unterwegs. Mit den Rädern wärt ihr nie bis Sanaa gekommen."

Nach nur 30 Kilometern erreichen wir die erste Straßensperre. Ein bewaffneter Soldat kommt zu uns ins Auto und ein weiteres Fahrzeug mit vier Bewaffneten folgt uns bis zur nächsten Kontrolle. Spätestens hier wäre mit Radeln Schluss gewesen, wird mir bewusst.

Gut zwei Wochen sind wir bis zur Hauptstadt Sanaa unterwegs, besuchen vorher im Hadramaut das Oasendorf, aus dem die Familie von Osama bin Laden stammt, tauchen im Golf vor Mukalla, sehen dabei unsere ersten Haie und Mantas und sind täglich aufs Neue begeistert von der Herzlichkeit der Menschen in diesem doch eigentlich so schwierigen Land. In Sanaa mieten wir uns eine Wohnung für die nächsten drei Monate. Wir kennen zwar den Jemen bereits von vielen Aufenthalten vorher, doch wir wollen versuchen, noch mehr zu begreifen.

DOPPELHOCHZEIT

Der Jemen ist ein zutiefst religiöses Land. Von der Geburt bis zum Tod begleitet die Religion das tägliche Leben jedes Einzelnen – und mit „täglich" ist auch tatsächlich täglich gemeint. Hierzu gehört auch die Geschlechtertrennung. Da das Leben sehr stark von dieser Regel geprägt ist, war Gi an unzähligen Frauentreffen beteiligt und ich bei ebenso vielen Männerrunden anwesend. Als sich herumgesprochen hatte, dass wir wieder in Sanaa sind, hatten wir die Freude, aus zahlreichen Einladungen die für uns interessantesten aus-zuwählen. Da Hochzeiten und auch Beerdigungen bis zu sieben Tage andauern, ist durchaus Flexibilität notwendig. Geburten, welche es sehr reichlich gibt, und auch religiöse Feiertage runden neben Neugier-Einladungen die Palette ab. Um all dies würdig zu überstehen und somit auch haut-nah am Leben teilzunehmen, sind einige Voraussetzungen durchaus hilfreich: Da Gi arabisch spricht, ist für sie diese problematische Hürde genommen. Nur sehr wenige Frauen sprechen englisch. Viele waren nie in der Schule. Bei den meisten Männerrunden gibt es zumindest ein, zwei Teil-nehmer mit Englischkenntnissen. Ich kenne zudem einen Mann, der sehr lange in Europa lebte und sehr gut Deutsch und vier weitere Fremdsprachen beherrscht. Ali, auch sein Name ist geändert, kennt also beide Kulturkreise, ist bei vie-len Einladungen dabei und kann somit auch dumme Fragen von einem Sonneberger beantworten.

Die Sicherheitslage im Land ist leider in den letzten Jahren recht schwierig geworden. Es gibt natürlich auch einen Geheimdienst. Angeblich reißen diese Leute immer noch Fingernägel aus, um an Infos zu kommen. Im jemenitischen Volksmund werden sie „Moskitos" genannt. Sehr sinnig, wie ich finde, denn Moskitos stechen und bereiten Schmerzen. Ich will mit den Namensänderungen einfach auf Nummer sicher gehen, denn den Alis soll nichts geschehen.

Das Kath-Kauen ist ein weiteres jemenitisches Problem. Alle Feierlichkeiten und auch einfachen Zusammenkünfte gehen Hand in Hand mit dieser Eigenheit. Kath ist das jemenitische Rauschmittel schlechthin. Es ersetzt sehr gut den Alkohol. 70 Prozent der Männer und 30 Prozent der Frauen kauen es täglich. Kaut man selbst Kath – und wir tun dies öfter –, erfolgen die Einladungen noch weit zahlreicher, denn das Vertrauen wird größer. Mann und Frau sollten aber auch die islamischen Grundregeln beachten. Untypisches Verhalten kann durchaus kleinere und größere Probleme hervorrufen. Diese Grundregeln kennen wir durch unsere früheren Reisen in einige islamische Länder. In unserer Sonneberger Wohnung liegt auch ein oft benutzter Koran auf Deutsch. Sehr hilfreich sind auch die Akzeptanz der fremdartigen Geschlechtertrennung und unendlich viel Sitzfleisch, denn in der Regel wird das Leben hier sitzend verlebt. Während Gi bei irgendwelchen

Frauentreffen oder Feiern sitzt, sitze ich ebenfalls bei irgendwelchen Männertreffen oder Feiern. Erst am Abend können wir uns dann in unserer Wohnung über Erlebtes unterhalten, denn gemischte Gruppen gibt es in der Regel nicht. Die Möglichkeit, sich bei einer Feierlichkeit, auch wenn es eine Hochzeit ist, zu treffen, ist gleich null. Auf Hochzeiten waren wir schon oft, doch als mich Ali eines Tages anruft und in die Muschel spricht: „Ich habe zwei Einladungen für euch. Die sind etwas Besonderes. Es handelt sich da um eine Doppelhochzeit und du kennst den Vater", ist die Zusage schnell erteilt.

Ein paar Tage später holt mich Ali zu besagter Doppelhochzeit ab. Gi fährt mit einem anderen Auto. Sehen können wir uns im Reich der Glücklichen nicht, denn die Frauen feiern getrennt von den Männern. Ich bin kaum eingestiegen, da sagt Ali: „Der Vater musste sein Auto verkaufen, es ging nicht anders, denn die Jungs sind eigentlich schon zu alt und das so notwendige Geld hatte er nicht. Heiraten im Jemen ist teuer." Die anderen Männer im Auto stimmen alle knabenchormäßig zu.

Der Doppelhochzeits-Einlader bekommt sofort den geänderten Namen „Verkäufer" von mir verpasst. „Verkäufer" haben wir schon vor vielen Jahren kennengelernt, lange nicht mehr gesehen, aber er hat sich an uns erinnert und über Ali die Einladung ausrichten lassen. „Verkäufer" gehört zu einer Beduinen-Großfamilie. In einem Wadi, gut

200 Kilometer von Sanaa entfernt, ist er in der Wüste aufgewachsen. Später wurde er verheiratet, hat am Rande der jemenitischen Hauptstadt ein Haus gebaut und ist stolzer Vater von neun Kindern.

Das große Hochzeitszelt steht keine 200 Meter vom Haus des „Verkäufers" entfernt. Dieses ist aber für uns tabu. Wir sind zwar Freunde, doch heute haben selbst Freunde keinen Zutritt, denn im Haus wimmelt es nur so von Frauen. Die erwarten in den nächsten Stunden zwei Bräute. Für die beiden Frauen wird es die erste Nacht in dem noch fremden Haus sein.

Am Zelteingang ziehen wir die Schuhe aus. Drinnen sitzen die zwei Hochzeiter an beiden Enden auf ihren bunten und erhöhten Polstersitzen. Auch wenn es um die 40 Meter Entfernung sind, kann ich sie doch gut erkennen. Ich gehe auf sie zu und begrüße die mir bisher unbekannten jungen Männer mit dreimaligen Umarmungen und jeweils angedeuteten Wangenküssen. Die üblichen arabischen Höflichkeitsworte tauschen wir dabei ausgiebig aus. Das Zelt ist schon mit über hundert Gästen gefüllt. Wir halten Ausschau nach guten Plätzen. Plötzlich klopft mir jemand auf die Schulter. Als ich mich umdrehe, sehe ich in die Augen des „Verkäufers". Nach einer langen Begrüßung sagt er: „Setzt euch da drüben hin. Die Plätze sind extra für euch reserviert. Da bekommt ihr alles mit."

„Allah sei es gedankt", gebe ich zurück.

Mit unseren Plätzen haben wir wirklich Glück, denn wir können das ganze Zelt überblicken. Ständig kommen weitere Männer, Jugendliche und Kinder dazu und nur eine halbe Stunde später sind über 200 Gäste versammelt. Alle sitzen auf Sitzpolstern, reden mit den Nebenmännern oder beschäftigen sich mit ihrem Kath. In einer Stunde sollen noch die Männer aus der Wüste hinzukommen. „Die Beduinen haben einen weiten Weg bis Sanaa. In einem Auto sitzt auch eine der Bräute. Hochzeitsautos lässt man aber schnell durch die Straßensperren", sagt Ali.

In der Mitte des Zelts sitzen drei Männer mit Instrumenten und einem Mikrofon. Einer spricht Koranverse. Ist er damit nach jeweils fünf Minuten fertig, spielen die zwei anderen Lieder. Manchmal singen sie auch zu den sehr schönen Melodien. Bis zum nächsten Morgen wird sich das gesprochene Wort mit all den Liedern abwechseln. Es sind schöne Lieder, schwermütige Lieder, alte, gut klingende Lieder aus der Wüste und dem Bergjemen.

Plötzlich wird es still. Über 50 weitere Männer suchen sich Plätze. Es sind die eingetroffenen Wüstensöhne. Sie sind an ihren Gesichtszügen und der Kopftuchbindeart leicht zu erkennen. Einige der Beduinen haben ihre Maschinenpistolen geschultert. Ihr Gang und ihre Blicke verraten Stolz. Sofort aber lassen sie die Kalaschnikows hinter den Polstern verschwinden. Es soll ja keinen Ärger geben.

„Nachdenker", dies ist auch ein geänderter Name, also

In Hochzeitszelten war ich oft.

ein weiterer Ali, er ist übrigens ein guter Freund von mir, gibt mir etwas Kath. „Heute haben wir fast unendlich viel Zeit zum Kauen. Erst gegen 21 Uhr wird der nächste Höhepunkt folgen. Fang an!", sagt er.

Ich zupfe die ersten grünen Blätter von dem armlangen Kathstrauch, stecke sie in den Mund, kaue sie kräftig durch und schiebe die Kaumasse in meine rechte Backentasche.

„Wie haben die Jungs ihre Bräute denn eigentlich kennengelernt?", frage ich.

„Das ist eine lange Geschichte."

„Du sagtest doch gerade, wir hätten unendlich viel Zeit."

„Also gut … Rück ein Stückchen näher, die anderen müssen es ja nicht mitbekommen. Da ich weiß, dass du allen Jemeniten andere Namen gibst, tue ich es dir heute einmal gleich. Der eine Bräutigam wird somit ‚Pechhans' sein und der andere ‚Glückshans'. Ist das okay? Ich beginne: ‚Verkäufer' setzte ‚Pechhans' eines Tages ins Auto. Bis in die Wüste zu seinen Verwandten war es ein weiter Weg. So konnten ‚Verkäufer' und sein Sohn nochmals Wichtiges besprechen. Sie redeten über den Brautpreis. Da ‚Pechhans' seine Cousine heiraten sollte, würde es aber darüber keine größere Feilscherei geben. Die gesprochenen Worte sind ja dazu auch recht klar: Gold, früher war es Silber, schöne Kleider, Geld und einige andere Sachen würden sie, so Gott will, vereinbaren. Schon vor Jahren war klar gewesen, dass ‚Pechhans' seine Cousine ehelichen würde. Zumindest war dies für seinen Vater und seiner Mutter glasklar gewesen … Vorgesprochen hatten dann die Mutter und der Vater bei einem Besuch. Die Männer selbst waren sich schnell einig geworden, denn in der Familie zu heiraten, das hat viele Vorteile.

Der Brautpreis ist nicht zu hoch, die Großfamilie wird in Zukunft noch größer, die Besitztümer bleiben auch in der Familie, Grund und Boden werden vermehrt – und was soll man da unter Brüdern noch lange verhandeln? Nur ‚Pechhans' wusste lange nichts davon. Er kannte seine Cousine nicht einmal. Natürlich haben Vater und Mutter ihm irgendwann erzählt, wie nett das Mädchen sei, vielleicht auch wie hübsch und arbeitsam. Gesehen hatte er sie aber nie. An einem Nachmittag kamen sie also im Familienwadi an. Der Onkel von ‚Pechhans' und auch der Imam warteten schon. Der Imam wollte den Brautpreis und alle anderen Absprachen gewissenhaft auf einen Zettel schreiben. Für später, falls es doch Probleme gibt. Der Hochzeitstag wurde festgelegt. Auch würde der Vater von ‚Pechhans' alle Kosten übernehmen. Das ist so üblich. Heiraten ist nicht billig, aber mit einer Doppelhochzeit würde er etwas sparen. Der Onkel von ‚Pechhans' erklärte daraufhin seine Einwilligung in die Hochzeit seiner Tochter. ‚Pechhans' besiegelte zusammen mit seinem Onkel und dem Imam die Abmachungen. Auf der Rückfahrt überlegte ‚Pechhans' zwar kurz, warum er eigentlich seine Braut nicht sehen durfte, doch dazu mochte er den Vater nicht fragen. Ist ‚Glückshans' aber nun wirklich der Glücklichere? ‚Glückshans' hat zumindest Glück, denn er kennt seine Braut. Kennen ist zwar von eurer europäischen Sichtweise her weit übertrieben, doch hat ‚Glückshans' seine Braut, bis sie 12 oder 13 Jahre alt war, sogar ohne Schleier gesehen. Es ist nämlich seine Nachbarin. Bis das Mädchen in die Pubertät kam, haben ‚Glückshans' und sie sogar zusammen gespielt und sich beim Einkaufen in unserem kleinen Laden unterhalten. Er kannte ihr Gesicht, fand sie damals vielleicht sogar recht nett, sympathisch, hübsch und hofft nun, dass ihn seine Erinnerungen nicht trügen. Noch besser hat es aber eigentlich die Braut von ‚Glückshans', denn seit ihrer Verschleierung war es zwar aus mit Spielen, doch gesehen hat sie ‚Glückshans' noch oft. Ihre Häuser stehen ja nicht weit auseinander. Vom Mafratsch aus hat sie immer in die Gasse geschaut. ‚Glückshans' ist da oft durchgegangen. Sie konnte über Jahre beobachten, wie aus dem Spielkameraden ein Mann wurde. Irgendwann haben ihr ihre Eltern gesagt: ‚So Allah will, wird er dein Mann werden.' Theoretisch hat ‚Glückshans' also die besseren Karten. Doch der Brautpreis war höher, denn außerhalb der gesprochenen Worte wollte die Brautfamilie noch einen Fernseher. Allah wird sicherlich Nachsicht üben. Letztendlich willigte aber ‚Verkäufer' ein, denn die Brautfamilie war mit der Doppelhochzeit einverstanden. Er wird dadurch viele Rial sparen. ‚Glückshans' hat seine Braut auch manchmal gesehen. Verschleiert lief sie durch die Gassen. An den Augen hat er sie dann aber immer erkannt. So sind ‚Pechhans' und ‚Glückshans' zu ihren Frauen gekommen. Habe ich gut erzählt?"

„Danke für die Geschichte. Du hast wirklich gut erzählt."

Eine lange Zeit sagen wir kein Wort mehr. Jeder hängt seinen Gedanken nach. Ich lausche den Gesängen und Koranversen und zwischen zahlreichen grünen Kath-Blättern blicke ich immer mal wieder zu „Glückshans" und „Pechhans" rüber. Sie wirken nicht glücklich, auch nicht unglücklich, eigentlich wirken sie weit, sehr weit weg. Ich werde ihre Frauen nie sehen. Es kann sein, sie laufen mir auf dem Basar über den Weg, doch ich würde sie nicht erkennen, denn 99 Prozent der jemenitischen Frauen tragen den Gesichtsschleier. Nur die Augen sind frei.

Als sich der Imam erhebt, stehen auch alle anderen auf, glätten ihre weißen Gewänder, legen ihre handbreiten Gürtel mit dem Krummdolch um und wer hat, der schultert seine Kalaschnikow. Dann begleiten wir unter Freudengeschrei, Tänzen und Gewehrschüssen „Pechhans" und „Glückshans" zum Haus der Frauen, wo sie in ihren Zimmern die Ehe vollziehen werden.

Während vieler Einladungen in unseren drei Monaten hier bekommen wir einen tieferen Einblick: Die Probleme im Jemen sind das Kath, die Familienstrukturen, die Auslegungen der gesprochenen Worte, die Sicherheitslage im Land und der enorm steigende Bevölkerungszuwachs. Jedes einzelne dieser Probleme hat einen engen Zusammenhang zu den anderen. Der Jemen hängt eigentlich schon lange am Tropf. Andere sprechen – ich selbst neige auch zu dieser Auffassung – vom Jemen als Pulverfass. Allein im

Irgendwann werden auch sie Ehemänner sein.

Großraum Sanaa gibt es um die tausend Großfamilien. Bei nur tausend Familienmitgliedern ist dies eine Million. Die Strukturen sind patriarchalisch, althergebracht und somit hemmend. Die Rang- und Hackordnungen lassen die Entwicklung von Einzelnen kaum zu. Es herrscht meist ausgesprochener Gruppendruck. Ein Ausbruch aus diesen Großfamilien ist nur schwer möglich. Die Verknüpfungen sind zu eng. Die weiter zunehmenden Hochzeiten im Familienverbund werden die Probleme auch noch verschärfen. Doch wir mögen dieses Land. Die meisten Jemeniten sprühen regelrecht vor Herzlichkeit. Sie helfen, wo es geht. Es gibt auch viele Schokoladenseiten im Land. Alleine schon die wirklich schönste Altstadt der Welt, nämlich Alt-Sanaa, lohnt für einen längeren Besuch. Diese ist besonders gut in

Reiseführern beschrieben. Was darin in der Regel nicht steht, sind tiefere Einblicke einer uns meist fremden und auch verschlossenen Lebensweise. Wir sind dankbar, diese teilweise erlebt zu haben.

Da wir im Jemen trotz vieler Bemühungen keine Schiffsverbindung nach Indien bekommen, buchen wir einen Flug nach Mumbai.

INDIEN

MUMBAI ERWACHT

Um vier Uhr morgens verlassen wir den Flughafen von Mumbai. Wir sind sehr müde. Nach nur zwei Kilometern erblicken wir am Straßenrand einen Hindutempel und beschließen, hier den Sonnenaufgang abzuwarten. Gi legt sich sofort auf einer Tempelbank nieder und nach nur wenigen Minuten ist sie im Land der Träume. Ein Polizist dreht im Revier seine Runde. Als er unsere Fahrräder erblickt, klopft er mir mit seinem langen Stecken auf die Schulter und nuschelt in schlechtem Englisch: „Bring die Fahrräder aus dem Tempel, sonst setzt's was!" Mir ist sofort klar: Widerspruch macht keinen Sinn!

Als ich die Räder aus der heiligen Vorhalle schiebe, springen zwei Ratten aufgeregt zwischen den Tempelbänken umher. Ich parke unsere „Heiligen" am Stamm eines großen Baums und setze mich wachpostenmäßig daneben. Ein guter Platz, um das Erwachen der Stadt zu beobachten. Die Frühaufsteher verrichten schnell ihr Morgengebet, betätigen dabei die lautstarke Tempelglocke und eilen dann hastig weiter. Einige Meter neben mir höre ich Schnarchgeräusche. Dort liegt ein Mann auf der Erde. Mit einem leichten Tuch ist er bis über den Kopf verhüllt: Ein Schutz gegen die nervenden Moskitos. Ich selbst laufe dann polizeigerecht meine eigene Platzrunde und entdecke weitere Schläfer. Bei einer Bretterbude an der Straße liegen gleich drei Körper, ein großer und zwei kleinere. Der eingehüllte große Körper bewegt sich – ein Mann. Er steht auf, grüßt mit „Namaste!", nimmt einen Eimer und eilt damit zum Tempel. Als er zurück ist, zieht er sich bis auf die Unterhose aus und fängt an, sich zu waschen. Dass ich ihm dabei zuschaue, stört ihn nicht. Wenig später verrichtet er an einem Busch, keine drei Meter von der Bretterbude entfernt, sein großes Geschäft. Für die Reinigung hat er eine Plastikflasche mit Wasser in der Hand. Danach weckt er die zwei kleinen Bündel.

Drei Stunden später versuchen wir, in die Innenstadt zu radeln. „Versuchen" ist hier das richtige Wort, denn der Straßenverkehr erlebt zu dieser frühen Stunde seinen ersten Höhepunkt – will heißen: Der Straßenkrieg beginnt! Vergiss alles, was du in der Fahrschule gelernt hast. Vergiss alles, was du in anderen Ländern erlebt hast. Indien ist anders, Indien ist Straßenchaos in Reinkultur. Die absoluten Könige sind die Herren Busfahrer. Sie sind die Stärksten, sozusagen die Panzerfahrer im Straßenkrieg. Als fast gleichrangig erweisen sich die Tata-Fahrer (Tata ist ein indischer Lkw, oft mit Holzfahrerhaus). Danach kommen die, wenn auch seltenen, aber durchaus gefährlichen Allradfahrzeuge mit wuchtigem Aufprallschutz. Taxifahrer folgen gleich darauf. Die Motorrikschafahrer haben einen Vorteil: Sie sind in jeder Stadt in der Überzahl und können bei Einigkeit alles lahmlegen.

Um den Kriegsschauplatz zu vervollständigen, tummeln sich auch noch die Motorrad- und Mopedfahrer, oft zu viert auf einer Sitzbank, die Fahrradrikschas, die Fahrradfahrer, die vierrädrigen Verkaufskarren, die zweirädrigen schweren und langen Lastenkarren, die Ochsenkarren und das gemeine Fußvolk im weit gespannten Minengürtel. Und auch das Tierreich hat ein Recht, am Straßenkrieg teilzunehmen. So wird das Chaos perfekt. Die heiligen Kühe sind nämlich wirklich heilig, bei denen bremst sogar der Buspanzerfahrer. Eine Kuh zu überrollen, in Indien undenkbar! Schwerer haben es da schon die Schweine, Ziegen, Schafe, Hammel, Pferde, die seltenen Kamele, die Katzen, die zahllosen wilden Hunde mit ihren Welpen und die Ratten von den allgegenwärtigen Müllhaufen. Einen relativ sicheren Logenplatz haben die Affen. Ihre Aufgabe scheint die Kriegsberichterstattung zu sein, schauen sie doch recht vergnügt von oben herab. Da es meist keine Bürgersteige gibt, dafür aber umso mehr Garküchen und Straßenhändler, vermischt sich all das Kriegsvolk auf schmalen Straßen zum täglichen Gefecht. Für die Fußgänger ist dabei das Tretminenproblem nicht zu unterschätzen. Die Kühe sorgen mit ihren Haufen für die größten. Es gibt aber auch kleinere Minen von den vielen Hunden und in den ärmeren Stadtvierteln sogar ganze Straßenzüge mit von Menschen geschaffenen Tretminen. Um die Sache aber absolut perfekt zu gestalten, gehört natürlich auch das Kriegsgeschrei dazu.

Jedes Motorfahrzeug hat mindestens eine funktionierende Hupe, manche auch zwei oder drei. Wenn alle im Konzert hupen, platzen dir die Gehörgänge.

Im Krieg qualmt es ja auch ordentlich. Dafür sorgen die Uraltfahrzeuge von selbst. Solche Abgase haben wir noch nie erlebt. Der Sternenhimmel ist über Mumbai nicht zu sehen. Mehr als 20 Millionen Menschen müssen von A nach B und sorgen so für eine unheimliche Dunstglocke.

Vier Tage bleiben wir in der Stadt. Nur in der Nacht kommt Mumbai etwas zur Ruhe. Für zwei bis drei Stunden sinkt die Temperatur des Wasserkessels unter hundert Grad.

17 amtliche Sprachen gibt es in Indien (sowie ca. 100 nicht-amtliche). Knapp 50 Prozent der Inder können aber weder lesen noch schreiben. Dafür ist die Religion sehr wichtig und neben der hinduistischen Hauptreligion gibt es noch viele weitere. Indien ist sozusagen ein Schmelztiegel der Religionen. Nach den Wochen der Stille, der Abgeschiedenheit in den Wüsten und Wadis ist uns diese Stadt zu hektisch, zu unübersichtlich, zu schmutzig, einfach zu aufregend, zu anstrengend auch für die Sinne. Die Gehirnzellen kommen einfach nicht zur Ruhe, sie kochen bei Tag und köcheln in der Nacht. Zehn Augen bräuchte man, um alles Schöne, Unschöne und Interessante zu erhaschen.

„DEIN LEICHENHAUSEN TREIBT MICH ZUM WAHNSINN!"

Wir radeln immer in Richtung Süden. Unser Ziel ist der kleinste indische Bundesstaat. Sein Name ist Goa. Zehn Tage brauchen wir für die gut 700 Kilometer. Die ersten sind schon fast autobahnmäßig ausgebaut – mit breiten, radelfreundlichen Standstreifen. Aber auch hier typisch indisches Chaos. Sogar Lkws kommen uns auf diesen Standstreifen entgegen. Die Rikschas und die vielen Ochsenkarren, hoch beladen mit Zuckerrohr, sind dabei noch das kleinste Problem. Tage später wechseln wir auf eine Nebenstraße. Sie soll uns über die Berge bis zur Küste führen. Die Straße ist zwar ein Schlagloch-Fahrweg, aber es lohnt sich, denn zum ersten Mal verspüren wir so etwas wie Ruhe um uns herum.

Die Berge sind dschungelmäßig schön und zum Glück spenden die Bäume reichlich Schatten, denn noch immer ist es sehr warm. Alle paar Kilometer radeln wir durch Dörfer – schöne, aufgeräumte Dörfer, aber auch schrecklich arme. In Arambol, einem malerischen Ort an den Goaständen, bleiben wir länger.

Den Namen „Goa" kennen viele Menschen. Die Portugiesen und die Engländer waren hier. Dies ist auch der Grund, warum es gut 30 Prozent Christen und unzählige Kirchen in Goa gibt. Alkohol in Form von Bier, Schnaps und Wein steht reichlich in den Bretterregalen, Schweinefleisch in Schnitzelform auf so mancher Speisekarte. Sogar Rindfleisch ist zu haben im Land der heiligen Kuh. In den 70er Jahren geisterte der Name „Goa" als Geheimtipp unter Travellern. Begonnen hatte alles mit den Blumenkindern der 60er Jahre und noch heute ist es problemlos möglich, bei europäisch klingender Musik Marihuana zu rauchen. Später kamen dann – wie so oft an den wunderschönen Orten dieser Welt – die Pauschaltouristen hinzu. Heute sind die palmengesäumten Strände von Goa ein Mix aus all den vergangenen Jahrzehnten – und dies ist das Schöne. Man sieht sie noch, die Blumenkinder der Sechziger. Heute spielen sie aber oft mit ihren Enkeln am Strand. Die Hippies trifft man auf den berühmten Flohmärkten. Hier gibt es Klamotten, so bunt und verrückt wie die Welt. Man kann in Palmhütten schlafen, privat bei Indern oder in der Sterneklasse übernachten. Auf schweren Motorrädern die Reisfelder im Hinterland zu durchknattern oder im Dschungel auf Tigerbeobachtung zu gehen, ist kein Problem. Yogakurse, Sekten für alle Gefühle und leider auch Heroin an jeder Straßenecke sind zu haben. Goa ist nicht Indien. Goa ist ein künstlich erschaffenes Urlaubsland, um gestressten Ausländern, wohlhabenden Indern oder auch Radlern wie uns eine Zeit lang die Tage zu versüßen. Bei 25 Grad um Mitternacht erhellen zahlreiche Lagerfeuer das Palmenparadies. Ab ein Uhr tanze ich bei der Technoszene mit. Mit 52 bin ich da auf keinen Fall der Opa im großen Tanzkreis. Es macht unheimlich viel Spaß!

Spaß kann aber nicht ewig dauern. Wir müssen weiter. Von

Von Goa aus pedalen wir nach Hampi. Es sind Felsen – viele Felsen.

Goa aus pedalen wir nach Hampi. Auf einer Fläche von 26 Quadratkilometern liegt weit verstreut zwischen grünen Oasen, Tempeln und Palästen eine ganze Menge großer Steine. Es sind Felsen – viele Felsen. Diese herrliche Landschaft wird in unendlichen Schleifen von einem Fluss durchzogen. Täglich gehen wir wandern, suchen den Wasserfall auf eigene Faust, lassen uns in Schilfschüsseln ans andere Ufer rudern und staunen über die zahlreichen Tempelanlagen. Im Haupttempel verfolgen wir an einigen Abenden die uns so fremden Rituale der Hindus. Gespenstische Szenen spielen sich da im Halbdunkel ab.

Hampi liegt im Bundesstaat Karnataka. Karnataka ist Zigeunerland. Alles, was wir im fernen Europa unter „Zigeunern" verstehen, hat seine Wurzeln hier. Der lange

Weg der verschiedenen Ethnien begann vor vielen Hundert Jahren von diesem schönen Landstrich aus.

Von Hampi über Hyderabad bis zum heiligen Ganges brauchen wir Wochen. Immer Richtung Norden geht es durch urige Landschaften, Menschenmassen, verzauberte Dörfer, verrußten Verkehr, durch Millionenstädte. Wir schlafen dabei auf Holzpritschen an verdreckten Raststätten oder in billigsten Unterkünften. Für unser Zelt finden wir nur ein Mal Platz im überbevölkerten Indien. Von einem Schlepper lassen wir uns in Varanasi zu einem Hostel bringen. Sonst verzichten wir meist auf die nervenden Schleppertypen, doch diesmal zahlt sich die Hilfe aus, denn das Hostel hätten wir in den verwinkelten Altstadtgassen nie gefunden. Die Unterkunft selbst ist ein indischer Glücksfall. Das Zimmer ist recht sauber, groß und verspricht absolute Ruhe in der Nacht. Heißes Wasser fließt auf Anhieb und die so wichtige Steckdose gibt wirklich Strom. Während der täglichen Stromsperren kommt der Kompressor zum Einsatz. Sogar ein „Miniresto" mit guter Sicht über die Stadt befindet sich auf dem Dach. Da fällt es leicht, 3,80 Euro pro Nacht zu berappen. Für den Fußweg zum Ganges brauchen wir nur zehn Minuten. Täglich schlendern wir – mehr ich – auf unterschiedlichen Wegen durch den Ort, um immer an einem der 40 Ghats anzukommen. Jeder Ghat (zum Fluss hinabführende Treppe) hat einen Namen sowie einen kleinen oder größeren Tempel, welcher für Religionshandlungen erbaut wurde. An diesen Treppenabgängen verrichten die Inder ihre Kulthandlungen, die Verbrennungszeremonien der Toten und ihre Waschungen. In den verwinkelten Gassen hinter den Ghats spielt sich das Alltagsleben ab. Viele sind nur einen Meter schmal. Da wird es eng, wenn eine Kuh langsam daherkommt oder ein wie immer hupender Rikschafahrer durch die Gassen flitzt. Die Läden sind wirtschaftlich sinnvoll bis auf den letzten Quadratzentimeter gefüllt. Sie sind gefüllt mit allem, was der Mensch so braucht von der Geburt bis zum Tod.

Hindus werden religionsbedingt verbrannt. Wer es sich leisten kann, bringt den Verstorbenen oder seine Asche nach Varanasi. Die Asche wird hier in den heiligen Fluss gestreut. An den Ghats finden täglich Verbrennungen statt.

Wer es sich leisten kann, bringt den Verstorbenen oder seine Asche nach Varanasi.

Eine Verbrennung an so einem heiligen Ort ist für Hindufamilien sehr wichtig, garantiert sie doch den sofortigen Eintritt ins nächste Leben. Da wundert es nicht, wenn täglich 200 bis 400 solcher Zeremonien stattfinden. Um die Verbrennungsstellen herum ist ein Gewusel wie auf einem Basar. Das so wichtige, aber teure Holz wird mit Booten herangeschafft. Holz ist in der Varanasi-Gegend kaum noch zu haben, deshalb wird es weit entfernt vom heiligen Ort geschlagen und auf dem Ganges stromabwärts transportiert. In der Regel ist das indische Holz sehr hart. Die Aufbereiter am Ghat arbeiten deshalb mit Keilen, Vorschlaghämmern und meterlangen Ziehsägen. Die Holzhaufen werden genau abgewogen und zum Verbrennungsplatz getragen. Die Familienangehörigen kümmern sich solange um den Verstorbenen. Er wird in ein weißes Leinentuch gehüllt. Die Bare trägt man über die Treppenstufen hinunter zum Gangesufer, taucht sie völlig unter, um sie wenig später zu dem aufgestapelten Holz zu bringen. Dann wird der Holzhaufen angezündet. Bei diesem Ritual gibt es keine Tränen. Ganz im Gegenteil – man ist glücklich und zufrieden, denn der Angehörige ist ja auf dem Weg ins nächste Leben. Die Flammen sorgen dafür.

Auch wenn ich versuche, die ungewohnten Rituale zu verstehen, so ist doch einiges recht gewöhnungsbedürftig für mich. Das betrifft nicht die eigentliche Verbrennung. Es ist vielmehr die Vielfalt von Handlungen um die heiligen Stätten an sich. Da werden die Toten durch die Waschung im Fluss auf ihre Reise vorbereitet. Wenige Meter weiter vollziehen Menschen ihre eigene Körperreinigung, putzen sich die Zähne, waschen sich die Haare und schrubben sich mit Seife ab. Wieder ein paar Meter weiter suchen Männer im Flussschlamm nach kleinen Würmern, die sie an Ort und Stelle essen. Es gibt auch Leute, die ihre Notdurft im und am Fluss verrichten. Erst wenn am Abend die Sonne untergeht, wirken die Ghats für mich heilig und würdig. Es ist die Zeit der Besinnlichkeit, die Zeit der Tausend Flammen und die Zeit der geordneten Überlegungen. Erst dann finde ich meinen Frieden in und mit Varanasi. Ganz im Gegensatz zu Gi. Meist laufe ich alleine durch die engen, schmutzigen und oft übel riechenden Gassen. Gi sagt an einem Abend zu mir: „Ich glaube, ich habe den Ekelwahn."

„Warum?"

„Als du in deiner Leichenstadt unterwegs warst, habe ich mit einem Hoteljungen eine Ratte in unserem Zimmer gefangen. Die Kakerlaken im Bad haben wir – so gut es eben ging – tot gesprüht oder erschlagen. Von der Chemiekeule hat das Hotel in drei Jahren immer noch was. Als ich mir dann frische Luft am Fenster reinziehen wollte und nach unten schaute, du wirst es nicht glauben, saßen da wirklich drei kackende Inder! Dein Leichenhausen treibt mich zum Wahnsinn!" Dabei rollen Tränen über ihre Wangen.

„Gi, ich denke, ich verstehe dich."

„Ich will hier weg! Sofort!"

„Okay, morgen ziehen wir weiter. Versprochen!"

DIE FAHRRADBASTLER UND DER GESICHTSVERLUST

Die Nationalstraße Nummer 2 führt uns immer Richtung Delhi. Bei unserem morgendlichen Aufbruch in Varanasi ist es kalt und es regnet – der erste Dauerregen nach sieben Monaten. Etwas geschafft kommen wir nach fünf Tagen und 500 Kilometern in Agra an. Hier befinden sich das weltberühmte Taj Mahal und das Rote Fort. Wir bleiben einige Tage in Agra, unter anderem wegen eines Fahrradproblems. Ich gehe mit Gis Fahrrad zum Basar. Mein Ziel sind die Fahrradbastler. Die haben ihre eigene Straße.

„Kannst du die Nabe im Hinterrad reparieren?"

Ohne sich das gute Teil anzuschauen, sagt einer von ihnen: „Ja, Mister."

Mir wird jedoch schnell klar, er kann es nicht.

50 Meter weiter frage ich wieder: „Kannst du die Nabe reparieren?"

„Ja, Mister!"

Die Inder haben religionsbedingt ein großes Problem: Sie wollen ihr Gesicht nicht verlieren. Also sagen sie bei jeder Anfrage: „Ja, Mister. Kein Problem, ich kann das. Ist gleich alles okay." Wenn nun aber Inder sagen: „Kein Problem, alles okay, Mister", dann fangen die eigentlichen Probleme oft erst an. Der zweite Bastler ist ein emsiger Typ. Ich habe sofort das Gefühl, der bekommt das bestimmt hin, denn zwanzig andere umringen uns. Und wer schaut schon einem

Versager zu? Jeder der Umstehenden gibt seinen Kommentar dazu ab, doch mein Held lässt sich nicht beeinflussen. Als das Rad ausgebaut ist, sucht er nach Schlüsseln in seiner Werkzeugtüte. Da nichts brauchbar erscheint, reiche ich ihm mein Werkzeug. Damit nimmt er die Nabe auseinander.

Da die Zeit verrinnt, er irgendwie genervt in die offen gelegte Nabe schaut, erlaube ich mir eine weitere Anfrage:

„Alles okay oder gibt es Probleme?"

„Alles okay, Mister!", ist seine Standardantwort.

Da er sein Gesicht nicht verlieren will, zwanzig andere Gesichter schauen ja zu, mein Gesicht interessiert eh niemanden, legt er mein „Nobelwerkzeug" zur Seite und besinnt sich auf seine alten Tugenden. Er fingert einen Hammer aus seiner Wundertüte. Sekunden vor dem endgültigen Naben-Herztod verhindere ich den ultimativen Todesschlag. Ich greife ein. „Zusammenbauen!", lautet mein Befehl. Ein Raunen geht durch die Bastelstraße. Da er beleidigt ist, knallt mein Freund seinen Hammer in die Tüte und zieht von dannen. Seine Kollegen basteln die Nabe zusammen und schrauben lange Zeit später das Hinterrad fest. Ich habe keine Kraft, mich zu wehren.

Plötzlich spricht mich ein junger Typ an: „Ich kann dir helfen. Ich kenne den besten Fahrradspezi von Agra. Ich fahr dich mit meiner Rikscha hin."

„Okay", flüstere ich. „Ich will hier nur weg!"

Ich binde das Radel an seiner Rikscha fest. Knapp eine

Stunde später – es ist Hauptkampfzeit, somit absoluter Straßenkrieg in Agra – treffen wir bei dem Spezi ein. Der Spezialbastler hat wirklich eine Drei-Gang-Nabe aus sehr alten Zeiten als Trophäe in seiner Bretterbude hängen. Diese Nabe erweckt bei mir leider absolutes Vertrauen in seine Künste. Er erklärt mir: „Kein Problem, Mister. In spätestens drei Stunden ist alles okay, Mister."

Ich glaube dem Spezi. Ich will ihm einfach glauben. Dies ist Fehler Nummer eins. Der Rikschafahrer fährt mich zum Hotel zurück. Er will mich in drei Stunden wieder abholen. Dies ist Fehler Nummer zwei. Ich hätte lieber dableiben sollen.

Als wir drei Stunden später wieder vorfahren, ist alles vorbei. Die Hammerschlag-Gesichtsbewahrungsmethode hat sich durchgesetzt. Die Operation war tödlich.

Das Radel bekommt ein Notrad – ein indisches Ein-Gang-Ersatzrad. In Agra organisiere ich mit einem kurzen Telefonat die wichtige Ersatzteilfrage. Jürgen, Giselas Cousin, und seine Frau Sabine wollen uns nämlich in Delhi besuchen.

„Da könnt ihr ja auch gleich die wichtigen Teile mitbringen", lasse ich sie wissen.

Gi quält sich über Hunderte von Kilometern mit nur einem Gang bis Delhi. Zum Glück gibt es in der Ganges-Ebene keine Berge. Trotzdem kommen wir etwas erschöpft an.

Unsere Erschöpfungsphase überwinden wir jedoch schnell mit Sabine und Jürgen. Die wichtigen Ersatzteile haben sie auch mitgebracht. Gemeinsam fahren wir mit dem Zug nach Agra. Sie möchten ja unbedingt auch das Taj Mahal und die Bastelstraße sehen. Wir verbringen eine gute Zeit zusammen. Den beiden geht es in den ersten Tagen wie uns: Sie sind schockiert und gleichzeitig fasziniert von all den indischen Widersprüchlichkeiten. Beim Abschied überwiegt die Faszination. „Es wird nicht unsere letzte Reise nach Indien gewesen sein." Wir selbst werden aber langsam „indienmüde", denn mit dem Rad ist Indien schwer zu nehmen, zu groß sind die Entfernungen und eine Privatsphäre findet der gemeine Radler höchst selten. Richtung Norden liegt unser nächstes Ziel: Nepal ruft!

NEPAL

UNRUHEN IN NEPAL

Der Grenzübergang Banbasa ist die typisch indische Wucht. Auf der Brücke über dem Fluss herrscht das übliche Chaos. Danach ist plötzlich die Straße weg, sodass wir unsere Fahrräder durch ein Flussbett schieben müssen. Ein Uraltauto stoppt und der Fahrer ruft: „Geht 200 Meter zurück! Dort am Hang ist ein Steinhaus und da sitzen die Beamten!" Wir schieben also die Räder über die Geröllpiste zu dem sonderbaren Grenzhäuschen. Drei Beamte lungern davor herum. „Sind wir hier richtig? Wir wollen nach Nepal", frage ich.

„Ja, wir sind die Grenzer", nuschelt einer der Kerle durch seine Zahnlücken. „In Nepal sind gerade Unruhen. Die Straße nach Kathmandu ist gesperrt. Die Maoisten machen wieder Ärger. Überlegt euch gut, ob ihr rüber wollt! Wenn das Visum ausgestempelt ist, gibt es kein Zurück mehr."

„Unruhen in Nepal?", stottere ich ungläubig.

„Ja, habe ich doch gerade gesagt."

Wir überlegen nur kurz. „Zur Not können wir an der Grenze da drüben schlafen und die Unruhen abwarten", ist Gis Kommentar. Auf mein Kommando drückt also der Oberherumlungerer mit eiskalter Miene die Stempel in die Pässe.

Wir schieben die Räder gut 500 Meter über Geröll. Dann

beginnt eine schmale Teerstraße. Wir folgen ihr etwa einen Kilometer und sehen einen Schlagbaum mit der nepalesischen Flagge. Die Nepalesen sind überaus freundlich und nach nur fünf Minuten haben wir unsere Visa.

„Ja, die Straße in die Hauptstadt ist dicht", bestätigt man uns. „Bis ihr in Kathmandu seid, ist aber alles wieder okay. Zwei Wochen braucht ihr doch bestimmt, oder?"

„Zwei Wochen oder auch mehr. Danke!"

Wir steigen auf unsere Räder und pedalen im Eiltempo davon. Da wir ganz im Westen über die Grenze gekommen sind und es nur sechs so genannte Hauptstraßen in Nepal gibt, somit die Auswahl sehr bescheiden ist, müssen wir in Richtung Pokhara nur immer einer dieser besagten Hauptstraßen folgen. Die Landschaft ist bis auf wenige Bergrücken leicht zu radeln. Wir queren bis Butwal unzählige Dörfer. Was uns sofort angenehm auffällt, ist die anders geartete Armut. Die Dörfer sind in der Regel sauberer und die Menschen freundlicher. Mehr als vierzig Brücken lassen wir hinter uns. Sie überspannen die Flüsse des nördlichen Himalaja. Alle suchen sich ihren Weg Richtung Süden. Spätestens in Indien verlieren sie ihre Unschuld. Das ganze Tal ist Reisanbaugebiet. Traktoren sind hier fremd. Die Feldarbeit erfolgt – wie schon seit Tausenden von Jahren – mit Ochsen und Holzpflug. Da es kaum private Autos gibt und nur wenige Busse fahren, macht nach längerer Zeit das Radeln wieder mal so richtig Freude. Dem Straßenkrieg fehlt es an Waffen.

An den vereinzelten Straßensperren winkt man uns immer freundlich durch. Nepal ist ein geschundenes Land. Wenig bekannt ist, dass über viele Jahre Bürgerkrieg zum täglichen Geschäft gehörte. Über zehntausend Menschen sind bei dem grausamen Treiben umgekommen. In einigen Wochen sollen im Land Wahlen stattfinden.

Nach Butwal radeln wir im rechten Winkel durch die „Zwergenberge". Diese Zwerge bringen es schon mal auf gut 3000 Meter. Sie sind aber dann doch nur Zwerge gegen die Giganten weiter nördlich.

Bis Pokhara sind es 150 Bergauf-Kilometer. Gi hat auf dieser Strecke echt starke Magen- und Darmprobleme. Tagelang sagt sie: „Das ist die letzte indische Rache!" Dabei verzieht sie immer ihr Gesicht, als hätte sie in eine Zitrone gebissen.

Pokhara liegt über zehn Kilometer in einem Tal „verstreut", an einem wunderschönen See, umgeben von vielen Bergen. „Schau, Gi! Siehst du die Schneeberge? Ich denke, da klettern wir mal rauf!"

„Ja, ich sehe sie. Hab aber gerade andere Sorgen, im Moment brauch ich nur ein Klo."

200 Hotels und Pensionen gibt es in dem weiten Tal. Doch Überraschung! Bereits in der ersten Unterkunft werden wir handelseinig. Drei Euro verlangt die Chefin für ein großes Zimmer mit Bad, Balkon, Heißwasser und TV. Der Form halber feilsche ich aber. Ich will den nachfolgenden

Individualreisenden nicht die Preise versauen. Ich biete stolze zwei Euro und locke mit der Zusage eines längeren Aufenthaltes. Die Stadt bietet alles, was das Herz begehrt. Es gibt mexikanische, italienische, tibetanische, chinesische und natürlich auch nepalesische Restaurants. In den Läden erspähen wir Nutella, Käse aus Österreich, Wein aus Frankreich, Bier aus Europa und Oliven aus dem Orient. In den deutschen Bäckereien stapeln sich Schwarzbrot, Torten, Plätzchen und Apfelstrudel. All diese netten Wohlstandssachen lassen die mühevolle Radelei über die Zwergenberge in einem anderen Licht erscheinen. Gis Magenprobleme sind nach einer Käse-Oliven-Kur schnell kuriert. Um aber nicht völlig einzurosten, ist Pokhara bestens gerüstet. Tibetanische Klöster, Tempel, Wasserfälle und Wildwasserkanufahrten stehen zur Auswahl. Eine Wanderung um den See dauert schon mal einen Tag. Die bekanntesten Bergsteiger waren hier. Reinhold Messner hat alle Achttausender bestiegen. Es gibt davon weltweit vierzehn. Drei liegen in der Annapurna-Region bei Pokhara. Wir kaufen zwei Eintrittskarten für die hohen Berge. Mit 20 Euro pro Person sind wir dabei. Vier Wochen gelten die Tickets, die wir ausgiebig nutzen. Bis über 4000 Meter kraxeln wir rauf und wieder runter, bestaunen dabei die herrliche Blütenpracht der Rhododendren, die sagenhaft schöne Bergwelt und sind uns bei der Rückkehr der Gefahren und Schönheiten dieser hohen Welt sehr viel bewusster.

Nach über einer Woche sind wir wieder zurück am See. „In Tibet sind Unruhen ausgebrochen. Hoffentlich bleibt es hier ruhig." Mit diesen Sätzen empfängt uns die Pensionschefin.

Mist, ist sofort mein Gedanke. Wir verfolgen für einige Tage die Nachrichten im Fernsehen. Die tibetanische Problematik schwingt sich nach Nepal. In Kathmandu kommt es zu Straßenschlachten. Dort wollen wir eigentlich zur chinesischen Botschaft, um die Visa für den einzigen Grenzübergang nach Tibet zu bekommen.

Die Straße bis zum Chitwan-Nationalpark schlängelt sich immer an einem Flusslauf entlang und verspricht nach Straßenkarteneinsicht ein angenehmes Radeln bergab. Das Fahrradproblem in Nepal ist aber: Entweder zuckeln wir mit 5 bis 10 km/h bergauf oder wir schieben, weil die Straße einfach zu steil ist. Bergab geht es aber mit maximal 15 Stundenkilometern nicht viel schneller, denn die Straßen sind meist zu schlecht, um rasant bergab zu flitzen. Wir schlucken viel Staub. Der liebt unseren Schweiß im Gesicht, auf den Händen und im Genick. Zwei ganze Tage geht das so und wir sehen aus wie die Schweine.

„Wenn ihr in Nepal seid, radelt unbedingt zum Chitwan-Nationalpark", war einer von Martins Geheimtipps. Der Park hat eine Größe von knapp 1000 Quadratkilometern, er wird begrenzt von einem breiten, träge dahinfließenden Fluss, ist dschungelartig überdacht und beherbergt die nepalesische Tier- und Pflanzenwelt. Wir sind gespannt!

Um in den Park hineinzukommen, müssen wir uns gleich zwei Führer nehmen, denn die sind wegen der Sicherheit vorgeschrieben. Über eine Stunde treiben wir mit einem Einbaum den Fluss entlang. An der ersten Biegung liegen zwei Krokodile auf einer Sandbank. Drei Stunden später sitzen wir in einem Baum. Zum Glück auch, denn unter uns, irgendwo zwischen den Büschen und Bäumen, schiebt sich etwas Großes durch – ein Nashorn! Wir hören es eigentlich mehr als dass wir es sehen. Das Schnaufen und Krachen ist gewaltig.

Am nächsten Tag sehen wir anderes „Großwild". Dieses wartet sogar auf uns. Wir müssen nur dessen Rücken besteigen. Es ist ein Elefantenrücken. Gut zwei Stunden dauert die Elefanten-Dschungeltour. Es ist ein unbeschreiblich erhabenes Gefühl, von einem Elefantenrücken aus den Urwald zu betrachten, alles zu beobachten und zu bestaunen. Unser Elefantenführer liebt seinen Beruf, das merken wir sofort. An einem Fluss darf der starke Kerl lange trinken und auf einer Elefantengraslichtung genüsslich Grünzeug verspachteln. Elefanten sind ausgesprochene Gefühlstiere. Wenn man genau hinschaut, kann man – wie in Indien erlebt – sogar Tränen erkennen. Tränen einer langen Gefangenschaft? Vielleicht auch Tränen der Sehnsucht? Unser Elefant hat dagegen fröhliche und glückliche Augen.

„Wie ist sein Name?", fragt Gi unseren stolzen Elefantenführer.

Unser Elefant hat dagegen fröhliche und glückliche Augen.

„Amir."

„Amir ist arabisch und bedeutet ‚Prinz'. Du hast einen wirklich schönen Namen, Amir!" Dabei streichelt Gi die ledrige Haut des Elefanten sehr lange und zärtlich.

Nach Kathmandu quälen wir uns die „Himmelsstraße" hinauf. Mehr schiebend als radelnd erklimmen wir die so von mir umgetaufte Strecke. Die Landschaft ist ausgesprochen schön. Am Himmelsrund wachsen Bananen, Bambus und wilde Orchideen. Die oftmals armen Dörfer liegen verstreut zwischen unzähligen Terrassenfeldern. Grüne Reissetzlinge schimmern im sonnendurchfluteten Wasser. Männer, Frauen und Kinder arbeiten gemeinsam. Oft stehen sie knietief im Schlamm. Dabei brüllen die Männer auf ihre

Ochsen ein. Die Frauen und Kinder bringen die Setzlinge herbei und stecken sie in tausendfach gebückter Haltung ins braune aufgewühlte Erdreich. Wenn uns die Menschen erblicken, lächeln sie, winken und rufen. Am späten Nachmittag zieht ein Unwetter auf. Minutenlang hagelt es. Der anfängliche Hagel wird zum Dauerregen. Es ist stockdunkel und eine Unterkunft nicht in Sicht. Das Zelt aufbauen – bei diesem Wetter macht das keinen Sinn. Wir stoppen schließlich in einer armseligen Siedlung. Unter einem Bretterdach suchen wir Schutz vor dem Regen. Das Bretterdach gehört zu einem winzigen Haus. Die Tür geht auf. „Wo wollt ihr denn hin?", fragt der Öffner.

„Wir suchen einen Schlafplatz."

Wenig später liegen wir eingemummelt in unseren Schlafsäcken und verschlingen unsere letzten Kekse.

Am nächsten Morgen, die Sonne lacht wieder, holen wir die Räder aus dem Ziegenstall. Ich renne zum Dorfladen, kaufe einige Leckereien und gebe sie den Kindern unserer Gastfamilie. Bei Tageslicht können wir uns das Haus ansehen. Am vorherigen Abend spielte sich alles bei Kerzenlicht ab. Die zwei Räume des Hauses haben zusammen eine Größe von etwa vier mal vier Metern. Eigentlich unvorstellbar. Das kleinere Zimmer ist der Koch- und Abstellraum. Das größere ist der Schlafraum der Familie.

„Wie viele Kinder habt ihr?"

„Fünf. Und meine Frau erwartet das nächste."

Im Schlafraum gibt es jedoch nur ein einziges Bett für die ganze Familie. Unser Schlafplatz war der Bretterverschlag hinter den beiden Zimmern. Der ruht auf einem sehr gewagten Holzgerüst am Berghang. Unter unserem Holzbretterschlafplatz herrscht gähnende Leere für gut 30 Meter. Geschlafen haben wir trotzdem gut an der Himmelsstraße im Himmelbett.

Unsere Gastfamilie an der Himmelsstraße.

Eiswahltag in Kathmandu

Vor Kathmandu warnt man uns. Es würde ein wahnsinniges Verkehrschaos herrschen, die Stadt selbst soll laut und schmutzig sein. Am Rande Kathmandus staut sich dann auch wirklich der Verkehr. Auf mehr als fünf Kilometern Länge schlängeln wir uns durch das Gewühl. Indische Erinnerungen werden wach. Wir kämpfen uns bis in die Altstadt vor. Dort beginnt ganz überraschend ein Traum. Wir sind auf Anhieb überwältigt von den typischen Newarhäusern, den Tempelanlagen, den Stupas und dem bunten Markttreiben. In der Kathmandu-Ebene gibt es etwa 7000 Tempel und Heiligtümer, 60 nepalesische Völker vermischen sich mit ihren Sprachen und Eigenheiten. Jeden Tag können wir etwas Neues entdecken. Wir setzen uns auf die Stufen der höchsten Tempel. Von dort aus ist das Treiben auf den Märkten am besten zu beobachten. Viele Stunden verbringen wir so.

„Was ist los? Warum ist es heute so ruhig?", fragt Gi einmal.

„Heute ist Wahltag, habe ich gelesen. Da dürfen keine Autos fahren, die Läden und Tankstellen sind geschlossen und auch die Märkte dürfen nicht öffnen."

„Die Ruhe tut gut. Lass uns ein Stück laufen."

Die Wahllokale sind – wie weltweit üblich – in Schulen, aber auch in Zelten und vereinzelten Bretterhütten untergebracht.

Was uns überrascht? Die vielen, vielen Menschen, die unbedingt ihre Stimme abgeben wollen, und die Disziplin, die dabei herrscht. Geduldig stehen sie in oft über einhundert Meter langen Warteschlangen, lächeln uns an und man sieht ihnen ihre Freude an, wählen zu dürfen. Auch uns ergreift diese angenehme Stimmung. Zum Spaß lasse ich unsere Namen bei vier jungen Wahlhelfern in die Wählerliste eintragen. Sie verstehen den Spaß. Dabei frage ich die Jungs: „Alles in Ordnung?"

„Ja, bisher ist es ein guter und friedlicher Tag. Alles ist ruhig. Bei den letzten Wahlen gab es große Probleme und sogar Tote. Der König ließ auf die Menschen schießen."

Am späten Nachmittag laufen wir durch ein Dorf. An einem Laden sehe ich eine Eisfahne im Wind flattern. „Zum Glück nehmen die Dörfler das Öffnungsverbot nicht so ernst", sage ich zu Gi. Kaum ausgesprochen, sitzen wir auch schon auf den Steinstufen des Ladens und zwischen meinen Händen lacht mir ein großer Plastikbecher entgegen. Ich nehme den Deckel ab und werfe ihn achtlos zu dem anderen Müll neben den Stufen. Ein kleiner, recht schmutzig aussehender Junge, vielleicht acht oder neun Jahre alt, läuft in diesem Moment barfuß an uns vorbei, bückt sich, hebt den Plastikdeckel auf und betrachtet ihn anschließend von beiden Seiten. Am Deckel befinden sich Eisreste, erkenne ich – und noch ehe ich etwas sagen kann, führt der Junge ihn auch schon zum Ablecken an den Mund.

„Nein!", ruft Gi. Sie springt auf, nimmt den Jungen an die Hand und zerrt ihn regelrecht in den Laden hinein. Dort soll er sich ein Eis aussuchen. Ohne etwas zu sagen oder seinen Dank durch Gesten mitzuteilen, läuft er danach recht flott weiter. Erst als er an der nächsten Häuserecke abbiegen will, blickt er verstohlen zurück, bleibt kurz stehen, schaut nochmals zu uns und lächelt dabei herzergreifend.

Der Wahltag verläuft sehr ruhig. Und auch an den nächsten Tagen gibt es die befürchteten Unruhen nicht.

In Kathmandu wird es für uns leider zur Gewissheit: Visa für China – auf dem Weg über Tibet – gibt es nicht. Der einzige Grenzübergang in den hohen Bergen ist geschlossen. Die Unruhen in Tibet dauern an. Wir buchen notgedrungen einen Flug, um nach Thailand zu kommen. Die Thai-Fluggesellschaft ist prima. Unsere Räder dürfen kostenlos mit und die Mädels vom fliegenden Personal haben ständig ein herrliches Lächeln auf den Lippen.

THAILAND

NEUE LATSCHEN, NEUER HAARSCHNITT

In Bangkok gelandet, suchen wir sofort die Hauptstraße in Richtung der kambodschanischen Grenze. Nur gut 300 Kilometer liegen vor uns. Die Strecke ist radelmäßig prima. Die Straßen sind hervorragend und die Infrastruktur ist von lange vermisster Qualität. Das einzige Problem ist das ungewohnte Wetter. Die schwülheiße Luft macht uns zu schaffen. Die trockene Wüstenluft in   Arabien war dagegen schon fast ein Kinderspiel. Dieses Tropenklima hier ist absolut kraftraubend. So radeln wir vernünftigerweise nur 50 bis 70 Kilometer am Tag, machen lange Pausen, trinken bis zum Abwinken und versuchen schon am frühen Nachmittag, eine der guten und preiswerten Unterkünfte anzusteuern. Zwei Mal haben wir Oberradelglück. Zum Hotel gehört dann auch ein Pool.

„Was braucht der Radler mehr?", jubelt Gi freudig.

„Da gibt es schon zwei Dinge, die ich bräuchte …"

„Was denn?"

Ich hatte mir noch in Nepal neue Schuhe – hinten mit Klettverschluss – gekauft. Da war ich so richtig stolz auf mich. Der Stolz ist jedoch verflogen – von viel Mühe und viel Fluch weggewischt. Diese Schuhe sind in Thailand nämlich absoluter Mist. Kein Thai würde jemals solche

Latschen tragen, denn vor dem Betreten eines Hauses, eines Hotelzimmers, mancher Restaurants, jedes Tempels (und davon gibt es reichlich), jedes Internetcafés, jedes Dorfladens und auch anderer Geschäfte zieht der Thai seine Schuhe aus. Dies macht er kraftsparend und ohne sich dabei zu bücken, denn seine Latschen sind hinten offen, haben keinen Klettverschluss. Ich dagegen bücke mich bei jeder Gelegenheit, so hundert Mal am Tag. Ein wahrer Fluch bei diesem Klima! Das Nächste, was ich bräuchte, wäre ein Haarschnitt. Immer wenn ich mich bücken muss – und dieses ja täglich hundertfach –, fallen mir meine verschwitzten Strähnen ins Gesicht.

„Stopp!", ruft Gi nur wenig später. „Dort gibt es Schuhe!" Erst kurz vor der kambodschanischen Grenze betrete ich einen Friseursalon. Ich streife meine neuen Latschen ab und erblicke eine betagte Frau und einen älteren Mann. Sind wohl auch Kunden, denke ich. Der Mann spricht mich an. Ich verstehe natürlich nur Bahnhof, erkläre ihm aber durch Gesten, dass ich einen Haarschnitt benötige. Daraufhin redet er mit der alten Dame. Die nimmt mich bei der Hand, führt mich in einen Nebenraum und zeigt auf einen Stuhl. Als ich zum Haarewaschen in diesem Stuhl liege, erblicke ich im Spiegel ihre sehr, sehr starke Brille. Auch fällt mir nun auf, dass die Dame insgesamt nicht mehr den stabilsten Eindruck macht. Jede ihrer Bewegungen läuft schaukelnd und im Zeitlupentempo ab.

„Gi, diese halbblinde Frau wird mir wohl nicht die Haare schneiden?"

„Nein!", sagt meine Gattin sehr überzeugend.

„Den beiden gehört das Geschäft. Der Mann hat gerade telefoniert. Er hat bestimmt den Friseur angerufen."

Die betagte Dame wäscht mir gut 20 Minuten lang die Haare. Dabei kämpft sie immer wieder mit der Brause, meinem Kopf und ihrem Gleichgewichtssinn. Ich lausche dabei stetig in Richtung Tür, aber von dem erhofften Friseur ist nichts zu hören. Schließlich führt mich die Dame zu einem anderen Stuhl. Doch richtig ist, ich führe sie … Dort zeigt sie mir sieben Scheren. Ich soll eine aussuchen. Bin ich nun der Friseur, oder wer? Mir ist doch die Schere egal! Ich zeige aber schließlich wahllos auf eine davon. Die Dame nimmt das Arbeitsgerät und führt dieses zur Begutachtung in Richtung ihrer starken Brille. Dann ergreift sie Haarklammern und steckt damit – schneckenmäßig langsam – einzelne Felder auf meinem Kopf ab. Ich ahne Schlimmes! Über eine Stunde beackert sie Quadratzentimeter um Quadratzentimeter. Ich schaue dabei angestrengt in den Spiegel, denn mein Haar nimmt nun den stufigen Schnitt der alten Dame an. Zwei Stunden später verlasse ich als ihr Ebenbild den Salon. Ich bin am Boden zerstört!

„Schau, gegenüber ist ein Herrenfriseur!"

Gi hat recht. Der Besitzer steht gelangweilt vor seinem Geschäft. Er lächelt zu uns rüber. Warum nur?

KAMBODSCHA

VIER ERDHÖRNCHEN

Der Schlagbaum öffnet sich und wir radeln in eine andere Welt. Knietiefen Schlaglöchern versuchen wir auszuweichen. Auch irritieren uns die vielen Holzkarren, voll beladen und von verschwitzten Männern gezogen. In Reih und Glied warten sie geduldig auf ihre Grenzabfertigung, um den nahen thailändischen Basar mit Billigerzeugnissen zu beliefern. Die Karrenarbeit ist Schwerstarbeit. Keiner hat auch nur ein Kilo zu viel auf dem Leib. Die zwei hässlichen Betonhotels auf beiden Seiten der Straße passen einfach nicht hierher. Alles wirkt irgendwie surreal. Erschöpfte und ausgemergelte Karrenzieher und wenige Meter weiter entströmt den Fünfsternekästen eiskalte Klimaanlagenluft. Im Beton sind Spielcasinos, Pools und leichte Mädchen versteckt, so garantiert es die überall sichtbare Großwerbung. Es riecht nach Geld, Luxus, Armut, Schweiß und der kambodschanischen Mafia. Goldbehangen steigt gerade ein Kerl aus einem Mercedes aus. Einige Kilo zu viel polstern seine Hüften. Im Schlepptau hat er zwei kurzberockte Mädchen und einen Aufpasser.

„Siehst du die Knarre unter seinem Hemd?"

„Ja. Irgendwie ist das hier alles komisch."

Die Grenzpolizei, die Karrenzieher und auch die Bettler

scheint dies nicht zu interessieren. Sie haben alle ihre eigenen Sorgen. Die Bettler sind zahnlose Männer, spindeldürre Frauen und verwahrloste Kinder, die jeden Grenzgänger anschnorren. Von den Thais wurden wir gewarnt: „Geht ja nicht nach Kambodscha! Das ist ein sehr armes und gefährliches Land!" Diese Sprüche kannten wir aber schon aus anderen Ländern. Jeder warnte vor seinem Nachbarn. Ein bisschen mulmig ist uns bei dem Anblick aber schon und wir hoffen, dass nicht das ganze Kambodscha so ist wie hier.

Radelmäßig ist es eine Kunst, Mafiahausen zu verlassen, denn Schlagloch reiht sich an Schlagloch. Bis Siem Reap soll uns die Piste bringen. Sie belastet unsere Hoffnungsgedanken auf Besserung über 20 Kilometer. Vom Staub rotbraun eingefärbt, abgekämpft und total verschwitzt trauen wir dann ganz plötzlich unseren Augen nicht: So weit sie schauen können, erscheint ein Teerband, wie von Geisterhand hingeworfen. Wunderbar, denken wir. Nun ist es vorbei mit dem rotbraunen Staub. Nun ist es vorbei mit dem Schneckentempo von 5 bis 10 Stundenkilometern. Nun ist es vorbei mit der nervenden Hoffnung auf eine bessere Straße. 20 km/h sind plötzlich kein Problem mehr. Es macht wieder richtig Spaß. Der Wind saust einem um die Ohren und Glücksgefühle erfassen unsere Seelen. Aus den Stelzenhäusern am Straßenrand winken und rufen die Menschen. Jetzt erst nehmen wir das so richtig wahr. Doch nicht mal zehn Kilometer dauert die Radelfreude, dann ist sie wieder vorbei.

Die Straßensauerei beginnt von Neuem. Und es kommt noch schlimmer.

„Saupiste!", rufe ich Gi auf den nächsten 30 Kilometern sehr oft zu.

„Sausaupiste!", ruft Gi dann zurück.

Vier Stunden brauchen wir für 30 Kilometer.

„Es reicht!" Wir schlagen uns in den Busch, bauen unser Zelt auf und wenig später fallen unsere Augen zu.

Am nächsten Morgen sind wir bereits nach wenigen Hundert Metern wieder rotbraun eingefärbt. Es macht auch keinen Sinn mehr, dagegen anzukämpfen. Nur Fluchen hilft da etwas über die nächsten Kilometer. Gi versucht, sich mit einem Tuch zu schützen, sonst aber ergeben wir uns in unser Schicksal. Sehr schnell sehen wir aus wie Erdhörnchen. Plötzlich tauchen in der Ferne zwei Gestalten auf. „Die sehen echt wie Fernradler aus, Gi!"

Aus den Gestalten werden tatsächlich zwei leibhaftige Fernradler mit voll bepackten Rädern wie die unseren. Sie ist aus Belgien und er aus Neuseeland. In der Vierer-Erdhörnchengruppe gibt es natürlich viel zu bereden.

„Die letzten zehn Kilometer bis zur Grenze gibt es leidlich Teer", können wir positiv vermerken.

„Zehn Kilometer vor Siem Reap ist auch etwas Teer", versichern uns die Erdhörnchenfreunde. Galgenhumor erobert uns.

20 Kilometer weiter blicke ich – wie so oft – nach hinten.

Immer wenn mir Gi nur noch als Punkt in der Landschaft erscheint, warte ich. Diesmal aber, ich traue meinen Augen nicht, schiebt sich hinter meiner Frau eine mächtige schwarze Wolkenwand mit rasanter Geschwindigkeit in unsere Richtung. Sofort wird mir bewusst: Wenn es jetzt noch regnet, bekommen wir ein größeres Problem. Bereits in Thailand hat es täglich kurz, aber heftig geregnet. Beginnende Regenzeit?

Gi bringt den Regen mit. Plötzlich wird es dunkel und große Tropfen fallen vom Himmel. Bei einem Stelzenhaus stellen wir uns unter. Die Besitzer haben einen kleinen Obstverkaufsstand. Wir essen in aller Ruhe eine süße und sehr leckere Melone. In der Zwischenzeit schüttet es. Von der erhöhten Straße fließen kleine braune Bächlein herab. Die wenigen Autos, die überhaupt noch fahren, sind alle bis obenhin lehmverschmiert. Als der Regen langsam nachlässt, sage ich zu Gi: „Lass es uns versuchen. Hier herumzustehen, macht keinen Sinn." Doch schon beim ersten Versuch, unsere Räder die kleine Böschung hochzuschieben, scheitern wir kläglich. Wir rutschen ständig im Lehmmatsch hin und her. Die Staubpiste hat sich in eine klebrige Lehmpiste verwandelt. Um zu versuchen, ob überhaupt noch etwas geht, schieben wir die Räder für eine kurze Strecke. Der Schlamm ist jedoch wie Klebstoff. Zentimeterdick klebt er an unseren Schuhen. Ständig rutschen wir aus, stützen uns dabei auf unseren Rädern ab und versuchen so, das Gleichgewicht zu halten. Nach nur wenigen Metern geht absolut nichts mehr. Die Räder lassen sich nicht mehr schieben, geschweige denn radeln. Wir versuchen, mit einem Stecken den Lehmbrei zwischen Schutzblech und Reifen herauszustochern, aber auch das macht keinen Sinn. Ich sage resigniert: „Komm, wir schieben die Räder zur Hütte zurück. Vielleicht können wir die Nacht dort verbringen – und morgen sehen wir halt, wie es wird", als ein schrottreifes Auto völlig überraschend neben uns hält.

Die Räder lassen sich nicht mehr schieben, geschweige denn radeln.

„Wollt ihr mit nach Siem?"

„Natürlich wollen wir. Wenn du uns so verschlammt mitnimmst …?", sprudelt Gi hervor und verschwindet auch schon in der Höllenmaschine. Der Fahrer hilft mir beim

Festzurren der Räder auf der bereits übervollen Ladefläche.

„Preis?"

„10 Dollar."

„Nein! Räder losbinden!", ist mein Befehl und ich beginne auch sogleich, die ersten lehmverschmierten Packtaschen zwischen all den anderen lehmverschmierten Sachen zu suchen und wieder rauszuwuchten.

„Okay, die Hälfte."

„Okay." Ich wuchte alles zurück. Drei dünne Kambodschaner sind meine Leidensgenossen im Fond. Gi erspähe ich zwischen fünf Frauen im Schrottheck. An der Lehmpiste bis kurz vor Siem Reap sehen wir drei Autos im Straßengraben liegen, umgestürzt und arg verbeult. Sie sind von der Straße gerutscht, geflogen, gehoppelt. Keine Ahnung … Unser Fahrer macht mir auch nicht den sichersten Eindruck und für einen kurzen Moment stockt sogar allen der Atem. In einer leichten Kurve, die Geschwindigkeit beträgt dabei nur so um die 20 km/h, bremst unser Schrottautobesitzer plötzlich kraftvoll. Warum? Ich weiß es nicht. Jedenfalls beginnt der Schrotthaufen zu rutschen, um nach unendlich erscheinenden drei Sekunden vor einem Abgrund zu stoppen. Niemand sagt ein Wort. Für Sekunden schwebt Grabesruhe durch das Gefährt. Nur Momente später beginnt ein einzelnes sirenenmäßiges Kichern, in das alle daraufhin mit einstimmen. Auch Gi kann lachen. Volksfeststimmung macht sich breit.

An einer Tankstelle in Siem stoppt unser Pilot. Der Kicherschrottkasten rollt ohne uns weiter. Eine Stunde später stehen wir endlich unter einer warmen Dusche und freuen uns auf die berühmten Tempel von Siem Reap. Dafür haben wir die Straße halb radelnd, halb schiebend, halb verschlammt und letztendlich schrottmäßig überstanden.

Die weitläufige Kleinstadt wirkt auf uns überaus künstlich und verströmt diesen zweifelhaften Geruch von Mafiahausen. Ein weißer Zettel an unserer Billigzimmerwand trägt ordentlich dazu bei, denn darauf steht geschrieben: „Handgranaten und Pistolen sind im Hostel verboten." Für Analphabeten ist zur Sicherheit alles bildhaft dargestellt.

Natürlich radeln wir zu den so berühmten Tempeln, doch das Gebrüll der Kinder, Standfrauen, Obstverkäufer, Fahrradwächter, Fotografen, Schlepper, Fröschebrater, Hühnerbrater, Käferverkäufer und Tempelführer geht uns dabei mächtig auf die Nerven. Nur für Minuten finden wir eine erhabene, den Tempeln gebührende Ruhe. Täglich regnet es. Laos schminke ich mir gedanklich ab, denn der Billighostelchef macht mir keine Hoffnungen. „Laos? Bei dem Regen? Das geht nicht! Da gibt es nur Lehmpisten. Und es wird weiter regnen. Die Regenzeit beginnt. Normale Menschen kommen hier auch nicht mit dem Fahrrad her. Es gibt bei uns einen Flughafen. Von dem kommen die auch alle wieder weg." So und noch viel fahrradunfreundlicher sind viele Aussagen.

MÖRDERHÖHLE

Wir kaufen zwei Fahrscheine für das Boot nach Batambang, eine Kleinstadt an einem Fluss. Dieser fließt in den „Haussee" von Siem Reap. Das Beste daran ist, da drüben soll es eine geteerte Straße zurück nach Thailand geben. Dies ist so in meiner Karte eingezeichnet. Was ich weiß, aber nicht beachte: Karten können täuschen. Aus der erhofften zwei- bis vierstündigen Überfahrt werden so schlussendlich 12 Stunden. Die ganze Zeit sitzen wir in diesem völlig überfüllten Boot. Die Strecke ist landschaftlich zwar reizvoll, doch hat der Kapitän seinen Kahn nicht so richtig in Griff. Drei Mal laufen wir auf einer Sandbank auf. Als auch noch eine Ratte durch die Beine der Passagiere rennt, dabei die Frauen wie auf Kommando schreien, ist die Stimmung auf dem Nullpunkt. Einfallender Regen macht alles noch nulliger.

Wir verbringen die ersten wirklich guten Tage in Kambodscha. Batambang strahlt viel Ruhe aus. Kein Schlepper nervt und Mafiagerüche hat entweder schnell noch der Wind weggeblasen oder gab es hier noch nie. Unser Pensionsbesitzer ist eine Seele von Mensch. Wertvolle Tipps und Aufklärungen kosten wirklich nichts. Ein Tipp ist die so genannte „Mörderhöhle". Wir mieten uns ein Moped und sausen los. Die flache und immergrüne Landschaft gefällt uns. Nur selten ragen kleine Berge in den Himmel. Wie

Leuchttürme haben auch sie ein Innenleben – nämlich Höhlen. Und zu einem dieser Höhlenberge wollen wir. An dessen Fuß befindet sich ein Dorf. Wir fragen in einem der Restaurants nach dem Weg zur Höhle, trinken eine Cola und können dafür das Moped sicher im Hof abstellen. Der Weg ist leicht zu finden.

Auf dem Berggipfel steht ein Tempel. Ein Fußweg führt zum Eingang der Höhle. Dort liegt ein schlafender Buddha. Um die acht Meter ist er lang. Links und rechts davon sind ein Glaskasten und ein Stahldrahtkasten angebracht worden. In beiden stapeln sich unendlich viele Knochen. Schädel von Männern, Frauen und Kindern! Wir haben eine Taschenlampe dabei. Die Höhle führt über einen rutschigen Weg nach unten. Am Ende befindet sich eine Art Saal. Wenn man nach oben schaut, sieht man durch ein Loch den hellen Tag schimmern. Wir betrachten die Gedenktafeln mit einer Schrift, die wir leider nicht lesen können, und erklimmen danach den höchsten Punkt des Bergleuchtturms. So weit das Auge reicht, sehen wir in prächtigem Grün Tausende von Palmen. Von unten dringen friedliche Dorfgeräusche herauf. Am Abend frage ich den sympathischen Hotelchef nach der Anzahl der Opfer in der Höhle.

„Über 10 000 wurden tot oder noch lebendig in die Höhle geworfen. Habt ihr das große Loch in der Decke gesehen?"

„Ja, haben wir."

„Von da oben hat man die Menschen reingeworfen. Die Höhle war randvoll!"

„Habt ihr das große Loch in der Decke gesehen?"

Über die Geschichte Kambodschas erfahren wir später:
1975 übernahmen Pol Pot und die Roten Khmer die Macht.
Sie wollten mit Gewalt den Agrarkommunismus im Land
einführen. Die Hauptstadt Phnom Penh wurde am 17. April
1975 erobert und binnen weniger Tage menschenleer ge-
räumt, das heißt, man deportierte fast die gesamte Stadtbe-
völkerung aufs Land. Von den 2 Millionen Einwohnern blie-
ben nur etwa 20 000 zurück – überwiegend Parteifunktio-
näre. Das Gleiche passierte auch in den Provinzhauptstäd-
ten. Wer die Städte nicht verlassen konnte oder wollte, wurde gleich erschossen. Auch die Krankenhäuser verschonte
man nicht. Auf dem Land mussten die Menschen hauptsächlich Reis anbauen. Was man nicht selbst brauchte, wurde in China gegen Waffen eingetauscht. Bis zum Ende der

Herrschaft der Roten Khmer im Jahre 1978 fanden etwa 2 Millionen Kambodschaner den Tod. Das sind jedoch nur Schätzungen. Keiner kann sagen, wie viele Opfer es genau gab. Geld wurde abgeschafft, Bücher wurden verbrannt. Wer eine Brille trug, der galt als intellektuell und wurde erschossen. Um Patronen zu sparen, erschlug man die Menschen oft mit Hämmern oder Steinen. Grausamste Folter war an der Tagesordnung. Mit der Beseitigung der Toten nahmen es die Roten Khmer dann nicht so genau. In Kambodscha gibt es zahlreiche Höhlen, Dschungel und viel Wasser. Das ganze Land ist quasi ein Massengrab.

Als Tage später der Dauerregen endlich in Stundenregen übergeht, frage ich den Chef nach der Straße zurück nach Thailand.

„Ja, es gibt eine Straße, die von hier aus in Richtung Grenze führt. Nur die letzten 60 Kilometer sind Lehmpiste. Die ersten 80 Kilometer sind asphaltiert. Wenn das Wetter so bleibt, müsst ihr aber für die Lehmstrecke ein Auto nehmen, sofern eines fährt. Mit den Rädern wird das nichts."

„Was ist mit der Eisenbahn?"

„Der Zug fährt zurzeit nicht. Die Schienen wurden wieder geklaut. Aber auch bei intakten Schienen ist die Bahnstrecke nicht wirklich zu empfehlen, denn durch die vielen Überschwemmungen werden immer wieder Minen an die Gleise gespült. Vor die Lok setzt man deshalb einen Extrawagen zur Sicherheit für die Lokomotive. Er soll die Wucht der Minenexplosion abfangen."

Ich mache ein erstauntes Gesicht.

„Für den Wagen vor der Lok muss niemand was bezahlen. Der ist immer voll mit Menschen", legt er nach.

Als wir uns am Tag darauf verabschieden, schenkt er uns zwei schöne Tücher und gibt uns einen letzten Rat: „Nehmt keine Getränke von fremden Menschen an. Es müssen keine schlechten Leute sein, aber an der Strecke gab es schon Vergiftungen durch diese Art der Gastfreundschaft."

Die 80 Kilometer Asphalt sind ein Kambodscha-Traum. An unzähligen Dörfern sausen wir immer Richtung Nordwesten. Wir sind bereits um die Mittagszeit am Knotenpunkt. Die Räder sind einfach nur so gerollt, über 20 km/h waren kein Problem. Nur eine längere Pause haben wir eingelegt. In der Kleinstadt finden wir schnell den Taxiplatz. Sofort umwerben uns die Taxifahrer. Sie wittern das große Geschäft. Diesmal haben aber wir die besseren Karten bei der Preisverhandlung. Jeder erklärt mir zwar, wie schlecht die Straße zu fahren sei bei dem Regen in den letzten Tagen, und jeder erklärt mir auch, wie gut er sein Auto fahren könne, aber all das ist mir eigentlich egal, ich will nur den Preis hören. Nur einer nennt mir einen realen Preis für die Strecke.

Bei den Taxis gibt es neben der Preisgestaltung einen weiteren Haken: Es wird erst abgefahren, wenn die Hütte voll ist. Unser Führerhaus ist schon voll. Nur auf der Ladefläche ist noch Platz. Eine Stunde müssen wir noch warten, bis auch die randvoll ist. Während dieser Wartezeit nerven uns die Straßenverkäufer. Sie haben alles im Sortiment, was man für solch eine Fahrt braucht – oder auch nicht benötigt. Vom Mineralwasser bis zum Whisky reichen die Getränke. Vom gerösteten Käfer bis zum gebratenen Huhn oder Frosch ist alles zu haben. Auf unserer Ladefläche sind die gebratenen Käfer der absolute Renner. Jeder kauft sich ein Tütchen von den Krabblern. Links von mir knackt es zwischen den Zähnen und rechts von mir schlürft es so richtig. Käfer ist ja auch nicht gleich Käfer. Da gibt es schon einige Sorten. Sie sind unschwer an der Größe, an der Form und den jeweiligen Essgeräuschen zu unterscheiden.

Irgendwann sind wir auf der Ladefläche zehn Passagiere, als ich erschrocken feststelle, Gi greift in eine der Käferwundertüten. Ihre nette Nachbarin schenkt ihr ein Exemplar. Sie schaut den Käfer an und lässt sich erklären, was zu entfernen ist. Nur die Flügel müssen weg, der Kopf bleibt dran. „Nicht!", rufe ich noch. Doch es ist zu spät …

THAILAND ZURÜCK

1350 KILOMETER BIS ZUM „GLÜCKLICHEN HANS"

Wir radeln zurück nach Bangkok. Dort beschließen wir, immer die Ostküste entlang bis Malaysia zu pedalen. Dabei schlafen wir die ersten 800 Kilometer immer im Zelt. Wunderschöne Plätze zwischen viel Dschungelgrün finden wir dafür am Chinesischen Meer. Die Menschen sind nett und das Badewasser ist 30 Grad warm. Als ich ein Schild mit der Aufschrift „Heiße Quellen und Bungalows" erblicke, umschweben meinen Kopf andere Gedanken. „Was kostet eine Nacht?", frage ich eine Angestellte im blauen Kittel.

„100 Baht (ca. 1 Euro) die Stunde. Zwei Stunden kosten 180 Bath."

Ich frage noch mal, weil ich denke, ich hätte mich verhört. Die nette Frau blickt uns erstaunt an, erklärt aber das Preisgefüge erneut. Es bleibt dabei. Unser Preisgespräch erinnert mich sofort an die Stundenhotels in der Türkei, Indien oder Nepal. Da haben wir immer nachgefragt, was denn nun eine ganze Nacht kostet. Wenn das Hotel gut war und der Preis in Ordnung, sind wir auch manchmal geblieben. Nur ein Mal wurde uns erklärt: „Eine Stunde, vielleicht auch zwei Stunden, höchstens drei Stunden, mehr geht aber wirklich nicht!" Was mich dabei bis heute beschäftigt: Warum vermutet man, dass zwei Radler mit oftmals 100 Kilometern in den Knochen nur stundenweise ein Zimmer brauchen? Die einzige Logik war für mich immer: Mein Gegenüber vermutet, wir wollen nur ausgiebig duschen. Also frage ich auch hier noch einmal nach dem Preis für eine Nacht.

„Das geht nicht!", sagt die Frau bestimmt. Und sie setzt noch einen drauf: „Jetzt am Mittag könnt ihr gerne zwei Stunden bleiben, aber am Nachmittag und am Abend nur eine Stunde, denn da ist die Nachfrage am größten." Dabei rollt sie die Augen und verschwindet. Wir scheinen sie irgendwie zu nerven.

„Dort ist eine Tür offen. Ich schaue mal rein."

Da ich schon auf dem Weg bin, ruft Gi: „Sei aber vorsichtig! Vielleicht ist jemand drin?"

Ich klopfe an die offene Tür. Niemand meldet sich. Wenig später beackere ich Gi: „Wir sollten eine oder zwei Stunden bleiben. Es ist wirklich nett."

„Du spinnst wohl?!"

Doch die weibliche Neugier siegt. Fünf Minuten später bringt uns die Dame zwei große Badetücher, Seife und zwei Flaschen eiskaltes Wasser. Sie zeigt uns die Hähne für das heiße Quellwasser und das kalte Wasser zum Abschrecken. Genau eine Stunde verbringen wir in dem heißen Quellbadebungalow. In der Natursteinwanne hat eine ganze Familie Platz. Das viele Grün im Raum und die offenen Oberlichter vermitteln uns den Eindruck, in einer heißen Quelle mitten im Dschungel zu sitzen. Nie hätten wir gedacht, dass solch ein Bad im tropischen Thailand so erfrischend sein kann. Über die heiße Verwechslung können wir noch lange lachen, denn Stundenhotels sind in vielen Ländern eine fast normale Angelegenheit. Sie sind nicht hauptsächlich Häuser für das „älteste Gewerbe der Welt". Diese gibt es natürlich auch, sind aber für müde Radfahrer wegen der Ruhestörung nicht unbedingt zu empfehlen. In den besseren so genannten Stundenhotels mieten sich in der Regel Verheiratete, Jungverliebte oder sonstige Pärchen ein. Bedingt durch die recht engen Lebensverhältnisse in diesen Ländern und die damit verbundene fehlende Privatsphäre werden diese Hotels auch stark besucht. Vater und Mutter machen sich da schon mal einen schönen Nachmittag (sofern sie es sich leisten können), Essen wird aufs Zimmer gebracht und sie genießen einfach die störungsfreie Zeit.

Wenige Kilometer nach den heißen Quellen fällt uns eine Veränderung auf. Wir sind da schon fast 1000 Kilometer unterwegs und haben die abwechslungsreiche Ostküste echt lieb gewonnen. Die zahlreichen buddhistischen Tempel – der prachtvollste jeder Stadt dabei gut sichtbar auf einem Berg – werden von Tag zu Tag weniger. Dafür rücken die unübersehbaren islamischen Moscheen ins Zentrum der kleinen Städte oder in den Dorfmittelpunkt. Der Übergang vom buddhistischem zum islamischen Thailand vollzieht sich langsam, aber durchaus sicht- und hörbar. Statt schöner goldener Tempel sind nun die hübschen Minarette erkennbar.

Statt Tempelglockengeläut hört man immer öfter die Rufe des Muezzin, und statt offenem Frauenhaar verdeckt manchmal ein Tuch sogar das ganze Gesicht. An einem herrlichen Morgen überradeln wir die von Menschenhand geschaffene Grenze ins islamische Thailand. Die schwer bewaffneten Soldaten winken uns freundlich durch die mit Stacheldraht versehenen Absperrungen. Niemand will unsere Pässe sehen. Auch werden keine Fragen gestellt. Froh gelaunt radeln wir weiter in Richtung Süden. An diesem ersten Tag im Ausnahmezustands-Thailand erblicken unsere Augen einige sonderbare Dinge: Kleine Gruppen von Soldaten, jeweils vier bis acht junge Männer, laufen am Straßenrand entlang und schauen dabei immer in den dschungelartigen Wald abseits der Wege. Es überholen uns auch kleine Trupps auf Motorrädern. Entweder fahren sie sehr langsam die Straße ab oder begleiten in raschem Tempo Schulbusse. Auf den Motorrädern sitzen immer zwei Soldaten. Der eine fährt und der andere beobachtet die Gegend. Das komische dabei ist: Oftmals sitzt der Beobachter verkehrt herum auf dem Motorrad. Dabei hat er seine Maschinenpistole einsatzbereit in den Armen liegen. Wenn sie uns erblicken, winken oder lächeln sie. Der dschungelartige Wald ist um einige Meter seiner ehemaligen Pracht beraubt oder ein paar Männer sind gerade dabei, dies durch Abholzen zu tun. Auf bis zu zehn Metern Breite von der Straße aus erfolgt der gnadenlose Kahlschlag. In den kleineren und größeren Städten sind viele Gebäude durch

Stacheldraht vor fremdem Eindringen geschützt. In der Regel werden auch diese von bewaffneten Männern abgesichert. Es handelt sich dabei um Schulen, kleine Fabriken, öffentliche Gebäude und die sehr selten gewordenen Tempel. Sonderbar sind auch die abgestellten und eigentlich so sehr beliebten Kleinkrafträder der Thais. Die Sitzbänke der Familienkutschen sind hochgeklappt. In der letzten Kleinstadt vor der Grenze, in Narathiwat, halten wir am frühen Nachmittag Ausschau nach einem Hotel. Plötzlich versperrt uns ein Mopedfahrer den Weg. „Seid ihr Deutsche?", will er wissen.

Nach wenigen Minuten ist klar, der deutsche Hans ist von unserem Treffen so begeistert, dass er uns mit seinen Eingebungen regelrecht überrollt.

„Ich bin heute der ‚Glückliche Hans'. Hier waren schon lange keine Ausländer mehr. Nehmt meine Visitenkarte und geht in dieses Hotel. Ich rufe dort an. Ich bezahle alles! Jetzt habe ich keine Zeit mehr. Nur einen Wunsch habe ich: Ich komme heute Abend mit meiner Frau. Dann lade ich euch zum Essen ein. Ja oder nein?"

Wir schauen uns an und nicken. Hans gibt Gas und biegt Sekunden später um die nächste Ecke. Am Hoteleingang werden wir von den Angestellten schon erwartet. Wir müssen uns um nichts kümmern. Die Fahrräder werden abgeladen und unsere Packtaschen zum Fahrstuhl gebracht. In tiefen Sesseln genießen wir den Begrüßungscocktail.

Der „Glückliche Hans" mit seiner Frau und dem glücklichen Wi.

„Frühstück ist inbegriffen. Die Minibar und alles andere im Hotel, zum Beispiel den Pool, könnt ihr auch nutzen", sagt uns die bildhübsche Dame an der Rezeption.

Als wir in die siebte Etage schweben, fragt Gi: „Wer hat uns wohl den Hans geschickt?"

Hans, der sich gerne auf Deutsch unterhält, war selbst die wenigste Zeit seines Lebens in Deutschland. Im Alter von 20 Jahren begann er seine lange Wanderschaft. Er hat deutsche Nobelautos in den Iran gefahren. Einige Zeit war er Entwicklungshelfer in Afghanistan. Viele Jahre hat er sein Geld in Amerika oder auch Australien verdient. Mit nun 67 Jahren kennt er die Welt. „Mein allererster Auslandsbesuch war in Thailand. Auch hier war ich später als Entwicklungshelfer unterwegs. Damals ging es um Trinkwasseraufbereitung.

Nun schließt sich der Kreis." Dabei schaut er zu seiner Frau. „Meine große Liebe habe ich vor einigen Jahren hier in dieser Stadt kennengelernt."

Seine nette thailändische Frau, eine pensionierte Englischlehrerin, schließt Gi sogleich ins Herz. Sie haben sich viel zu erzählen. Uns soll es recht sein, denn Hans will ja deutsch reden – und da bin ich mit all meinen Fragen zu den oft sonderbaren Dingen in Thailand an der richtigen Adresse. Hans erklärt mir: „Alles begann vor einigen Jahren mit dem Überfall einer islamischen Rebelleneinheit auf die Provinzhauptstadt Yala. Als nichts mehr ging, flüchteten die 70 schwer bewaffneten Rebellen in die Moschee. Die Regierung antwortete mit Jagdfliegern. Der kurze Aufstand war beendet. Zu dieser Zeit begann dann aber der gnadenlose Kleinkrieg. Dieser dauert nun schon mehr als vier Jahre, fordert fast täglich Opfer auf beiden Seiten und wird in der übrigen Welt kaum wahrgenommen. In der Zwischenzeit sind viele Buddhisten Richtung Norden umgesiedelt. Nur in den Städten gibt es noch die zwei Religionsgruppen. Die Spannungen sind spürbar. Moslem kauft bei Moslem und Buddhist bei Buddhist. Die Schulkinder werden auf dem Weg zur Schule von Soldaten eskortiert."

„Warum ist an den Straßen der Dschungel abgeholzt?", möchte ich wissen.

„In der Nacht vergraben die Rebellen Sprengladungen von enormer Wirkung an den Straßen. Bei Tag werden sie dann gezündet. Deshalb suchen die Soldaten täglich die Straßenränder ab und verbreitern durch Abholzen den waldfreien Gürtel. Die Sitze unserer Kleinkrafträder müssen beim Parken geöffnet werden. Darin könnte ja eine Sprengladung versteckt sein. Der Ausnahmezustand gilt im Moment nur noch für die Dörfer. Bis gegen 22 Uhr dürfen sich die Stadtbewohner auf den Straßen aufhalten. Nachts mit dem Auto unterwegs zu sein, ist verboten und wäre reiner Selbstmord."

„Ist es wirklich so schlimm?"

„Ja. In der Nacht sind nämlich nur die Armee und die Rebellen unterwegs. Die Thailänder sind ein sehr abergläubisches Volk. Alle sind sehr große Angsthasen, was die Dunkelheit betrifft. Böse Geister bemächtigen sich religionsunabhängig ihren Köpfen. Deshalb sitzen die Finger an den Abzügen der Schusswaffen besonders in der Nacht locker."

„Wie lebt ihr dann aber hier?"

„Zehn Monate lang waren wir selbst nicht mehr außerhalb der Stadtgrenzen. Ich lebe als letzter Ausländer hier. Wir haben vor Jahren ein Haus gemietet. Zum Glück nur gemietet und nicht gekauft, denn wenn es noch schlimmer wird, gehen auch wir in den Norden."

Nach dem Essen machen wir einen langen Spaziergang. Dabei erzählen wir den beiden, wie schön wir Thailand finden. Egal, wo wir auf dem Weg bis hierher waren, ob Arm oder Reich, ob Moslem oder Buddhist, ob Jung oder Alt, alle waren einfach nur nett und hilfsbereit zu uns. Wir schwärmen von den bunten Märkten, vom scharfguten Essen und können die Probleme nur schwer begreifen.

Malaysia

Glückstreffer bei den Orang Asli

In Amphoe Tak Bai setzen wir mit einem Boot über den Grenzfluss. Die Abfertigung erfolgt so schnell und freundlich, dass wir erstaunt fragen: „War das schon alles?" Nach nur zwei Tagen stellen wir erstaunt fest: Die Ostküste von Malaysia ist touristisch sehr gut erschlossen. Hierbei geht es hauptsächlich um die Bedürfnisse der Malaysier. Die Malaysier sind Familienmenschen, machen gerne Ausflüge ans Meer oder verbringen oft gleich mehrere Tage an der Küste. In jedem dieser Erholungsgebiete verschönern Parkanlagen, Picknickplätze, Spielplätze, sogar ausgeschilderte Wanderwege das nähere Umfeld. Sanitäranlagen, oftmals mit Duschen, bereichern den Radler-Küstentraum. Angegliedert ist in der Regel eine Fülle von Restaurants und kleineren Läden mit Waren für den täglichen Bedarf. Wir können es idealer nicht haben. Immer fragen wir aber vorher, ob wir das Zelt aufbauen dürfen. Nie gibt es eine negative Antwort. Oft zeigen uns die Menschen sogar den besten Platz und erklären: „Wir Malaysier sind ein friedvolles Volk. Ihr müsst in der Nacht nichts befürchten." Für uns ist das alles sehr angenehm. Als Zugabe bekommen wir einen Einblick ins malaysische Familienstrandleben. Was uns dabei besonders gefällt, ist die rührende Fürsorge bezüglich ihrer Kinder.

Und auch wir werden fürsorglich bedacht. Oft erhalten wir Gastgeschenke in Form von eisgekühlten Getränken oder köstlichen Früchten. Zudem sind die Malaysier ein unerwartet sportbegeistertes Völkchen. Viele interessieren sich für unsere Radtour. Immer dreht sich aber auch das Gespräch um Bayern München und die Formel 1.

Nach über drei Wochen Malaysia-Küstenradeln pedalen wir in Richtung Kuala Lumpur. Auf halber Strecke entscheiden wir, auch wenn der Regenwald viel Kraft kostet, ein großes Dschungelgebiet zu besuchen. Es ist Lake Chini, ein Seen- und Flusslabyrinth von über 1000 Quadratkilometern Größe. Im Herzen des Regenwaldgebietes gibt es ein Camp mit Holzhütten. Dorthin soll eine schmale Teerstraße führen. Über diese Seen werden verwegene Geschichten erzählt. Hauptdarsteller sind dabei die malaysischen Ureinwohner. Die Orang Asli leben in kleinen Gruppen im Dschungel. Dort haben sie ihre Jagd- und Sammelplätze. Ist ein Dschungelgebiet nicht mehr ertragreich für sie, ziehen sie einfach weiter. Als Unterkünfte dienen ihnen sehr einfach erbaute Stelzenhäuser. Noch heute benutzen die Orang Asli zur Jagd das Blasrohr mit vergifteten Pfeilen. Die interessanteste Geschichte über diese Menschen ist aber die von einer im See versunkenen Stadt. Bis heute wurde sie allerdings nicht gefunden. Der Hauptsee Chini wird von den Orang Asli nur „Schlangensee" genannt. Es soll dort viele und auch gefährliche Schlangen geben – und auch ein

Seeungeheuer mit Drachenkopf. An einem der zahlreichen Nebenarmen des Sees soll es in einer großen Höhle leben.

Zu spät bemerken wir, dass wir an einer Brücke die falsche Straße gewählt haben. Es ist früher Nachmittag und 40 Kilometer liegen da bereits hinter uns. Ab und zu war linkerhand ein großer, träge vor sich hin fließender, braun gefärbter Fluss zu sehen. Wir wollen die 40 Kilometer nicht zurück. Ich schaue ein ums andere Mal in die Karte und werde immer unsicherer, wo denn das Camp eigentlich sein soll. Im nächsten Dorf wollen wir fragen. Eine Stunde dauert das noch. Am ersten Hof stoppen wir und fragen die Bewohner.

„Hier gibt es keine Straße zum Camp", erklärt uns ein Junge. „Ich kann aber meinen Vater fragen, ob er euch mit dem Boot hinbringt."

Bei frisch geöffneten Trinkkokosnüssen verhandeln wir über den Preis für die Bootsfahrt. Danach brauchen wir eine halbe Stunde an einer stark abfallenden Böschung, um die Fahrräder ohne größere Schäden in dem Kahn zu verstauen. Nach zahlreichen Startversuchen springt der altersschwache Motor auch endlich an. Das grüne Dach über dem Fluss ist fast sonnendicht. Der Mann dreht den Gasgriff zurück und ermöglicht uns so, die Bilderflut besser aufzunehmen.

Eine halbe Stunde durchschippern wir den tunnelähnlichen Wasserlauf. „Schaut dahin! Schaut dahin! Habt ihr den Vogel gesehen?" Ständig zeigt er uns etwas anderes. Seine

„Schaut dahin! Schaut dahin! Habt ihr den Vogel gesehen?"

dschungelgeschärften Augen sehen viele Tiere. Wir sind begeistert. Nach einer Biegung öffnet sich der Fluss zu einem kleinen See. Seerosen von unerwarteter Schönheit schwimmen weiß, rot und rosa an der Wasseroberfläche – und dies zu Füßen von über drei Meter hohem Elefantengras und gewaltigen Schilfrohrbüschen. Vereinzelt sind schwimmende Seegraswiesen zu bestaunen. Diese dienen den Ureinwohnern als Rast- und Nachtlagerplätze bei ihren mehrtägigen Jagden. Vor der nächsten Windung des Flusses legt sich der Bootsführer seinen Zeigefinger auf den Mund. „Seid leise!", flüstert er. Mächtige Uferbäume verweigern uns das Sonnenlicht. Zwischen zwei von diesen Riesen ist jedoch an der Böschung höhlengleich eine sehr große Auswaschung erkennbar. Darin hätte leicht ein Pkw Platz gefunden. Mit sehr ernstem Gesichtsausdruck, er wirkt auf mich fast ängstlich, wiederholt er drei Mal kaum hörbar zwei Worte. Dabei umfasst er krampfhaft den Gasgriff. „Cave" verstehen wir. Das andere Wort kennen wir nicht. Es dauert nicht lange und er gibt spürbar Gas. Nach hundert Metern drosselt er jedoch unerwartet wieder die Geschwindigkeit, schaut uns mit großen Augen an und wegen unserer verständnislosen Gesichter sieht er sich gezwungen, gestenreich etwas darzustellen. Jetzt wird uns bewusst: Die Höhle ist das Reich des Seeungeheuers!

Auf einer Uferlichtung erblicken wir Stelzenhäuser. Es ist ein Lagerplatz der Ureinwohner. Wir machen einen Stopp, um uns umzusehen. „Hallo! Hallo!", rufen uns die wenigen Männer und Kinder zu.

„Wo sind eure Mütter?", fragt Gi die Kleinen.

„Im Dschungel. Sie sammeln Früchte."

Die Hütten sind sehr primitiv, aber durchaus zweckdienlich erbaut. Die eigentliche Wohnfläche auf über einem Meter Höhe ermöglicht sorgloses Schlafen ohne viel Ungeziefer und bietet vor den täglichen Regengüssen sicheren Schutz. Ein Mann zeigt mir stolz sein über zwei Meter langes Blasrohr. Die dazugehörigen vergifteten Pfeile stecken in einem Holzköcher am Gürtel. Er weist mit dem Finger in Richtung eines Baumes, holt einen Pfeil heraus, schiebt diesen ins Blasrohr und zielt. Der Pfeil trifft in die Mitte des gut zwanzig Meter entfernt stehenden Stammes. Gestenreich gibt er mir dann das Blasrohr. Den Pfeil aber schiebt er selbst hinein; wahrscheinlich hat er Angst, ich könnte mich verletzen. Das Pfeilgift wird aus einer Pflanze oder einer sehr giftigen Froschart gewonnen. Ohne weitere Anleitung versuche ich mein Bestes. Mit der Linken halte ich das Blasrohr weit nach vorne, dabei im leichten Winkel nach oben. Mit der rechten Hand versuche ich, das Rohr in Mundnähe zu stabilisieren. Dann blase ich so kräftig wie möglich hinein und ziele dabei irgendwie auf den Baumstamm. Alles geht sehr schnell. Ich bekomme gar nicht mit, wohin genau der Pfeil fliegt und ob er vielleicht sein Ziel erreicht. Jedenfalls klopft mir der Orang Asli auf die Schulter. Erst in diesem Moment sehe ich den Pfeil. Einen halben Meter unterhalb des anderen steckt er im Holz. Getroffen! Ich bin happy.

„Prima! Wirklich gut!", meint nun auch Gi.
Noch am Abend freue ich mich im Camp über meinen Glückstreffer, gibt er mir doch die Gewissheit: Mit etwas Training hätte ich als Orang Asli meine Familie auch satt bekommen. Gi pflichtet mir bei.

Vier Tage später fahren wir in Kuala Lumpur ein. Wir sind positiv überrascht. Es gibt supermoderne Stadtviertel mit unendlich vielen Wolkenkratzern. Die Infrastruktur mit den schönen Parkanlagen, den supermodernen Einkaufszentren, den Restaurants mit einem Speisenangeboten aus allen Erdteilen ist hervorragend. Wir bestaunen die Hochbahn. Sie verbindet all die modernen Stadtteile

Die Petronas Towers sind über 400 Meter hoch.

im Eilzugtempo und stoppt auch am Rand der alten Viertel.

Am Nachmittag stehen wir vor den Petronas Towers und schauen zu ihren Spitzen über 400 Meter gen Himmel. Hotels, Banken und andere Gebäude mit nur 200 Metern Höhe wirken dagegen verspielt. Modelleisenbahnmäßig erscheinen dann die Palmen, Springbrunnen und Parkanlagen. Am Abend tauchen wir immer in die alten Viertel ein. Das bekannteste ist Chinatown. Der Kontrast zu den Petronas-Türmen könnte nicht größer sein. Garküche steht da an Garküche und die fliegenden Händler streiten sich lautstark um den letzten Quadratmeter Platz. Diese alten Viertel sind ein Feuerwerk der Farben, der Gerüche, der multikulturellen Vielfalt – und der Betrügereien. Wo sonst bekommt man an jeder Ecke „echte" Rolex-Uhren schon für

100 Dollar angeboten? Wir besuchen Kirchen, Tempel und Moscheen. Die Vielfalt der supermodernen und alten Viertel, die Vielfalt der Religionen und die Vielfalt auch ungewöhnlich freier Gedanken machen diese Stadt für uns überdurchschnittlich interessant.

In Klang lösen wir Tickets für unsere Fähre nach Sumatra. Nur knapp 70 Kilometer sind wir von Kuala Lumpur aus dafür geradelt.

INDONESIEN/INSEL SUMATRA

WO IST ER DENN NUN?

Schon als Kind habe ich über die Seestraße von Malakka gehört und gelesen. Seeräuberei war in diesen Gewässern an der Tagesordnung. Angeblich soll es dort heute auch noch Piraten geben.

„Pass auf deine Sachen auf!", schärfe ich Gi ein.

„Warum? Ist es hier gefährlich?"

„Nicht gefährlicher als sonst." Dabei schiebe ich sie vor einen Aushang im Abfertigungsraum. „Lies einfach!"

„Der Genuss von Drogen und der Handel mit Drogen werden streng bestraft. Dies gilt auch für Ausländer. Wir haben doch eh nichts. Warum zeigst du mir das?"

„Behalt einfach deine Packtaschen etwas besser im Auge. Der Hafen und die Fähre sind nämlich ideale Reviere für Schmuggler."

„Wir schmuggeln doch aber nichts."

„Es gibt aber windige Burschen, die dir eventuell etwas in den Rucksack stecken. Die wollen einfach nicht selbst ihre Rübe verlieren. Für wenige Gramm gibt es hier nämlich die Todesstrafe. Wir haben zwölf kleine Rucksäcke. Ideal! Pass halt einfach etwas mehr auf!"

Fünf Stunden lang hat Gi alles im Blick. In Dumai auf der Insel Sumatra schieben wir die Fahrräder von der Fähre.

Schnell sind die Visa für Indonesien eingestempelt. Ein Hund schnüffelt unser Gepäck ab, dann öffnet sich das Tor. Indonesien besteht aus 800 Inseln. Eine davon ist Sumatra. Mit 1800 Kilometern Länge und 400 Kilometern Breite ist sie die größte. Lediglich vier Wochen haben wir Radelzeit, denn unsere Visa gelten nur für einen Monat.

In der kleinen Hafenstadt Dumai überraschen uns zahlreiche Öltanks im sumpfigen Landschaftsbild. Rostige Schlote speien die so typischen Feuerdrachenzungen gen Himmel. Ganz Südostsumatra ist eine einzige sumpfige Landschaft. Der theoretische Inselreichtum wurde krakenmäßig angebohrt. Öl ist das Zauberwort. Die Erschließung war jedoch nicht einfach im Dschungelgebiet. Nach Südosten gibt es nur eine einzige löchrige Asphaltstraße. Von Dumai bis zur nächsten größeren Siedlung sind es um die 100 Kilometer. Links und rechts der Straße steht Bretterbehausung an Bretterbehausung und auf dem Asphalt schiebt sich der Öllastverkehr. Lkw knattert hinter Lkw. Öltanks und Tropenholz sind ihre Last. Ab und zu führt eine Lehmpiste zu den Bohrcamps oder Edelholzeinschlaggebieten. Jede dritte Bude an der Straße ist so etwas wie eine Garküche, ein Schlafplatz oder eine Werkstatt für die vielen Laster.

Zwei Tage radeln wir auf dieser Zumutung immer nach Südosten. Nach drei Tagen ändert sich die Straßensituation zusehends. Die Lkws sind verschwunden, die Straße fährt sich besser und die unwirklich erscheinende

Sumpflandschaft wird von ersten Hügeln aufgelockert. Immer öfter wechseln sich auch die Bretterbehausungen mit kleinen Steinhäusern ab. So richtige Ortschaften sind aber noch nicht auszumachen. Wie immer am frühen Nachmittag halten wir Ausschau nach einem trockenen Platz für unser Zelt. Das ist nicht einfach, denn das Dschungelgebiet wird von kleineren Seen, Flüssen und vielen Wasserkanälen durchzogen. An einem dieser sumpfigen Fast-Trocken-Plätze habe ich ein Urerlebnis: Ich wache auf und verspüre Durst. Im Trinkbecher muss noch Tee sein, denke ich und setze zum gierigen Schluck an. Kurz vor dem Mund stoppe ich jedoch. Da bewegt sich doch was! Ich schaue angestrengt in den Becher und erblicke so etwas wie einen Frosch. Da der Mond zu wenig Licht gibt, strahle ich mit der Taschenlampe hinein. Drinnen kämpft ein Gecko ums Überleben. Er ist nur knapp drei Zentimeter lang und müht sich ordentlich, um aus seinem Teepool zu kommen. „Ich rette dich!", sage ich zu ihm. „Du kleiner Wicht frisst ja die ungeliebten Moskitos."

Martin hatte uns gewarnt: „Wenn ihr in den Tropen radelt, dann schließt immer eure Taschen. Es ist nicht angenehm, plötzlich etwas Lebendiges zwischen den Fingern zu spüren. Glaubt es mir! Ich spreche aus Erfahrung."

Recht hatte der Junge!

Am nächsten Morgen erblicken wir die ersten Vorberge auf Sumatra. Das Sumpfland liegt hinter uns. „Die Hauptberge sind bis zu 3000 Meter hoch", beantworte ich Gis

Berghöhenfrage. „Aber keine Angst, da müssen wir nicht ganz rauf. Der Tobasee liegt auf etwa 1000 Höhenmetern."

„Bedeutet wieder mal viel schwitzen, oder?"

„Ja, Gi. Doch dafür gibt es eine Belohnung: Irgendwo dort in den Bergen befindet sich der Äquator."

Nach dem Äquator zu fragen, macht wenig Sinn. Die Aussagenspannweite geht von „Hinter der nächsten Kurve" über „Den habt ihr schon längst überradelt" oder „Da oben auf dem Berg" bis „Was für ein Äquator soll das sein?" Damit geben wir uns aber nicht zufrieden. Nun sind wir einmal in der Nähe, da wollen wir auch wissen, wo genau er ist. Eines Abends, zwei Tage halten wir nun schon Ausschau, frage ich die nette, junge Hotelbesatzung.

„Der Äquator befindet sich oben in den Bergen. Wenn ihr morgen 30 Kilometer Richtung Norden radelt, dann radelt ihr darüber."

Ich bin geschockt. „Von da oben kommen wir doch gerade."

„Habt ihr ihn nicht gesehen? Da steht eine kleine Weltkugel am Straßenrand!"

Ich schaue verzweifelt auf die große Landkarte des Hotels. Sie ist diebessicher hinter Glas angebracht. Die 30 Kilometer stimmen leider. Beim Ansehen der Karte wird mir aber bewusst: Wir radeln von hier aus zum Tobasee – und der liegt gut 600 Kilometer nördlich. Die Straße macht einen großen Schlenker, führt südwärts zur Insel Java und dann nördlich zum See. Ich bin mir schnell sicher: Die Straße quert also nochmals den Äquator.

Ich teile den netten Jungs meine Überlegungen mit. „Ist das wirklich so?"

„Ja. 40, vielleicht auch 70 Kilometer sind es in diese Richtung. Dort steht auch eine Weltkugel und ein großes Schild überspannt die Straße."

Sieben Stunden radeln wir durch herrliche Landschaft. Bergauf, bergab immer die gleichen Bilder: Reisfelder, so weit das Auge reicht, oft als Terrassen angelegt, dahinter steil abstürzende Dschungelberge, Berge mit dahinziehenden Wolkenkappen und oftmals karg aussehenden, aber blumigen Bauernhäusern. Nicht weit vom Straßenrand entfernt befindet sich stets Wasser – ein lieblicher Bach, ein breiter Fluss oder auch künstlich angelegte Wasserbecken für Fische. So schön das auch alles ist, vom Äquator ist nichts zu sehen. Keine Weltkugel, kein Schild. Wir fragen wieder, doch die Antworten sind wie gewohnt sehr märchenhaft. Auf einmal höre ich Gi von hinten rufen: „Da ist er ja!"

„Wer ist wo?"

„Bleib doch stehen, du bist schon durch!"

20 Meter schiebe ich das Rad zurück. Eine Brücke überspannt die Straße und auf einem Schild steht in großen Lettern: „Du überquerst den Äquator!" Links von der Brücke befindet sich eine große blaue Weltkugel aus Beton. Rechts

Auf einem Schild steht in großen Lettern: „Du überquerst den Äquator!"

zeigt ein Schild zum Äquatormuseum. Ich bin da echt glatt durchgeradelt! Nach 18 Monaten und 11 Tagen überradeln wir gemeinsam den Äquator.

„Gi, heute ist der 11. November 2008. In Deutschland beginnt die Narrenzeit."

Nach den Sumpfgebieten, den Hügelchen und dem Äquator kommen bald die großen Berge. In Rau, einem Dorf in dieser wildromantischen Gegend, übernachten wir in einer kleinen Pension. Am Abend überprüfe ich den Luftdruck in den Reifen, pumpe nach, denn mit zu wenig Luft ist nicht gut radeln. Auch verpacken wir die Regensachen bereits am Abend griffbereit, denn in den Bergen regnet es fast täglich. Am nächsten Morgen verlassen wir gegen acht Uhr das Hotel. Da in Indonesien Linksverkehr vorgeschrieben ist, schieben wir die Räder auf die andere Straßenseite. Wir radeln über eine Brücke, biegen nach links ab und freuen uns über die wunderschöne Landschaft und das herrliche Wetter.

Schon seit zwei Tagen sehen wir immer wieder vereinzelte Kirchen. Jetzt wimmelt es fast davon. Die vorher allgegenwärtigen Moscheen sind verschwunden. Was uns auffällt: Manchmal stehen diese Kirchen nur wenige Meter auseinander. Es ist Sonntag. Dies ist unschwer zu erkennen. Auch wenn die Menschen in der Regel arm sind, so haben sie sich heute doch herausgeputzt. Egal, ob Kind, Frau oder Mann, sie sehen alle irgendwie anders aus. So frisch gekämmt und rasiert wirken sie zwar fremd, aber sehr schön auf uns. In ihren Glitzerkleidern, gestärkten Hosen, frischen Hemden, mit ihren geschminkten Frauengesichtern, den rasierten Männergesichtern und den überaus sauberen

Kindern an ihrer Seite laufen sie in Scharen zu den Kirchen. Aus der Ferne wirken diese Gotteshäuser fast alpenländisch schön, doch aus der Nähe betrachtet verraten sie die allgegenwärtige indonesische Armut.

An einer dieser Kirchen halten wir an. „Der Gottesdienst beginnt gleich", wird uns gesagt. Schon während der letzten Kilometer habe ich immer wieder Gesang vernommen. Er wurde aus den Gotteshäusern über die Straße geweht. Es waren zauberhafte Klänge für meine Ohren, einfach nur schön anzuhören. Die Glocken läuten. Der Gottesdienst beginnt. Die Kirche ist mit 300 Menschen reichlich besetzt. Die Frauen, die Männer, die Buben und die Mädchen sitzen in ordentlichen Gruppen voneinander getrennt. Die größte Gruppe bilden die Frauen. Sie waren es auch, die uns schon vor der Kirche am höflichsten begrüßten, Gespräche suchten und Einladungen aussprachen.

Eine halbe Stunde lausche ich den mir unverständlichen Worten des Pfarrers. Unterbrochen werden diese von wohlklingenden Gesangsstücken. Es sind durch die Melodien, den Klang und durch die indonesisch liebliche Aussprache sehr melodische und herzerwärmende Lieder.

Nach dem klangerfüllten Kirchgang ziehen Wolken auf. Doch heute wird uns der Regen nicht nass machen und in unsere Radtaschen eindringen, denn kurz vor dem Wolkenbruch erspähen wir ein kleines Hotel am Wegesrand. Es ist erst Mittag.

Unser Batak-Haus auf Zeit.

„Heute ist Sonntag", sage ich zu Gi. „Der Tobasee kann noch warten."

Noch zwei Sonntage bleiben uns auf Sumatra. Einen verleben wir auf der Insel Samosir. Dieses Eiland gleicht einem Tropentraum im 100 Kilometer langen Tobasee. Wir beziehen in der kleinen Ortschaft Tuk Tuk ein Holzhaus im Batak-Stil. Es sieht aus wie ein auf den Kopf gestelltes Fischerboot. Auf der Insel gab es vor nicht allzu langer Zeit noch Kannibalen. Geisterbeschwörungen gibt es heute noch. Wir bestaunen Schmetterlinge so groß wie unsere Handflächen, werden zu einer Hochzeit gebeten und besteigen Vulkanberge. Viele Abende aber genießen wir einfach nur unser kleines Tropenparadies auf Zeit. Zwei Palmen stehen im knietiefen Wasser vor unserem Batak-Haus. Der Mond spiegelt sich im Wasser zwischen ihren Stämmen.

Tage später – irgendwo dazwischen lag der vierte Sonntag – und nach vielen weiteren Radelkilometern warten wir wieder auf eine Fähre. Sie soll uns nach Singapur schippern.

Singapur

Rollaugen im Mikrokosmos

Der Stadtstaat Singapur ist nur 20 mal 40 Kilometer groß. So erradeln wir hier zwangsweise nur eine kurze Strecke.

„Da dürfen wir nicht lang!", ruft Gi einmal ganz aufgeregt.

„Warum?"

„Siehst du das Schild nicht? Radeln verboten! 1000 Singapur-Dollar Strafe, steht da geschrieben. Willst du noch eine Strafe bezahlen?"

„Will ich nicht!" 100 Dollar habe ich schon bezahlt für meine indonesischen Schmuggelzigaretten. Wir nehmen eine andere Straße zum chinesischen Viertel. Vorbei geht's an U-Bahn-Stationen, klimatisierten Kaufhauspalästen, kleinen Parkanlagen, Wolkenkratzern, durch Straßenschluchten ohne Sonne, an mit vielen Sternchen übersäten Prozzohotels und Supervillen. Sofort wird uns bewusst: Singapur ist ein Mikrokosmos der Kulturen, ein moderner asiatischer Kulturschock! Etwas verwirrt, aber randvoll mit Eindrücken radeln wir bei den Chinesen ein.

„Für 40 Euro kann ich dir das Zimmer geben", flötet mir eine kleine, hübsche Chinesin ins Ohr. Dabei rückt sie ihr echt schmales rotes Badetuch zurecht. „Du kannst auch gleich duschen."

„Äh … muss erst mit meiner Frau reden", gebe ich irgendwie blöd zurück. Sie rollt mit ihren süßen Mandelaugen. Zurück bei Gi stammele ich nur was von „teuren 40 Euro".

Als mir der stämmige Kerl im Hotel auf der anderen Straßenseite erklärt: „49 Euro für das Zimmer ist billig. Du wirst nichts Billigeres in Singapur bekommen – außer im Freudenhaus da gegenüber. Sackratten inklusive", lasse ich mir meine Hand, ohne mit Gi vorher zu reden, von seiner Pranke schraubstockartig fast zerquetschen.

„Abgemacht!", presse ich hervor.

Es ist bereits Ende November und wir bestaunen, belächeln und bewundern einige dieser Konsumtempel im vollen Weihnachtswahn. Das internationale Flugdrehkreuz bietet alles, was man so braucht, was man glaubt, zu brauchen, und was man nicht braucht. Alle internationalen Modefirmen, Uhrenhersteller von Ruf und Elektrogerätehersteller sind vor Ort – und diese wollen nur eines: nämlich unter allen Umständen verkaufen, verkaufen und nochmals verkaufen.

AUSTRALIEN

WIR STOSSEN AN UNSERE GRENZEN

Da das Wunsch-Auswanderungsland vieler Menschen relativ oft im TV präsentiert wird und es genügend Reiseliteratur gibt, denken wir eigentlich, selbst einiges über Australien zu wissen. Das denkt man aber nur, denn Australien sprengt die persönlichen Vorstellungen – und dies zudem fast täglich. Im Flieger nach Darwin schaue ich mir die Australien-Landkarte genauer an. Das lenkt mich ein bisschen von meiner Flugangst ab und gibt mir weit bessere Einblicke in das vorher schon groß gedachte Land. Denn es wirkt plötzlich noch viel größer. Meine persönlichen Vorstellungen werden auf wirkliche Maße zurechtgerückt. Will man nun mit dem Fahrrad durch Australien pedalen, erleidet man fast einen Schock, denn das Land ist flächenmäßig so groß wie Europa. Mehr als drei Wochen brauchen wir von Darwin bis nach Alice Springs. Die Zeit ist unbeschreiblich schön, aber auch unbeschreiblich hart. Martin hatte uns gewarnt, diese Strecke während der australischen Sommerzeit zu radeln. „Über 4000 Kilometer sind es von Darwin bis Melbourne, Vati! Da ist nur Buschland und in der Mitte Alice Springs. Macht das nicht zur Sommerzeit!"

Die zahlreichen Eindrücke sind schwer fassbar, sie ändern sich auch von Tag zu Tag oder gar von Minute zu Minute.

Nach weit über 1500 Kilometern stoßen wir zum ersten Mal so richtig an unsere körperlichen Grenzen. Es ist ein Tagesbeginn wie all die anderen Outback-Tage zuvor: aufstehen bei Sonnenaufgang, Frühstück, zusammenpacken und mit schon recht schweren Beinen die nächsten Kilometer des Stuart Highway unter die Räder nehmen.

„Heute sind es um die 100 Kilometer bis ins nächste Nest. Bin gespannt, wie viele Hütten es diesmal gibt?"

„Ist mir egal! Mir geht's nicht gut!", entgegnet meine Frau.

„Regen dich wieder mal die Fliegen auf?"

„Wi, mich regt langsam alles auf! Die Fliegen, die Moskitos, der Staub, die Hitze, die platte Landschaft und nicht zuletzt die nicht enden wollende Straße!" Dabei schiebt sie ihr Rad auf den Highway.

Ich gebe sofort Pedale. Wenig später fallen mir Gis Sätze wieder ein. Irgendwie hat sie ja recht … Dabei schlage ich mir die Fliegen aus dem Gesicht, doch höchstens eine Minute werde ich jetzt Ruhe haben vor den Biestern.

An manchen Abenden konnten wir noch eine Siedlung erreichen. Meistens haben wir jedoch im so genannten Outback geschlafen. In den Siedlungen gab es dann aber in der Regel zumindest eine Tankstelle, eine Campwiese, einen Laden, eine Kochstelle, eine Dusche und einige, wenn auch wenige Bewohner. Zum größten Teil war aber der Busch unser Nachtlager. An guten Tagen war die nächste Siedlung nur etwa 70 Kilometer entfernt, an weniger guten Tagen weit über 200 Kilometer. Im Outback, was „Fernab der Zivilisation" bedeutet, bist du dann allein. Es gibt Zeiten, da überholen dich zwei Autos in der Stunde, an einsamen Tagen kann es dagegen Stunden dauern, bis dich überhaupt etwas überholt. Auf den ersten paar Hundert Kilometern

Australien ist nicht einfach. Ich schaue nach Krokodilen im Fluss.

auf dieser Buschstraße der Einsamkeit, von Norden kommend, wirkt die Landschaft noch tropisch. Palmen, hohe Bäume und viel Dschungelhaftes ist zu sehen.

Krokodile rekeln sich im Schlamm der Flüsse und die ersten Kängurus springen dir vors Rad. Dann wechselt das Landschaftsbild aber recht schnell. Die vielen Büsche, die kleinen Bäume und das verdorrte Gras – das alles wirkt nicht nur savannenmäßig, es ist savannenmäßig! Rechts und links des Stuart Highway ist alles Farmland. Es gibt Farmen, die sind – von der Fläche her – so groß wie Bayern. Von den Farmern selbst siehst du nichts. Es gibt zwar ab und zu Einfahrten, doch kann das eigentliche Farmhaus durchaus noch 100 Kilometer entfernt liegen.

Die Fliegen nerven bis zur Abenddämmerung. Dann kommen die Moskitos angebrummt. Am Tag hast du literweise Schweiß verloren. Dafür sorgen die 35 Grad im Schatten. Mit sehr wenig Wasser – denn Wasser heißt Überleben im Outback – versuchst du dann am Abend, den roten Staub und die salzige Kruste vom Körper zu bekommen. Hast du die ersten 14 Tage hinter dir und schaust dann auf die Karte, traust du deinen Augen nicht: „Da sind wir erst?"

„Ist doch ein ziemliches Stück", gebe ich kleinlaut zu.

Ich schaue auf den Tacho. 35 Kilometer seit Aufbruch. Ich steige ab, drehe mich nach Gi um, die nur langsam näher kommt, und entscheide, uns ein Lager unter einem Schatten spendenden Baum zu bereiten.

„Wie lange können wir Pause machen?"

„Höchstens eine Stunde, denke ich. Wir müssen zur nächsten Siedlung. Nicht umsonst habe ich gestern Abend gesagt, einmal könnten wir aufs Waschen verzichten. Wir brauchen unbedingt Wasser!"

„Einen Liter hab ich noch", antwortet Gi sehr leise. Sie ist völlig kaputt, bemerke ich sofort. Wenig später schläft sie ein.

„Gi, wir müssen weiter!"

„Wie lange habe ich geschlafen?"

„Halbe Stunde."

Noch zwei kleine Pausen gönnen wir uns. Bei der zweiten ist kein Wasser mehr da und Gi macht mir nun wirklich Sorgen. Trotzdem sage ich zeitnah: „Wir müssen weiter! Es hilft alles nichts. Wir brauchen Wasser!"

„Mir tut alles weh, Wi. Ich habe unheimliche Kopfschmerzen, meine Beine zittern und alles ist wie Blei in mir!"

Ich schaue auf den Tacho. 110 Kilometer haben wir.

„Wenn die Karte stimmt, sind es noch 5 Kilometer bis zur Siedlung."

Gi quält sich auf.

Nach 5 Kilometern ist jedoch keine Siedlung zu sehen! Ich spüre einen Krampf in meiner linken Wade, steige vom Rad und schaue dabei nach hinten. Gi hat sich und ihr Rad nicht mehr unter Kontrolle. Ich merke es an ihren schwankenden Bewegungen. Was bei mir ankommt, ist ein Häufchen Elend. Ich kann nur sehr schlecht verstehen, was sie sagt. Sie spricht leise und abgehackt. „Ich kann nicht mehr! Habe Durst, bin müde!" Dies und Ähnliches reime ich mir zusammen. Ich sage: „Dort ist ein Schild. Es sind nun wirklich nur noch 5 Kilometer bis zur Siedlung."

„Nein! Ich kann nicht mehr!"

Ich nehme Gi in den Arm, schiebe sie zu einem Baum, drücke sie im Schatten nieder und flüstere ihr dabei ins Ohr:

„Bleib unbedingt liegen! Ich bin gleich wieder da. Beweg dich ja nicht und atme tief durch!"

Die 5 Kilometer werden zur Qual. Meine Gedanken sind bei ihr. In der Siedlungstankstelle kaufe ich Wasser. Auf meinem Rückweg kommt Gi 3 Kilometer vor dem Dorf in Schlängelbewegungen auf mich zu geradelt.

Am Abend liegen wir im moskitosicheren Zelt. Gi fällt es immer noch schwer, klar und deutlich zu reden. Es geht ihr aber zum Glück wieder besser. Mir ist klar: Sie – und somit auch ich – hatte großes Glück! Die Erschöpfung hätte schlimm kippen können! Ich schaue meine Frau an. Sie ist eingeschlafen. Gut so, denke ich und wische mir zwei Tränen weg. Auch ich fühle mich ausgebrannt, habe aber die Kraft, für Gi zu sorgen. Ich muss unbedingt nachdenken. Die gut 200 Kilometer bis Alice Springs bringe ich im Kopf noch auf die Reihe. Doch sofort sage ich mir auch: Als ich die wenigen Kilometer bis zur Tankstelle geradelt bin, um Wasser zu holen, war ich doch selbst unheimlich fertig. Nur der Drang, schnell Wasser für Gi zu besorgen, hat mir einen Schub gegeben. Ihr Erschöpfungszustand von heute könnte mich morgen mit aller Wucht selbst ereilen. In der Türkei hatte ich ja selbst schon einmal solch ein Problem. Plötzlich ging gar nichts mehr. Ich war einfach nur noch fertig. Heute hatten wir auf jeden Fall zu wenig Wasser dabei. Das kann wieder passieren! Hinzu kam dieser ständige Gegenwind. Da ist Radeln recht mühsam. Ich hatte immer das Gefühl, dass das Fahrrad bremst. Und in der Erwartung, die nächste Siedlung würde bald erreicht sein, macht man auch keine langen Pausen mehr. Doch dann schlägt der Körper urplötzlich zurück und verlangt kompromisslos nach Energiezufuhr. Ja, Martin hatte recht! Wir hätten diese Strecke nicht im Sommer radeln sollen!

In der Siedlung hatte man mir gesagt: „In zwei Tagen kommt ein Bus. Der fährt nach Alice Springs." Wenn es Gi besser geht, dann machen wir es so, wir nehmen den Bus, das schwöre ich mir.

ERHOLUNG BIS SYDNEY

In Alice Springs nehme ich mir nochmals die Landkarte vor. Wenn wir von hier aus zum Ayers Rock wollen, danach nach Melbourne und von dort bis Sydney, sind dies mit einigen Besichtigungen am „Wegesrand" gut 5000 Kilometer. Etwas mehr als drei Wochen liegen hinter uns. Unser Visum gilt für drei Monate. Bleiben also noch gut zwei Monate. Die letzten Kilometer haben uns gezeigt, wie schnell der Körper auf besondere Umstände reagieren kann. Da wir von Sydney aus direkt zu Martin nach Neuseeland wollen, wäre in Anbetracht der vielen Kilometer zu befürchten, dass sie uns bei unserer Ankunft nicht erkennen und uns somit als zwei Radelleichen links liegen lassen. Auch der Zeitdruck macht uns irgendwie zu schaffen. Vor zwei Jahren hatten wir Martin versprochen, dass wir ihn mit unseren Fahrrädern besuchen kommen würden. Der Termin ist uns sehr wichtig.

Alice Springs ist eine Kleinstadt. Es ist das Verwaltungszentrum einer touristischen Region von der Größe Deutschlands. Außer einem Campingplatz gibt es tellergroße Steaks, einen Flugplatz, ein Kino und vieles, vieles mehr. Darunter auch etwas sehr Nützliches für uns. Es wird unser Zeitproblem lösen und den Erholungscharakter verlängern.

Es ist kurz vor Weihnachten 2008.

„Gi, wir machen uns selbst ein Geschenk."

„Was für ein Geschenk?"

„Verrate ich nicht. Warte ab!"

Drei Tage später fahre ich mit einem kleinen Camper neben unser Zelt. „Der gehört uns bis Melbourne!", rufe ich Gi zu.

„Du bist verrückt!", schallt es glücklich zurück.

Am Ayers Rock wird uns bewusst, wie luxuriös wir reisen.

Am Ayers Rock wird uns bewusst, wie luxuriös wir reisen. Zwei Tage verbringen wir im weitläufigen Nationalpark. Auf der Strecke nach Süden besuchen wir abseits der Hauptroute einige interessante Orte. Schon die Namen der Siedlungen, der Flussläufe, selbst die Straßennamen kommen den typischen Outback-Vorstellungen sehr nahe. Da gibt es den Krokodilfluss, die Schlangenstraße, das Palmental, den Goldweg, die Steinpiste, den Spinnencreek, die

Geckomine, die Wasserfallstraße, die Opalmine oder den Heißquellenplatz. Überall gibt es etwas zu bestaunen, zu erkunden oder zu enträtseln.

Abends suchen wir uns immer einen Platz im Busch. Wir genießen dabei den Camperluxus und tanken so richtig auf. Dazu tragen auch die unbeschreiblich schönen Outback-Sonnenuntergänge bei. Täglich entzünde ich ein Lagerfeuer und wir lauschen bei einem süffigen Kaffee den nächtlichen Tierstimmen oder schauen Sterne und Mond. Werden uns die Krabbelviecher zu viel, verschwinden wir im Luxusauto. In Melbourne liegt das Outback weit hinter uns, unsere Akkus sind voll, das Wetter ist sommergut und die Fliegenplage hat nachgelassen. Gute Voraussetzungen, um in einigen Wochen Sydney per Rad zu erreichen.

Zwischen Melbourne und Sydney erhebt sich eine Gebirgskette von bis zu 2000 Metern Höhe. Da staunt der unvorbereitete Radler aber mächtig! Die Berge haben gewaltige Ausläufer. Diese versinken Richtung Süden im Meer. Nur zwei Tage haben wir pure Flachradelerholung. Dann geht es steil bergauf und bergab. Dies wiederholt sich dann täglich. An manchem Tag sind es nur zwei Aufstiege, dafür am nächsten schon mal vier. Zwei Nächte frieren wir im Schlafsack. Am Morgen erzählt man uns: „In den nahen Bergen ist Schnee gefallen."

Die gedacht größere Bevölkerungsdichte bezieht sich nur auf wenige Ortschaften entlang der Küste. 50 Kilometer

Menschenvakuum ist keine Seltenheit. Bei all diesen Gege-
benheiten entsteht bei uns ein völlig neues Australienbild.
Abwechselnd schlafen wir immer eine Nacht im Busch oder
am Meer. Zwei Tage radeln wir entlang einer alten, in der
Zwischenzeit jedoch schon stillgelegten Eisenbahnlinie.
Vier gewaltige Holzbrücken überspannen tiefe wasserfüh-
rende Täler.

„Ein idealer Platz zum Übernachten", sage ich zu Gi.

„Ja, der Platz ist wirklich gut."

Nur wenig später brennt ein Feuer. Das Zelt ist aufgebaut. Die Kartoffeln und die Wiener köcheln. Ich laufe in
den nahen Wald, will noch mehr Feuerholz sammeln, als es
plötzlich Knack! macht. Ich schaue mich um.

Welch ein Geschenk, nun auch noch Koalas!

„Gi, komm schnell rüber! Hier sind Koalas!"

„Sind die putzig!", dringt es kurz darauf an mein Ohr. Eine Stunde durchstreifen wir den Wald und sehen zehn Koalas. Sie hängen in den Ästen, schlafen oder beobachten uns einäugig. Nur der „Knackkoala" befindet sich am Boden.

„Krokodile, Fledermäuse, Giftfrösche, Wellensittiche, Papageien, Kängurus, Wallabys, Spinnen und Millionen von Fliegen haben wir gesehen. Welch ein Geschenk, nun auch noch die Koalas!"

Nach über vier Wochen von Melbourne aus, mit 1500 Kilometern in den Beinen, die Batterien dabei immer noch im grünen Bereich, radeln wir in Sydney ein. Zwischen Harbour Bridge und Oper buche ich eine Schiffspassage nach Neuseeland. Für einen guten Preis bekommen wir zwei Tickets für einen Luxuskahn.

LUXUSKAHN

Unser Luxuskahn, die „Diamond Princess", schon der Name verrät absolute Noblesse, ist 290 Meter lang, hat 17 Decks und viereinhalb Sterne. Kreuzfahrten boomen schon viele Jahre und auch unser Schiffchen ist zu unserer Überraschung voll ausgebucht. Ausgebucht bedeutet: 2960 Gäste sind an Bord. Diese werden von 1500 Allerweltsleuten verwöhnt, bekocht, bedient, immer angelacht (steht wohl so im Arbeitsvertrag), unterhalten, verarztet und natürlich sicher durch die stürmische Ozeanwelt geschippert. Beim Einschiffen gibt es Verwirrung. 2958 Gäste belaufen, berennen, besteigen den Luxuskasten als wirkliche, somit unverkennbare Luxuspassagiere. Dazu gehören die noble Seefahrerkleidung, frisch frisierte Haare, containermäßige Echtlederkoffer, noble Handtäschchen und übergroße Sonnenbrillen. Uns selbst erkennt man nicht als noble Kreuzfahrer, denn wir stehen einige Zeit recht verloren zwischen all den wuselnden Menschen, auch zwischen den Fahrrädern und unseren vielen Packtaschen herum. Erst als wir uns mit unseren ehrenwert bezahlten Tickets als willige Kreuzfahrer zu erkennen geben, ändert sich die Situation.

„Wohin wollt ihr denn?", fragt uns ein smartes Bürschlein.

„Auf den Luxuskahn!"

„Mit den Fahrrädern?", hakt er nach. Dabei kann er ein

verächtliches Lächeln nicht unterdrücken.

„Ja", antworte ich etwas genervt und Gi schiebt sogleich nach: „Die Reisetante für deinen Luxuskahn hat uns bestätigt, unsere Esel dürfen wir mit aufs Zimmer nehmen."

Der Smarte holt sein Handy aus der Tasche. „Das muss ich abklären!"

Letztendlich aber bekommen unsere Packtaschen und auch die Räder einen bunten Aufkleber verpasst und zwei Stunden später stehen sie vor unserer Kabinentür. Das nenne ich wirklich Service!

Die große Sorge, wir bekämen aus Kabinenplatzgründen die Räder nicht unter, stellt sich als unbegründet heraus. Zwischen Badezimmer und Schlafzimmer ist überraschend viel Parkplatz. Unser Kabinenboy, ein älterer Herr von den Philippinen, erklärt uns all die Schalterchen und Knöpfchen für die von Technik überflutete Räumlichkeit. Der Codetresor begeistert mich. Ihm vertraue ich diebessicher den mir heiligen Radelkilometerzähler an. Was uns in unserer Kabine aber wundert, sind die großen Spiegel an den Wänden. Gi kommt recht schnell auf die verspiegelte Auflösung. „Die Spiegel sollen die 15 Quadratmeter Schlafraumfläche optisch vergrößern."

Gi hat ja so recht! Hier ist nichts dem Zufall überlassen. Diese Täuschung erzeugt aber auch ungeahnte Freude, denn durch die großen gegenüberliegenden Spiegel werden wir plötzlich Besitzer von mehreren Fernsehern und

Kühlschränken mit Minibars – und ich liebe des Nachts genauso viele Frauen wie Betten zu sehen sind. Genial!

Absolut wichtig auf solch einem Kahn ist die Küche. Dies war übrigens schon immer so, denn in der alten Zeit wurden die Kochversager sonst schnell selbst Futter, nämlich Futter für die vorbeischwimmenden Haie. Stimmte das Essen nicht, war die Meuterei vorprogrammiert, der Koch schnell über Bord geworfen und ein neuer bestimmt. Unser Chefkoch ist Italiener. Natürlich könnte man sofort daraus schließen, dass wir unsere wertvolle Zeit auf einem ordinären Pizza- und Pastakahn verbringen. Doch weit gefehlt, denn unser italienischer Koch konnte haisicher nachweisen, dass er sein Handwerk in Österreich erlernt hat.

Die nicht billigen Landausflüge werden reichlich gebucht. Es geht mit Bussen ins jeweils nicht ferne Hinterland oder nur einige Hundert Meter weit. Botanische Gärten, Wasserfälle, Tierparks, Schokoladenfabriken, alte Kirchlein und vieles mehr – all das kann der täglichen Werbung entnommen werden. So mancher beworbene Landausflug erinnert mich jedoch stark an deutsche Kaffeefahrt-Werbung. Täglich gibt es Bingo-Veranstaltungen. Diese dienen aber nur der Spielsucht-Aufwärmphase, denn so richtig gezockt – und somit abgezockt – wird erst im Schiffscasino. Hunderte von Spielern belagern bereits am Nachmittag „Klein Las Vegas". Eine Unmenge Dollarnoten geht da über die Tische und unendlich viele Münzen verschwinden in den gierigen Schlitzen einarmiger Banditen. Was mich wundert, ist der große Teil weiblicher Glücksritterinnen im gesegneten Alter. Verbissen schauen die betagten Äugelein angestrengt auf die sich drehenden Bilderröllchen, denn drei Mal Herz, Blume oder Stern lassen die Einarmigen Gewinne ausspucken. Uns ist es egal, denn wir selbst nehmen daran nicht teil. Wir fühlen uns aber trotzdem wohl, denn die gut sortierte Bibliothek, ein Theater mit 800 Sitzplätzen und die zahlreichen Liegen an den vier großen Pools mit einem schönen Ausblick auf die Delfine im Meer sind dafür meist frei.

Kommt man als gemeiner Radler auf solch ein Schiff, ist dies ein durchaus zwiespältiges Vergnügen. 13 Tage empfinden wir es so. Ohne uns zu verbiegen, können wir trotzdem die meiste Zeit genießen. Nur einmal wird der Genuss recht bitter, denn in dem Kreuzfahrerkasten befindet sich auch eine Schiffskapelle. Diese wird von vielen Australiern rege genutzt. Gi fiel dabei jedoch der Aborigine ein, der im Outback plötzlich auf uns zukam. Er war erstaunt, dass wir ihn mit Handschlag begrüßten und ihn und seine etwas angetrunkene Familie zum Essen einluden. Zum Abschied sang er für uns „Stille Nacht, Heilige Nacht" auf Englisch. Dabei rollten Tränen über seine Wangen. „Ich habe nur einen Wunsch", sagte er danach. „Gisela, wenn du in Alice Springs bist, geh dort in die Kirche und bete bitte für mich." In Alice war sie dann tatsächlich in der Kirche, das hat sie mir erst auf dem Schiff erzählt.

„Die Aborigines dürfen nicht in die Kirchen. Sie haben in Alice Springs traurig davor unter den Bäumen gesessen. Ich habe für unseren Sänger und auch gleich für all die anderen mit gebetet."

NEUSEELAND

VIER JAHRE HABEN WIR UNS NICHT GESEHEN

„Siehst du sie?", frage ich zwischen nervösen Zügen an meiner Kippe. Gi blickt angestrengt in Richtung der Abfertigungshalle. „Nein, da sind zu viele Menschen. Lass uns an Land gehen. Sie sind sicher irgendwo dazwischen. Ach, bin ich aufgeregt!"

Es nieselt leicht im „Land der langen weißen Wolke". Doch das stört uns nicht. Vier lange Jahre haben wir uns nicht gesehen. Jetzt soll es endlich so weit sein. Wir schreiten aus dem Luxuskahn, schieben unsere Fahrräder durch das Gewusel in Richtung Ausgang. „Martin wird doch nicht den Tag verwechselt haben?", sage ich zu Gi.

„Möglich. Du kennst ihn doch."

„Komm, lass uns die Räder an die Mauer des Marinemuseums stellen."

Ich zünde mir die nächste Zigarette an. Da springt Gi plötzlich davon. „Da sind sie ja!"

Lange liegen wir uns in den Armen. Küsse fliegen hin und her. „Geschafft! Endlich!" – „Hat lange gedauert!" – „Lasst euch ansehen! Ihr seht gut aus!" – „Hab dich lieb!" – „Das gibt es doch nicht!" Das und noch viel mehr stürmt auf uns alle ein. Die Sehnsüchte sind Wirklichkeit geworden.

Es ist geschafft! Wir sind angekommen in Auckland! Wir

Freudiges Wiedersehen nach vielen Jahren mit Martin.

sind da! Was vor zwei Jahren irgendwie halb im Ernst durch die Muschel kroch, ist eingehalten. Um die 24 000 Radelkilometer liegen hinter uns. Wir sind echt da!

„Ihr seid verrückt! Ich bin stolz auf euch! Echt gut, Vati und Mutti!" Dabei halten wir uns die Hände, schauen in strahlend blaue Augen und streichen über Martins lange Haare.

Piha ist die neue Heimat von Dana und Martin. Gleich nach ihrer Ankunft in Neuseeland haben sie sich in Piha verliebt. Es liegt eine Autostunde von Auckland entfernt. Ein Tausendseelendorf vor der Westküste – wie hingezaubert in den Bergen und am langen Strand. Gleich am ersten Tag wird uns bewusst, woher die Liebe der beiden zu diesem Ort kommt. Das Areal um Piha ist Naturschutzgebiet.

Steile Berge umrahmen wunderschöne Strände. Die Buchten sind von eigentümlichen Felsen eingezwängt oder geben den Vulkanstränden weiten Raum. Kleine Flüsse suchen sich ihren Weg von den immergrünen Bergen in diese Sandstrandlandschaften. Einige durchwinden die Erhebungen als Wasserfälle. Um bis zu ihnen vorzudringen, muss man den Dschungel durchwandern. Riesenfarne, Palmen und allerlei unbekanntes Gehölz verzaubern die Pfade. Von den Berghängen überblickt man die einmalig schöne Landschaft. Wie schmelzflüssige grüne Lava breitet sich der Dschungel bis ans Meer aus. Dort überschlagen sich die Wellen verspielt, verwegen und auch kampfeslustig. Diese Wellen waren ein Hauptgrund für den Verbleib in Piha, denn große Wellen versprechen gutes Surfen. Knapp ein Jahr wohnen Dana und Martin nun schon auf einem Grundstück am Berg. Es ist ein Wohnwagencamp für Naturliebhaber und Wasserratten. Die Besitzer sind im Laufe der Zeit zu Freunden geworden. Den größten Holzbungalow haben sich die beiden langzeitwohnlich aufgemöbelt. Das gemütliche Heim liegt versteckt auf dem Dschungelgrundstück zwischen kleinen Palmen, einem Teich und einer Wiese. Vier Hunde bewachen die weitläufige Anlage. Meist grasen hier auch zwei mollige Schafe. Ihre Hauptbeschäftigung ist das Fressen. Der Blick über Piha ist traumhaft schön. Zu jeder Tageszeit ändern sich die Aussichten, denn die Gezeiten bringen den Küstenverlauf urig schön durcheinander.

Aus der vorgelagerten Insel wird so im Zeitlupentempo ein Stück vom Festland, aus dem schon breiten Strand ein noch breiterer Pizzateig-Ausrollstrand und der Fluss ändert ständig seinen Wasserlauf. Die Aussicht ist geprägt von einer ständigen Veränderung der Linien, der Grenzen und auch der Farben. Das Spiel der Wolken, von Sonne und Schatten mischt sich mit dem Blau der Wellen, dem schwarz-gelben Sand und dem Grün der Berghänge. Der Sand glitzert manchmal auch wie Silber. Das Meer zaubert blaue Flächen von ungeahnter Schönheit und die Dschungelberge erscheinen in der Abendsonne wie verwunschen im Wechsel der Lichteinstrahlungen. Die Sonnenuntergänge sind ein Spektakel für sich, eine Farbenpalette roter und gelber Tupfer. Die Wolkenberge, Wolkenfetzen, Wolkensahnehäubchen wirken dabei wie von verspielten Kinderhänden hineingeworfen.

Ohne Moos nichts los

„War es sehr schwierig, hier Fuß zu fassen?", fragen wir bei Kaffee und Kuchen.

„Ohne Moos nichts los", antworten Dana und Martin fast gleichzeitig.

„Um unserer Piha-Liebe eine Zukunft zu geben, mussten wir als Erstes einmal Geld verdienen", erzählt Dana weiter.

„Die haben mich aber gleich hier bei der Krankenversicherung angestellt. Meine Zeugnisse aus Deutschland waren diesbezüglich mehr als hilfreich. Ich war erst zwei Tage dort, als schon unsere Geschichte durch alle Flure ging. Mit dem Kennenlernen und so, meine ich …"

Wenn Dana und Martin gefragt werden: „Wo habt ihr euch eigentlich kennengelernt?", dann geht ihnen eine nicht alltägliche Geschichte über die Lippen.

„Es war vor der Küste Ostafrikas."

„Was? Vor der Küste Ostafrikas?", wird dann immer nachgehakt.

„Ja, in Eritrea. Auf einem alten Segler."

Es war die Dschunke der Abenteurer Axel Brümmer und Peter Glöckner. Martin war bereits sechs Monate auf dem Kahn, als Dana in den Gewässern vor Eritrea zustieg. In Ägypten musste Dana dann zurück nach Coburg eilen und Martin zog es wieder nach Indien. Auf der Dschunke aber hat es zwischen ihnen ordentlich gefunkt, denn in Indien kreuzten sich erneut ihre Wege. Da Dana der „Fahrradvirus" heimgesucht hatte, kündigte sie später ihre gute Stellung bei einer Krankenversicherung und radelte von Deutschland aus bis Nordafrika. Die symbolische Kette schloss sich dann erneut und endgültig in Australien. Und von Australien aus führte sie ihr gemeinsamer Weg nach Neuseeland.

„Neuseeland ist ein Naturparadies, doch ohne Moos schlägt einem auch das schönste Land auf den Magen", erzählt Dana weiter, dann wird sie von Martin unterbrochen: „Danas Anstellung bei der Krankenversicherung war ein Segen. Von Monat zu Monat gelang es mir aber immer besser, auch meinen Beitrag zum Lebensunterhalt zu leisten. In der Zwischenzeit kennt mich hier jeder. Das Geschäft mit den Boards und den Häusern läuft nun recht gut. Wenn ihr mal einen Handwerker braucht …" Dabei überreicht er uns sichtlich stolz seine Visitenkarte. „… dann ruft mich an!"

Martin arbeitet als Handwerker auf eigene Rechnung. Zum Glück hat er ja diesen Beruf erlernt, sich in Australien viel Neues dazu angeeignet und damit ein recht gutes Standbein geschaffen. Da ich ihm in den nächsten Wochen oft bei der Arbeit helfe, kann ich gut beurteilen, dass sich seine Standbeine – er repariert auch Surfboards und gibt Unterricht – durchaus noch weiter ausbauen lassen. Die meisten seiner Kunden sind Wiederholungstäter, die sich über seine Zuverlässigkeit, Qualität und die deutsche Gründlichkeit freuen. Einen Handwerker, der zum Schluss sogar den Arbeitsbereich reinigt, erleben viele Auftraggeber offenbar zum ersten Mal.

Martin hatte schon immer ein besonderes Verhältnis zu Wasser.

Martin hatte schon immer ein besonders Verhältnis zu Wasser. Alles, was damit zu tun hat, macht ihm Freude. Der Umgang mit diesem Element sieht bei ihm schon fast spielerisch leicht aus und hat glücklicherweise auch einige Früchte fürs „Moos" ergeben. In Thailand hat er Segeljachten repariert, die Abenteurer Brümmer und Glöckner wollten ihn unbedingt auf ihrer Dschunke behalten und in Australien hat er dann das Extremsurfen erlernt.

Wir führen in den nächsten Wochen sehr viele Gespräche.

Auch kommen Sabine und Jürgen erneut zu Besuch. Stundenlang quatschen wir dann über Indien und den Rest der Welt, trinken reichlich Bier und verdrücken kiloweise Steaks. Zu sechst erkunden wir Neuseeland, fahren dabei Danas Auto zu Schrott und können trotzdem herzlich lachen. Die Stolzelternzeit vergeht wie im Flug.

„Bleibt doch bitte länger hier!", bekniet uns Martin. „Du kannst bei mir arbeiten und für Gi findet sich auch was."

„Martin, Neuseeland ist schön, aber nicht unsere Welt. 24 000 Kilometer sind wir zu dir und Dana geradelt. Wir lieben dich und Matzi. In zwei Jahren wollen wir wieder bei ihm zu Hause sein."

Nach zwei Monaten nehmen wir Abschied mit überholten Fahrrädern. Dabei hoffen wir, dass Martins und Danas Zukunftsträume in Erfüllung gehen. Wir drücken ihnen die Daumen.

Elf Stunden dauert unser Flug nach Santiago de Chile. Ein neuer Radel-Kontinent erwartet uns. Während unseres Fluges kommen immer wieder Danas und Martins letzte Worte zurück: „Ihr werdet Oma und Opa. In etwa sieben Monaten ist es so weit!"

Sieben Monate später erblickt Leilani das Licht der Welt. Wir sind echt großelternstolz!

CHILE

RECKE DIE FAUST NACH OBEN

Schon vor langer Zeit entwickelte ich ein besonderes Verhältnis zu Südamerika. Dabei ging es nicht um Brasilien, den Zuckerhut oder den Karneval in Rio. Viele Bücher weckten mein Interesse für die Andenländer. Die Vorfreude ist groß, denn speziell zu Chile gibt es einige seelische Berührungspunkte. Chile war ja schon zu früheren Zeiten ein, wenn auch ferner Begriff für alle DDR-Bürger. Allendes Kampf und Tod gingen durch die Presse und zahlreiche Chilenen studierten in der DDR. In der Luft fällt mir vieles wieder ein, wird die Vorfreude immer größer und von Flugangst ist diesmal nichts spürbar. Ich bin zu beschäftigt.

Wir sind noch keine drei Stunden in Santiago, da stellt Gi fest: „Die Stadt ist schön. Habe ich mir so nicht vorgestellt." Freunde der Stadt Paris werden es mir verzeihen, denn ich muss gestehen, in Paris war ich noch nie – und somit ist es mir erlaubt, Santiago de Chile in die „Stadt der Liebe" umzutaufen. Denn noch nie habe ich so viele Menschen beim Küssen gesehen. Ob Jung oder Alt, man scheint unheimlich gerne zu küssen, richtig verliebt zu küssen, und kein Platz erscheint dafür ungeeignet. Dieser Umstand macht uns die Stadt nicht unangenehmer, denn Santiago versprüht Lebensfreude, Herzlichkeit und Gastfreundlichkeit. Auch wenn die Preise recht radelunfreundlich sind, Chile ist das teuerste Land in Südamerika, so bleiben wir doch ganze fünf Nächte in der Hauptstadt. In einem kleinen, schmucken Hotel am Rande eines Knutschparks, fast im Zentrum, fast in Sichtweite zum Plaza de Armas, richten wir uns ein. Dort steht mächtig die schönste Kirche von Santiago. Die Stadt hat aber noch mehr zu bieten. Es gibt wunderschöne Stadtviertel. Cafés und Restaurants, geschmückt von Blumenranken, verfeinern so manchen Straßenzug. Bei guter Sicht erkennt man die dann nah erscheinenden schneebedeckten Anden. Da macht Rumsitzen Spaß. Knappe 30 Grad fühlen wir täglich und so erscheint die Stadt noch lieblicher für uns. Es gibt auch alte Einkaufsviertel. Erinnerungen an Arabien erwachen, denn diese gleichen fast den arabischen Basaren. Sie sind bunt, lebendig und auch fast so chaotisch.

Das Haus der Familie Allende suchen wir recht lange. Es ist heute ein Museum. Als wir es endlich erblicken, ist es leider geschlossen. „In zwei Wochen soll es wieder offen sein", sagen uns die Studenten vom Café gegenüber. „Zu spät für uns. Leider. Da wollen wir schon über die Anden sein."

„Dann zieht euch aber dicke Jacken über und vergesst die Schneeketten nicht!"

„Warum Schneeketten?", fragt Gi.

„Der Pass ist nur bis Ende April, Anfang Mai offen. Dann fällt dort der erste Schnee."

Bevor wir radelnd die Küssstadt verlassen, kaufen wir noch ein Spanisch-Wörterbuch, denn in Südamerika spricht nur selten jemand englisch, geschweige denn arabisch. Und als wir schließlich in Richtung der Berge pedalen, rufe ich Gi zu: „Wenn du eine alte Frau mit lila Haaren siehst, recke die Faust nach oben und halte unbedingt an!"

„Warum?"

„Vielleicht ist es Margot Honecker? Die ist doch mit ihren lila Haaren und dem Erich nach Santiago abgehauen."

„Da hat sie sich wirklich eine schöne Stadt ausgesucht", höre ich weit hinter mir.

Wo die Welt zu Ende ist

Die Ureinwohner Chiles nannten ihr Land einst „Chili". Das hat aber nichts mit der scharfen Schote zu tun. Aus der Sprache der Aymara (indigenes Volk Südamerikas) hergeleitet bedeutet es so viel wie „Land, wo die Welt zu Ende ist". Mein auserwählter Pass über die Anden war vor langer Zeit ein Inkapfad. Tagelang sehen wir die schneebedeckten Gipfel immer im Osten. Die Straße führt uns Richtung Norden. Santiago liegt auf 800 Metern Höhe.

„So um die 2500 Höhenmeter müssen wir erradeln", flüstere ich Gi zu. „Na gut, es sind nur noch um die 2000 Höhenmeter. Einiges haben wir ja schon …"

„Ist auch schon spürbar kälter", stellt Gi sogleich fest.

Erst in der Nacht ist es dann wirklich kalt. Und die nächsten Nächte werden noch kälter. Mit den Worten „Schlaft doch im Haus. Wir haben eine Heizung!" wollen uns Armando und seine Freundin Belinda überzeugen, nicht in unserem Zelt zu übernachten. Es steht in ihrem großen Garten. Vor vier Stunden haben wir es aufgebaut. Armando hat uns von der steilen Straße abgefangen. Plötzlich hielt er mit seinem dicken Auto neben uns.

„500 Meter, dann links die Piste rauf. Bei den Pferden seht ihr mein Holzhaus. Ihr könnt, wenn ihr wollt, dort die Nacht verbringen. Willkommen in Chile!", waren seine Einladungssätze.

Heiß geduscht haben wir, lecker Salat gegessen und nun schon zwei Stunden erzählt.

„Wir haben Schlafsäcke und so kalt ist es ja noch nicht. Oben beim Tunnel wird es weit kälter sein."

Belinda nickt.

Bei einem letzten Glas Wein erzählt uns Armando von seinem Traum. „In ein, zwei Jahren werde ich zwei meiner Pferde satteln. Ein, zwei Jahre auf dem Rücken meiner Pferde, das stelle ich mir gut vor." Das Wort „Freiheit" fällt oft dabei. Bis Brasilien reicht sein Traum. Ohne Belinda. Belinda mag zwar Pferde, doch: „Zwei Jahre wären mir viel zu lang", stellt sich nüchtern fest.

Am Morgen rufen wir zum Holzhaus: „Danke für alles!" und „Möge dein Traum in Erfüllung gehen, Armando!"

Nur ganz selten pedalen wir wirklich. Schieben ist Tagesgeschäft.

GRENZENLOS

„Passt auf euch auf!", hören wir wenig später.

Drei Tage noch quälen wir uns rauf. Nur ganz selten pedalen wir wirklich. Schieben ist Tagesgeschäft. Bereits am Nachmittag, wenn wir uns einen geeigneten Platz fürs Zelt suchen, kühlt es immer gnadenlos ab. Sobald die Sonne verschwindet, spüren wir gleich die Kälte. Wir mummeln uns zwar ein, doch am Morgen sind wir durchgefroren. Ich quäle mich als Erster auf und mache Feuer. Erst wenn der Kaffeeduft in Gis Nase zieht, kommt Bewegung in unser Lager. Mit neuer Kraft schieben wir dann die Räder wieder stundenlang. 30 Haarnadelkurven zähle ich am Stück. Gi klagt über Kopfschmerzen.

Nach zahllosen unendlich steilen Kehren liegt plötzlich eine lange Senke vor uns. „Siehst du den Radler da vorne?", frage ich.

Der Radler ist Amerikaner. Er hat gut Lachen, denn der Pass liegt bereits hinter ihm. Ich versichere dem Radelkollegen: „Auf den nächsten hundert Kilometern geht es nur bergab." Darüber freut er sich noch mehr.

„Bis zum Tunnel ist es nicht mehr weit, vielleicht 20 Kilometer – allerdings steigt die Strecke noch weiter an", sagt er zum Abschied.

Am nächsten Morgen brauchen wir noch weitere zwei Stunden bis zum Tunneleingang. „Túnel del Cristo Redentor 3185 m" steht da geschrieben. Hechelnd schauen wir in seinen Schlund.

„Wartet!", ruft plötzlich ein Mann aus einer kleinen Hütte neben der Straße. „Ich hole das Auto. Ihr dürft hier nicht mit den Fahrrädern durch."

„Hier beginnt Argentinien", sind seine Worte in der Tunnelmitte.

Auf der anderen Seite hilft er uns, die Räder von der Ladefläche zu wuchten. Auf meine Frage nach der Grenzabfertigung antwortet er: „Da, die Straße müsst ihr weiter rauf. Es sind nur noch wenige Kilometer, dann geht es bergab – und 25 Kilometer weiter unten seht ihr ein großes Haus aus Beton. Dort müsst ihr unbedingt halten, denn da wird der Pass gestempelt."

„Warum erst dort?"

„In einigen Wochen liegt hier oben Schnee und es wird immer kälter. Grenzbeamte mögen keine Kälte."

„Logisch!", sagt Gi mit spitzer Zunge in meine Richtung.

„Was kostet der Tunnelspaß?"

„Nichts", ist die unerwartet erfreuliche Antwort.

Ich möchte ihm ein Trinkgeld reichen.

„Brauch ich nicht. Ist meine Arbeit", brummelt er, steigt dabei schon wieder in sein Auto und ist Sekunden später verschwunden.

Noch genau drei Stunden pedalen und schieben wir, bis die sehnlich erwartete Abfahrt endlich beginnt. Ich habe zwar keinen Höhenmesser, schätze aber so um die 3500 Meter.

„Am Morgen habe ich zwei Tabletten genommen, aber

meine Kopfschmerzen hören einfach nicht auf. Was mach ich nur?", klagt Gi.

„Radle zu! Jetzt geht's sehr lange runter, immer runter. Ich komme gleich nach. Die Höhe ist an deinen Schmerzen schuld. In zwei Stunden wird alles besser sein, vermute ich."

Der Juncal mit seinen 5953 Metern Höhe scheint uns zu verabschieden. Er blickt mich verzaubert mit seiner weißen Schneehaube an. Alles wirkt irgendwie surreal auf mich. Wo die Welt zu Ende ist, sind wir mittendrin. Schöne, aber harte Tage waren das.

ARGENTINIEN

BERGAB IN DIE PAMPA

Die Abfahrt vom Bergpass hat es zu Beginn gewaltig in sich. Gute drei Kilometer fällt die Straße Angst einflößend ab. 71 km/h zeigt mein Tacho an. Neuer Rekord! Doch vor der nächsten Kehre muss ich abbremsen. Zum Glück wird dann die Strecke sanfter. Das erscheint mir wie ein Zeichen von oben, denn nur wenige Kilometer weiter radeln wir in Sichtweite des Cerro Aconcagua. Er bringt es auf stolze 6962 Höhenmeter.

„Pause!", ruft Gi.

Wir lassen die Räder einfach liegen,

laufen eine halbe Stunde Richtung Berg und sind begeistert.

Wir lassen die Räder einfach liegen, laufen eine halbe Stunde Richtung Berg und sind begeistert. Über eine Stunde schauen wir Berg. Die Luft ist klar. Gi atmet wieder besser. Alles passt. Unvergessliche Bilder speichern wir: Gletscher, Schnee, kleine weiße Wölkchen, stahlblauer Himmel, Bergwiesen, Bäche, lichtdurchflutete Seen, ein paar Blumen und viel Weite.

Nur wenige Kilometer weiter, in Puente del Inca, treffen wir auf die nächsten Fernradler in den Anden. Alice und Justin sind Kanadier – und überglücklich, den Pass geschafft zu haben. Wir können ihre Glücksgefühle unheimlich gut nachvollziehen. Die beiden sind von Santiago de Chile aus immer nur wenige Kilometer vor uns geradelt. Bis Kanada wollen sie noch kommen. Dafür haben sie ein knappes Jahr Zeit. Im Zwei-Sterne-Hotel von Puente steigen sie ab – und wir wenig später in unserem Zelt.

Vor Mendoza bleiben wir für zwei Nächte an einem See. Wir tanken Sonne, baden im herrlich klaren Wasser und schauen immer wieder zu den Andenbergen hoch. In der Stadt Mendoza mit ihren über 1 Million Einwohnern treffen wir – die Welt ist wirklich klein – Justin in der Haupteinkaufsstraße wieder. „Wo ist Alice?"

„Sie ist ganz schlimm krank und liegt im Hotel."

„Sag ihr gute Besserung von uns", entgegnet Gi.

„Langsam! Ich muss euch noch was sagen! In Argentinien, Bolivien und Peru ist das Dengue-Fieber ausgebrochen!"

Er spricht von Toten in diesen Ländern. „Wir haben die Schnauze voll! Wenn es Alice wieder besser geht, fliegen wir nach Hause. Ist uns zu gefährlich!"

Über Tafí del Valle wollen wir bis Salta in Nordargentinien radeln. Über 1600 Kilometer liegen vor uns. Die Route hat zwei Vorteile: Wir werden gut 1000 Kilometer durch die Pampa radeln, sehen linkerhand immer die Anden, dann kommen ein paar Berge und Salta ist greifbar. Und: Das Zusammenspiel Pampa und Anden macht mich happy.

„Wi, eine Straßensperre!", holt mich Gi aus meinen Gedanken.

„Die lassen uns bestimmt nicht durch. Wegen des Fiebers!"

Aber es gibt kein Problem für uns. Nur die Autos werden abgespritzt. Wir erhalten lediglich ein Blatt Papier, auf dem ein Monster-Moskito abgebildet ist. Über viele Tage und Hunderte von Kilometern begleiten uns die Sauger, begleiten uns die Handzettel – doch wir haben fast keine Angst. „Nur nicht stechen lassen!", hatte Gi gesagt. Und genau das versuchen wir.

Die Pampa ist die Korn- und Fleischkammer des Landes. Sie liefert alles, was der Argentinier so braucht. Argentinisches Rindfleisch genießt Weltruf. Dies ist berechtigt, denn es schmeckt vorzüglich – wie eigentlich fast alles hier. Nicht so vorzüglich und somit ohne Weltruf sind jedoch meist die argentinischen Arbeitgeber. „Können wir unser Zelt hier aufbauen?", fragen wir einen Pampa-Mann.

„Das geht nicht, ich muss erst den Patron fragen. Das Land gehört ihm."

„Dann zelten wir ein Stück weiter hinten", ist mein nächster Versuch.

„Nein, das geht auch nicht! Das Land gehört ebenfalls meinem Patron. Er ist aber gerade nicht hier. Es geht wirklich nicht!"

Noch heute ist es üblich, dass ganze Großfamilien in einem schäbigen Haus, oft sind es nur Holzhütten, auf dem Land eines Patrons leben. Ich glaube, in Europa nannte man das früher „Leibeigenschaft". Zudem sind argentinische Landarbeiter meist bei ihrem Patron verschuldet, denn diesem gehört oft auch der Dorfladen. Manche Landarbeiterfamilien tragen schon über Generationen auf den Feldern des Patrons ihre Schulden ab. Meist an den Dorfrändern sehen wir aber auch richtig große Häuser. Palmen stehen in den Gärten, dicke Autos parken unter Sonnenschutzdächern, der Rasen ist „englisch" rasiert und der Pool nicht zu übersehen. „Nur kein Neid, Wi! Der Patron muss ja auch irgendwo schlafen."

Zur Pampa gehört aber auch der Gaucho. Gauchos sind die berittenen Viehhirten. Auch sie arbeiten auf den Landgütern eines Patrons, dabei nehmen sie sich aber viele Freiheiten, denn sie ziehen von Landsitz zu Landsitz. Wo es ihnen gefällt, bleiben sie eine Weile. Meist schlafen sie unter freiem Himmel und verkörpern so weiterhin einen Mythos. Ungebundenheit und Freiheit sind ihnen sehr wichtig. Sie kümmern sich um das Vieh, markieren die Jungtiere, reparieren Weidezäune, treiben die Herden über lange Wege ins nächste Weidegebiet und fangen mit ihren Lassos ausgerissene Kühe wieder ein. Ein tellergroßer Hut, ein oft buschiger Schnauzer, ein weiter Poncho, Kalbslederstiefel, Pumphosen, lange Sporen und ein großes Messer (facón) im Gürtel gehören zu jedem ordentlichen Gaucho dazu. Erst in den dicht bewaldeten Bergen von Tafí del Valle sehen wir sie nicht mehr. Dafür begrüßt uns eine zauberhafte Landschaft.

Auf 3040 Metern Höhe – wir überqueren gerade einen Pass – sehen wir die ersten Alpakas. Wir schauen auf Tafí del

Alpaka in den Anden.

Valle hinab. Nebelfelder ziehen auf. Als wir vor dem Nebel flüchten, staunen wir mächtig: Kakteen, wie wir sie bisher nur von Bildern kannten, säumen hundertfach unseren Weg.

TOUR IN DIE WOLKEN

„Für Bolivien und Peru ist eine Gelbfieberimpfung vorgeschrieben. Wenn wir in diese Länder wollen, müssen wir
uns kümmern", sage ich zu Gi, schon bevor wir uns in Salta
la Linda einfädeln.

Dort angekommen, benötigen wir nur zwei Tage, bis uns
eine nette ältere Dame die „Gelbfieberteufelchen" in den
Arm spritzt und alle Daten sehr sorgfältig in unsere gelben
Impfausweise einträgt. Dann wünscht sie uns eine gute Reise. Wir staunen, denn sie verlangt für diese Dienstleistung
keinen Peso.

Gi fliegt für zehn Tage nach Deutschland zu ihrer Mutter,
denn sie hat sich in den letzten zwei Jahren sehr oft Sorgen
gemacht. Gi möchte ihr einfach nur zeigen: Ich bin noch immer gesund und munter, bitte mache dir keine Sorgen mehr!
Als Gis Mutter am Telefon hört, dass Gi in wenigen Tagen
zu Besuch kommen wird, freut sie sich riesig.

Ich will in der Zwischenzeit eine Tour in die nahen Berge
unternehmen. Das wird nicht einfach sein, denn auf
4000 Metern Höhe wird es recht kalt und die Luft dünn werden. Sofern ich es packe, will ich einige Tage in San Antonio
de los Cobres bleiben, somit den Altiplano bestaunen oder
ihn einfach nur verfluchen.

Drei niedrige Steinhäuser tauchen am Straßenrand auf.
Durch ein Fenster scheint schwaches Licht. Ich klopfe an

die Tür. Drei Frauen öffnen mir und bitten mich herein. Sofort zeigt eine auf einen Stuhl. Ich streife mir den Regenschutz und die Handschuhe ab, setze mich, schaue auf die Uhr und meinen Tacho: 19 Uhr ist es bereits. 93 Kilometer bergauf liegen hinter mir. Tausend Höhenmeter müssten es gewesen sein! Ich befinde mich im Dorfladen, verraten mir die Büchsenregale und die vielen Flaschen.

„Gibt es hier etwas zu essen?"

Als mich drei Spiegeleier aus einer gusseisernen Pfanne anlachen und ein Pott Kaffee meine Hände wärmt, frage ich mit Hilfe des Wörterbuches nach einer Schlafmöglichkeit.

„Nein, hier kannst du nicht schlafen!", antworten die Frauen lachend. „Wir sind Frauen und das hier ist der Dorfladen und die Dorfkneipe. Das geht wirklich nicht! Aber 200 Meter weiter steht ein großes Haus. Frag dort!"

Im Schein meiner Stirnlampe erkenne ich einen Schienenstrang. Ich laufe an ihm entlang, befinde mich wenig später vor besagtem Haus und klopfe an ein Fenster. Ein Mann mit einer Taschenlampe und einem Hund öffnet.

„Guten Abend! Kann ich hier schlafen?"

„Warte! Ich bin gleich zurück."

Das ist der erste Bahnhof, in dem ich schlafe, geht es mir durch den Kopf. Der Mann ist sehr nett. Er bringt mir eine Matratze und eine Wärmflasche und gemeinsam richten wir im Schein unserer Taschenlampen mein Nachtlager her. Auf die Wärmflasche ist er besonders stolz. Er hat sie selbst gemacht, indem er heißes Wasser in eine große Cola-Flasche füllte. „Es wird kalt hier!", sagt er mehrmals.

Einfach, aber genial, denke ich.

Am nächsten Morgen verspüre ich etwas unangenehm Feuchtwarmes in meinem Gesicht. Ich öffne die Augen und sehe eine große Hundeschnauze direkt vor mir. Erschrocken brülle ich sofort: „Raus, du Traumtöter!" Der Hund verschwindet tatsächlich durch die offene Tür. Die hatte ich wohl am Abend nicht richtig zugemacht.

Ich packe zusammen. Der Mann von gestern sitzt vor dem Bahnhof auf einer Bank. Daneben liegt sein Hund. Ich gebe dem Mann zum Abschied die Hand und schenke ihm eine kleine Salami. Dabei blicke ich auch auf seinen vierbeinigen Freund. Der Mann scheint zu verstehen, denn er lächelt. Am Bahnhofsgebäude ist ein Schild angebracht. 2111 Meter und 35 Zentimeter liegt der Ort über dem Meeresspiegel. Also habe ich gestern von Salta aus genau 911 Meter und 35 Zentimeter an Höhe erradelt.

Auf halber Strecke verschwindet die Bahnlinie in einem Seitental. Ich werde sie erst kurz vor San Antonio wieder begrüßen können. Es ist eine Schmalspurbahn, die früher zum Transport von Bodenschätzen aus den Silberminen und Kupferbergwerken in der Region benötigt wurde. Als die Erze abgebaut waren, gab es angestrengte Überlegungen, was nun mit der Bahnlinie geschehen sollte. 1972 startete der erste Touristenzug in die herrliche Andenwelt.

Es ist kalt, doch meine Handschuhe erfüllen zum Glück ihren Zweck und ich komme, wenn auch nur langsam, gut bergauf. Auch wenn die Sonne heute hinter den Wolken versteckt bleibt, so sind trotzdem die unterschiedlichsten Farben an den Berghängen erkennbar. Zu ihren Füßen rauscht ein glasklarer Fluss. Zwischen den Felsabschnitten erfreut sich mein Herz an Tausenden Kakteen. Bis zu sieben Meter werden diese gigantischen Stachler groß. Sie wachsen nur wenige Millimeter im Jahr. Einige von ihnen sind viele Hundert Jahre alt. Noch heute wird ihr Holz zum Hausbau verwendet. Zwischen den Kakteen und am Flusslauf wiegt sich Pampagras im Wind. Die Bergspitzen – irgendwo ganz weit oben von mir vermutet – sind nicht zu sehen, denn entweder gibt es bizarre Nebel an den Bergflanken oder Wolken hüllen sie ein. Am frühen Nachmittag schafft es die Sonne, für wenige Minuten meinen kalten Körper etwas aufzuwärmen.

88 Kilometer liegen hinter mir, als ich eine weitere Ortschaft erblicke. Etwa 25 Häuser verteilen sich im Halbrund vor einem kahlen Berg. In der Dorfkneipe frage ich nach Essen und einer Schlafmöglichkeit. Der Wirt zeigt mir einen großen Raum und legt dabei seine Hände an die linke Wange. Hier kannst du schlafen, bedeutet das. Der Boden besteht aus gestampfter Erde. Ich richte mir auf vier Tischen im großen Tanzsaal ein Nachtlager her. Dabei macht sich bei mir ein Bärenhunger bemerkbar. Erst zurück in der

Kneipe ziehe ich mir Gis Handschuhe aus. Es gibt wie üblich keine Heizung, kein offenes Feuer, es gibt einfach nichts Wärmendes – und im Moment gibt es noch nicht mal Licht! Die Kneipenbesucher haben dicke Jacken an, teilweise Wollmützen übergezogen und zwei der Männer tragen richtig dicke Handschuhe. Dies alles erkenne ich aber nur, da der Wirt beim Bedienen seiner „Geistergäste" mit der Taschenlampe in der Gegend herumfuchtelt.

„Haben Sie Schnitzel?"

Wie erwartet schüttelt der Wirt den Kopf, sagt etwas und verschwindet. Minuten später kommt er mit einem Korb voller Brot und einer Suppenschüssel zurück an meinen Tisch. Gerade als ich meine Notkerze anzünden will, damit ich auch sehe, was ich reinlöffeln werde, springt weit entfernt ein Motor an. Kurz darauf erhellen drei nackte Glühbirnen mühsam den Raum. Ich schaue sogleich in meine Schüssel. Und nach dem zweiten Löffel bin ich mir sicher: Die Suppe schmeckt köstlich! Es ist ein herzhafter Fleischeintopf mit viel Gemüse. Nachdem ich aufgegessen habe, bestelle ich mir eine zweite Suppe. Zum Schluss lecke ich den Löffel ab, ordere ein Bier und finde endlich die Ruhe in mir, um mir die Kneipe genauer anzuschauen. Sie ist in einem fürchterlichen Zustand: Abgeschabte Wände, kaputte Stühle, eine zerbrochene Fensterscheibe und ein Angst einflößendes durchhängendes Kaktusholzdach treiben meine Temperatur noch weiter in den Keller. Durch zwei Löcher im Dach erkenne ich aber etwas Positives: Ich kann die Sterne sehen. Die Wolken müssen sich verzogen haben. Die Kneipe ist fast voll. Meist trinken zwei, manchmal auch drei Männer zusammen ein Bier. Zwei Suppen hat hier sicher noch niemand bestellt, denke ich. Geht es mir doch gut! Nur sechs jüngere Leute fallen aus dem Kneipenraster. Sie sind noch nicht von den Härten dieses Lebens hier gezeichnet.

Drei Männer setzen sich zu mir. Sie reden ruhig, aber bestimmt auf mich ein. Ich verstehe zwar nur wenig, nicke aber oft. Dann lächeln sie. Ein Uraltradio wird eingeschaltet. Ich bestelle ein weiteres Bier und auch drei für meine Tischfreunde. Schließlich stehe ich auf, zahle und rufe dem Wirt zu: „Sag ihnen bitte, dass ich sehr müde bin. Gute Nacht, alle zusammen!"

Noch lange liege ich wach. Das Fenster hinter meinem Tischhochbett hat keine Scheibe. Ich stelle ein Brett davor. Mir ist kalt. Ich suche meine Handschuhe und ziehe mir ein zweites Paar Strümpfe über. Plötzlich höre ich ein kratzendes Geräusch. Ratten? Nein, das kann nicht sein. Ratten lieben Wärme und Dreck. Die sind alle in Indien. Nur wenig später sehe ich aber tatsächlich eine. Meine Gedanken waren falsch. Ratten lieben wohl auch irgendwie die Kälte.

Am Morgen wecken mich Frauenstimmen. Fast unwirklich dringen sie an meine Ohren. Ich nehme das Brett vom Fenster. Etwas Licht fällt herein. Nur Minuten später habe ich alles zusammengepackt, wasche mich halbherzig und trete in die Kneipe. Da sitzen um die 15 Frauen. Ich bin überrascht. Der Wirt erklärt mir sogleich, die Frauen machen einmal in der Woche das Dorf sauber. Bevor sie aber mit der Arbeit beginnen, frühstücken sie immer hier. Es sind noch recht junge Frauen. Als ich mich an einen Tisch setze, kichern einige. Alle haben große Tassen vor sich stehen und Brot in den Händen. Ich muss mich beim Bestellen nicht anstrengen, sondern tue es den Frauen gleich und tauche das Brot in den Kaffee. Doch erst bei der zweiten Tasse wird mir etwas wärmer. Wenn eine der Frauen die Kneipe verlässt, schieben sich von draußen dicke Nebelschwaden in den Raum. Bei dieser Gelegenheit schaut der Wirt ihnen immer aufs Hinterteil und ich erkenne an seinem Gesicht, ob sich der Blick auch lohnt.

An der Hauptstraße bemerke ich, dass mein Begleitfluss nur noch ein träger Bach ist und auch seine Farbe geändert hat. Der hat heute Nacht auch mächtig gefroren, denke ich. Zwei Stunden später hat die Sonne gesiegt. Sie hat die Nebel aufgeleckt. Ich trete für einige Zeit kräftig in die Pedalen. Dabei komme ich tüchtig ins Schwitzen, ringe nach Luft und kämpfe gegen vieles an. Die innere Kälte verliert sich. Ich versuche, tief und gleichmäßig zu atmen, doch die Höhe macht sich gnadenlos bemerkbar. „Bumm! Bumm! Bumm!", höre ich mein Herz verkrampft singen. Wenn ich es schaffen will, muss ich mich aufs Wesentliche konzentrieren. Dabei verfolgen meine Augen das graue Schotterband, bis es hinter dem nächsten Berg verschwindet. Ich kann es schaffen, wenn die Piste so bleibt und wenn ich mir selbst helfe! Besinnung und Buße, fällt mir dabei ein. „Das hat mir in der Vergangenheit schon oft geholfen", flüstere ich mir angestrengt selber zu. Beim Radeln hat man viel Zeit zum Nachdenken. Auch dies macht es ja so angenehm. Bergstrecken und Wind strengen an. Starker Gegenwind kann sogar eine echte Qual sein. Die Geschwindigkeit fällt dann oft um die Hälfte. In Gedanken schimpft man auf den Wind, auf die Haarnadelkurven oder den unheimlich steilen Anstieg, der einen zum Schieben zwingt. Beschäftigt man sich bei solchen Extremen zu intensiv mit den streng erscheinenden Härten, so verstärkt sich das eigene Leiden. Flüche werden ausgesprochen. Die intensive Beschäftigung mit den Anstrengungen kostet Kraft. Ein Leidenskreislauf beginnt. Dieser ist nicht gut, um vorwärtszukommen. Im Laufe der zwei Jahre, die wir nun schon unterwegs sind, habe ich durch viele Gedankenspiele erlernt, wie man den qualvollen Kreislauf durchbrechen kann. Nicht immer, aber doch recht oft hat es funktioniert. Alle möglichen Themen schwirren seitdem durch meinen Kopf. Sind die Umstände fürs Radeln besonders mühevoll, denn starker Wind bringt mich beispielsweise an den Rand der Verzweiflung, so betrachte ich den Wind als Strafe. Ich reise gedanklich zu einer Schuld von mir und versuche, diese restlos zu begreifen und aufzuarbeiten. Dadurch beuge ich mich dem Wind, dem Anstieg, der Kälte. Die Qualen werden von mir als Strafe akzeptiert, ich erlege sie mir gar selbst auf. Ich will ja Buße tun – und dies setzt oft ungeahnte Kräfte frei. Aber zum Glück gibt es nur höchst selten solche starken Windtage oder so steile Anstiege in dünner Luft wie heute. Die meisten Radeltage sind ganz normale Tage. Es sind Tage, an denen das Fahren einfach nur guttut. Und manchmal – die Landschaft ist dabei herrlich, das Wetter optimal, es gibt vielleicht sogar etwas Rückenwind und alle Blumen am Wegesrand verneigen sich vor mir – sind es unheimlich glückliche Tage.

Der Abra Blanca ist geschafft!

Nach 25 Buße-Kilometern stehe ich völlig erschöpft auf einer Anhöhe. Ich ringe nach Luft, bin kaputt und doch glücklich. 4080 Meter Höhe zeigt mir der Schriftzug auf einem verrosteten Schild. Der Abra Blanca ist geschafft!

Nun – der Pass ist zwar geschafft, doch wenig später steigt die Piste nochmals an. Und erst nach einer längeren Strecke liegt San Antonio unter mir. Ich bin in den Wolken angekommen. Für drei Nächte miete ich mich in einer kleinen Pension ein.

San Antonio de los Cobres ist keine schöne Siedlung. Dafür ist die Bergwelt, die sie umgibt, atemberaubend. Die Luft ist dünn, eiskalt und sie nimmt den Lungen viel Sauerstoff. Kraft sammelt mein Körper jedoch bei den täglichen Radelausflügen. Bis auf 4800 Meter Höhe quäle ich mich. Buße-Gedanken kommen dabei nicht auf. Viel Sonne, Salzseen, Alpakas, der schneebedeckte Nevado de Acay und die Gewissheit, dass ich meine kleine Heizquelle im Zimmer auf Dauerbetrieb geschaltet habe, versüßen mir die kalten Höhentage. Meine Gastgeberin reicht mir zum Abschied eine dicke Zeitung. „Du bist nicht der erste Radler in meinem Haus. Stopf dir unbedingt die Zeitung unter deine Jacke! Das hilft gegen die Kälte, wenn du bis Salta den Berg runterrast", sagt sie.

Und sie behält Recht! Zwei Tage kämpfe ich gegen die eisige Kälte bergab. Zwiebelmäßig ziehe ich mich dann im Dorfladen wieder aus. Die Zeitung überlasse ich den drei Frauen.

Zwei Tage später hole ich Gi vom Flughafen ab. Wir haben uns viel zu erzählen. „Es war echt schön da oben.

Knüppelhart, saukalt und doch herzerwärmend schön. Da ich dir aber für die nächsten Wochen die Kopfschmerzen ersparen möchte, habe ich schon mal zwei Bustickets für uns gekauft." Unsere Räder lassen wir im Hotel zurück.

BOLIVIEN

IM LAND DER GRENZAMEISEN UND WELTREKORDE

Von Salta aus fahren wir mit einem Nobelbus – er hat drei aufgeklebte, aber auch tatsächlich gefühlte Sternchen – bis zum Grenzort La Quiaca. „Ist die Luft hier dünn und kalt!", sagt Gi bereits kurz nach dem Ausstieg, hebt ihren Rucksack hoch und stöhnt ordentlich dabei.

„Wir sind ja jetzt auch 2000 Meter höher. Mach langsam, nimm dir Zeit!"

Vor dem eigentlichen Grenzübergang queren viele bepackte Menschen unseren Weg. Auf den ersten Blick scheinen sie uns recht unorganisiert – wie Ameisen. Schaut man aber genauer hin, dann erkennt man die Sinnigkeit ihres Tuns. Ameisenvölker sind ja auch absolut gut und logisch organisiert. 99 Prozent der Lastenträger im Grenzbereich sind Schmuggler und alle biegen kurz vor der Grenzabfertigung rasch zum Grenzfluss ab. Erst auf der anderen Seite der Grenze treffen wir sie wieder. Dort laden sie ihre Waren an den unzähligen Straßenständen ab. In der Mehrzahl sind es Frauen, die diese schweren Lasten schleppen. Über einen Zentner Gewicht tragen sie kilometerweit über Berg und Tal. Wir selbst kommen schon bei deren Anblick arg ins Schwitzen und ringen auf dieser Höhe bereits nach wenigen Minuten angestrengt nach Luft. Die bolivianische

Grenzortschaft Villazón ist ein einziges Schmuggelameisennest. Die Grenzbeamten auf beiden Seiten scheint dies jedoch nicht zu stören. Über einen Nebenverdienst, ob nun als Grenzbeamter oder als Schmuggler, regt sich in Südamerika niemand auf.

Bolivien wurde 1825 als Staat gegründet. Seitdem gab es über 200 Regierungen, was einen Verfallswert pro Regierung von unter einem Jahr bedeutet. Dies ist absoluter Weltrekord und lässt auch den Laien die Instabilität dieses Landes erkennen. Anfang der 80er Jahre gab es Inflationsraten von bis zu 35 000 Prozent (!) im Jahr. Auch dies ist weltrekordverdächtig. 8 Prozent der Männer und erschreckende 20 Prozent der Frauen im Land können nicht lesen und schreiben. Nur 60 bis 80 Prozent der Mädchen werden überhaupt eingeschult. 70 Prozent der Einwohner verfügen nicht über sauberes Trinkwasser. Die Versorgung mit Lebensmitteln und die hygienischen Zustände sind schlecht – ein Grund, warum Bolivien das Land mit der höchsten Kindersterblichkeitsrate Südamerikas ist. „Ausnahmezustände sind durchaus keine Ausnahme", sagt man uns bereits an der Grenze. „Oft werden auch Straßen blockiert, um politische Forderungen durchzusetzen. Plant Wartezeiten ein!" Dass hier die Uhren etwas anders ticken, ist uns also vorher durchaus bekannt, doch wird uns im Laufe der Tour noch so manch bolivianische Eigenart überraschen …

Die erste uns ständig begleitende Eigenheit ist die Kälte.

Unser Schrottbus – er bringt uns in acht Stunden auf grausamsten Schotterpisten bis Uyuni – ist nicht beheizt. Es ist wirklich kalt – denken wir. Doch in Uyuni bekommen wir mit: Es geht noch kälter! Der Nachtfrost ist für uns fast tödlich. Und auch im Billighotel macht nicht die kleinste Heizquelle die Kälte erträglicher – die zweite Eigenheit hier. Es ist Ende Juni 2008, somit Winterzeit in diesen Breiten. Die Durchschnittstemperatur für das Nest am Rande des Altiplano auf 3700 Metern Höhe wird mit 5 Grad Celsius angegeben.

Von der „Fischinsel" aus blicken wir über den größten Salzsee der Erde,

den Salar de Uyuni.

„Schau, Wi, es sind 21 Grad minus!"

„Ja, ich sehe es. Ist doch normal. Es ist ja schon Abend."

Wir halten die Eskimonächte irgendwie aus. Die Tage wirken auf uns in der Mittagszeit, sofern die Sonne scheint, angenehm warm. 20 gefühlte Grad heizen unendlich auf.

„Warum wolltest du in diesen Kühlschrank, Wi?"

„Wirst du morgen sehen."

Was wir sehen, ist überwältigend: Von der „Fischinsel" aus blicken wir über den größten Salzsee der Erde, den Salar de Uyuni. Er misst 160 Kilometer in der Länge und 135 Kilometer in der Breite. Die Höhe seiner Salzkruste variiert stark, sie soll jedoch an einigen Stellen bis zu 30 Meter mächtig sein.

„Wow! Ist das eine Aussicht!", ruft Gi entzückt. Zwischen riesigen Kakteen hindurch schauen wir auf einen Vulkanberg, der weit, sehr weit entfernt am Rande dieses schneeweißen Fleckens Erde liegt. Und eines ist uns klar: Der Salzsee ist neben dem Kältehoch unser Naturhoch in Uyuni.

Richtung La Paz fahren wir mit dem Zug, dessen Heizung aber bis Oruro nur Kaltluft ausbläst. Die Tage in Oruro sind nur einem Wunsch geschuldet, denn die Bergarbeiterstadt auf wieder einmal über 3700 Metern Höhe ist keine typische Touristenstadt – und doch hat sie etwas, was uns magisch anzieht: Es gibt da nämlich ein paar heiße Quellen. Stundenlang sitzen wir darin, tauchen unter, tauchen auf und bilden uns ein, dass die Wärme nun für immer in uns gespeichert sei.

Mit dem nächsten Schrottbus quälen wir uns nach La Paz. Von La Paz war mir vorher nur Folgendes bekannt: Es ist die

Der Kessel von La Paz.

größte Stadt in Bolivien und auch Sitz der Regierung. Die offizielle Hauptstadt ist es aber nicht, das ist Sucre. La Paz soll für uns nur eine Zwischenstation auf dem Weg zum Titicaca-See werden. Wir bleiben dann aber doch länger, denn schon bei der Anfahrt – oder besser: bei der Abfahrt nach La Paz – wird mir schnell klar: Die Stadt verdient mehrere Tage!

Die Metropole (etwa 800 000 Einwohner) schmiegt sich in einen fast kreisrunden Kessel mit überaus steilen Rädern. Der Kesselboden befindet sich auf einer Höhe von 3200 Metern. Fast eintausend Höhenmeter schieben sich die Ränder nach oben. Kreisrund kleben auch die backsteinroten und oft unendlich verschachtelten Häuser an den Hängen. Die Stadt wird von den vier mächtigen Gipfeln des Illimani (6439 Meter) beherrscht; er ist nicht nur der zweithöchste

Berg Boliviens, sondern auch das unübersehbare Wahrzeichen von La Paz. In den schmalen Gassen, auf den Treppen, die in Serpentinen die Hänge hinaufführen, in den Höfen und vor den kleinen, verschachtelten Häusern ist Leben, sind Gerüche, ist ein Treiben, ist auch Ruhe und sind kleine Oasen mit Grün. Die Hangviertel sind die Viertel der armen Menschen. Davon gibt es leider viel zu viele in La Paz. Garküche steht da an Garküche. Fast jedes Häuslein hat einen Laden. Schuhputzer sitzen an den Ecken und halten Ausschau nach schmutzigem Schuhwerk. Ganze Straßenzüge gleichen einem arabischen Basar. Vor den Läden reihen sich aber auch unzählige Bretterbuden auf. Kinder und Männer bieten aus Bauchläden Schnürsenkel, Kaugummi, Zigaretten und vieles mehr an. Kneipen mit nur einem Tisch und zwei Sitzbänken sind keine Seltenheit. Wir schlendern viel durch diese hohen Basarviertel. Ständig gibt es etwas Neues zu entdecken. Wir durchstreifen auch die Gasse der Wahrsager und Wunderheiler, eine Aufreihung unzähliger Hütten. Diese sind vollgestopft mit Cocablättern, Salben, Tabletten, Cocapulver, Vogelfedern, ausgestopften Schlangen, Tierpfoten, Tigerfellen, Holzspänen, billigen Gipsfiguren, geraspelten Wurzeln, Käfern, Wässerchen in allen Farben, Lamaföten und Sachen, die wir einfach nicht enträtseln können. Aber egal, wo am Kesselrand wir uns befinden, es gibt immer einen Blick nach unten. La Paz hat viel zu bieten. Wenn die Sonne untergeht, schieben sich ihre letzten wärmenden Strahlen nach oben und der Rand erstrahlt für kurze Zeit in herrlich gelben und rötlichen Tönen. Nur Minuten später gleicht die Stadt einem Lichtermeer und die ersten Sterne verschmelzen mit dem aufsteigenden Funkeln zu einem glitzernden Ball. Spätestens dann wird es Zeit, den Kesselrand zu verlassen, denn La Paz soll – zumindest in den Vierteln an den Hängen – zur Nachtzeit nicht ungefährlich sein.

Tage später bringt uns ein Nachtbus nach Puno in Peru.

Peru

„Der war wirklich sehr gross!"

In Puno am Titicaca-See finden wir ein hervorragendes Sonnenscheinzimmer für einige Tage. Die relativ große Stadt liegt an einer weiten Bucht. Zwei hohe Berge versperren die Sicht nach Westen. Steigt man die Gassen zwischen den Steinhäusern hinauf, so eröffnet sich ein schöner Blick über den See. Was dabei sofort auffällt, ist der breite Schilfgürtel in der Bucht. Dort leben die Seenomaden. Natürlich ist schnell klar, dass wir uns die schwimmenden Inseln und die Schilfboote ansehen werden. Unser Fazit: Alles durchaus interessant, doch was die Inka nie geschafft haben, nämlich die Seenomaden zu unterwerfen, der Massentourismus hat es hinbekommen: Die Seenomaden haben sich dem globalen Geschäft unterworfen.

Viele Tage später kommen wir in Cabanaconde auf 3300 Metern Höhe zu unserem Frieden mit Peru, denn der vorangegangene Touristennepp gibt uns arg zu denken und machte uns Peru nicht unbedingt sympathischer. Die Ortschaft liegt an einer wunderschönen Schlucht. Hier kann man mit etwas Glück Kondore sehen. An einem Tag wandern wir die Schlucht hinunter. Tausend Meter runter und tausend Meter wieder rauf! Wir sind fix und fertig an diesem speziellen Wandertag. Kondore sehen wir nicht. Am nächsten Tag – wir sind noch immer irgendwie fertig – hängen wir einfach nur ab. Keine hundert Meter laufen wir am Stück. Bei einem dieser kurzen Spaziergänge sehen wir zwei von den gewaltigen Vögeln. Der Andenkondor ist eine Geierart und bringt es auf unglaubliche 3,20 Meter Flügelspannweite. Damit ist er der größte Greifvogel der Erde. Auch Schafe gehören auf seinen Speisezettel.

Gerade als wir wieder ins Dorf zurücklaufen wollen, ruft mir Gi zu: „Dreh dich schnell um! Da kommt ein ganz großer direkt auf uns zugeflogen!"

Der war wirklich sehr groß!

Ich blicke durch den Sucher meiner Kamera, drücke schnell auf den Auslöser und höre dabei den Wind durch sein Federkleid rauschen. Es ist ein gewaltiges Gefühl von nur wenigen Sekunden. Momente später ist der mächtige Kondor am Rand der Schlucht gegenüber zwischen Felsvorsprüngen verschwunden.

„Der war wirklich sehr groß!"

„Ja, Wi. Hätte ich nie gedacht!"

In Cabanaconde fühlen wir uns wohl. Hier stinkt es nicht nach Betrug, überhöhten Preisen und Touristennepp. „Wart ihr schon in Cusco?", hören wir sehr oft. Die Hälfte der fragenden Traveller warnt uns jedoch davor. Abzocke, Tausende Touris und Nervenkrieg, das sind die Schlagwörter. Schon in Arequipa hatten wir uns überlegt, Cusco zu besuchen, doch schnell wurde uns bewusst, es geht hauptsächlich um unsere Knete. Nur drei Tage haben wir es dort ausgehalten.

Wir müssen nicht lange nachdenken, wie unsere Reise weitergehen soll, die Busfahrer nehmen uns die Entscheidung ab. „Streik" heißt das Zauberwort. Kein Bus fährt mehr. Bis nach La Paz schlagen wir uns per Anhalter durch. Die Sehnsucht nach unseren Stahlrössern ist dabei groß. In La Paz, welches wir ins Herz geschlossen haben, hoppeln wir mit einem Minibus auf 5300 Meter Höhe. Dort gibt es eine Berghütte. Man kann, sofern man es möchte, von dieser Hütte aus noch weit höher bergauf steigen. Ich möchte! Gi ringt aber schon stark nach Luft und hat starke Kopfschmerzen. Für sie geht es heute nicht weiter.

Ich steige allein höher. Meter für Meter komme ich recht

Ich befinde mich auf 5897 Metern.

gut voran. Mir geht es sehr gut dabei. Nur wenn ich mehr
Tempo machen will, spüre ich Schmerzen in den Beinen,
das Herz pocht schneller und die Landschaftsbilder werden
unscharf. Ich versuche, ein für mich verträgliches Maß zu
finden. Es klappt und ich fühle mich wohl. Auf einer Berg-
kuppe ist in einem Fels die Höhe eingeritzt. Ich befinde
mich auf 5897 Metern. Der eigentliche Gipfel (6008 Meter)
ist schneebedeckt und greifbar nah. Ich muss ihn nicht haben, gestehe ich mir ein.

PARAGUAY

UNBEKANNTES PARAGUAY

In Salta bekommen wir die uns traurig erscheinenden Fahrräder zurück. „Da sind sie ja!", rufe ich freudig und streichle
über den verstaubten Sattel. „Fast zwei Monate habt ihr
warten müssen!"

Schon zwei Tage später springen wir auf und radeln wieder knapp tausend Kilometer durch die argentinische Pampa. Nach Wochen extremer Nachtkälte hatten wir eigentlich
Pampawärme erwartet. Darauf müssen wir jedoch noch lange warten, denn am Morgen herrscht sogar drei Mal Frost
und unser Zelt ist mit einer leichten Eisschicht überzogen.
Gegen Mittag klettert das Thermometer zum Glück immer
auf über 20 Grad und somit vertrösten wir uns morgens
beim Aufstehritual auf die Stunden am Nachmittag.

Die Pampastraße mit der Straßennummer 16 werden wir
sicher nie vergessen, denn sie führt uns über einige Hundert
Kilometer immer schnurgerade durchs Land. Die Straße
wirkt wie mit dem Lineal gezogen. Erst kurz vor dem Río Paraná ändert sich die Landschaft und somit auch die uns zum
Ende hin recht langweilig erscheinende Straßenführung. Immer in der Nähe des Flusses pedalen wir gut 200 Kilometer
bis Posadas. Der Río Paraná selbst überrascht uns mit seiner
Breite. Auf der anderen Seite befindet sich Paraguay – unser

Lagerplatz an der Pampastraße Nummer 16.

nächstes Ziel. Nur wenig später sind die Stempel in unseren Pässen.

Die Grenzstadt Encarnación ist eine vergammelte Schmugglerhochburg. Sie macht den Eindruck wie so viele andere Schmuggler- und Grenzstädte dieser Welt. Sie ist überaus schmutzig, in der Nacht mit Vorsicht zu genießen und versprüht den intensiven Geruch von Prostitution, Gaunereien, Betrug und viel Armut. Nur für eine Nacht bleiben wir an diesem Ort. Das Frühstück im Billighotel ist standesgemäß mäßig und so nehmen wir nur wenig später in einem Dorf unser zweites Frühstück ein. Der Bretterbudenkneipenbesitzer ist überaus begeistert von uns deutschen Frühstücksradlern. „Kostet nichts. Ist eine Einladung", sagt er zwei Mal, als ich bezahlen will. Wir sind völlig überrascht, denn dies ist uns schon lange nicht mehr passiert.

„Lass mich bezahlen!", bohre ich nach und versuche zu erklären: „Euch geht es doch nicht besonders gut. Ihr braucht das Geld!"

„Ich habe mich wirklich gefreut. Ist echt eine Einladung. Mir geht es ganz gut."

Ich stecke die Börse in die Lenkertasche.

„Mach das nicht! Verstecke dein Geld am Körper! Mir geht es gut, aber vielen anderen geht es nicht gut. Passt auf euch auf!", sind seine Abschiedsworte.

Das dabei vermittelte Gefühl verstärkt sich auf den nächsten Kilometern, denn die vielen Dörfer entlang der Straße wirken alle recht einfach gestrickt. Die Landschaft ist aber lieblich. Nach den vielen Pampawochen ein Augenschmaus. Leichte Hügel durchziehen das Land. Manche sind gar mit Bäumen bewachsen oder saftigen Wiesen beziehungsweise dienen als Ackerflächen. Die Menschen sind freundlich. Sie winken uns oft. Am meisten sind die armen Leute mit Winken beschäftigt. Sie hausen direkt an der Straße in einfachsten Unterkünften. Diese „Unterkünfte" sind jedoch keine Häuser. Es sind meist kleine Bretterhütten, Folienzelte oder auch Verschläge aus Plastikplanen. Sie dienen als Schutz gegen den Regen. Vor diesen Behausungen springen oft Schweine umher. Allerdings kommen sie nicht an unsere Radel, denn jedes ist mit einem Seil am Bein angebunden.

Die Hühner haben es da weit besser. Sie springen einem schon mal direkt vors Rad. Zum Glück scheint täglich die Sonne.

„Bei Sonnenschein wirkt so manches erträglicher", sage ich.

„Ja, komisch ... Armut wirkt dann weniger arm ..."

Es ist gut so mit der Sonne in Paraguay, denn bis zum Grenzübertritt nach Brasilien werden wir immer wieder an solchen Hüttendörfern vorbeiradeln. Die zweite Paraguay-Nacht verbringen wir in einer Herberge, die so armselig wirkt wie die Siedlung selbst. Dort erzählt man uns: „Paraguay ist aber auch anders!"

Die Erzähler haben recht, denn schon am nächsten Tag durchradeln wir eine hübsch wirkende Kleinstadt. Armut ist hier nicht sichtbar.

„Hohenau!", rufe ich Gi zu. Klingt irgendwie deutsch, geht es mir dabei durch den Kopf. Wir finden für einige Kilometer eine völlig andere Welt vor. Kleine, schmucke Häuser kämpfen dabei um den Schönheitspreis. Alle haben einen Vorgarten. Blumen neigen sich darin im Wind und grüner Rasen lacht uns entgegen. Alle Straßen sind geteert. Die Hohenauer Tankstelle und Autowaschanlage könnte so auch in Sonneberg stehen. Die Schule, der Kindergarten und die Kirche wirken zeitnah frisch gestrichen. Der Bankautomat spuckt ohne Probleme den gewünschten Geldbetrag aus. Straßen und Gassen haben einen Namen. Diese Namen sind für uns sogar leicht lesbar, denn neben den spanischen gibt es auch deutsche Schriftzüge. Ich frage in einem Hotel, es könnte so auch in den Alpen stehen, nach den Zimmerpreisen.

„Hohenau ist eine deutschsprachige Gemeinde. Hier leben die Nachfahren von Deutschen, Österreichern und Schweizern. Die Ersten kamen vor gut 150 Jahren. Alle Kinder lernen in der Schule Deutsch. Es gibt natürlich auch eine Feuerwehr", redet die junge Frau wie ein deutscher Politiker auf mich ein. „Ach ja, der Preis für das Superzimmer beträgt 50 Euro!"

„Wow! Sogar deutsche Preise hier!"

„Nein, einfach nur Qualität. Aber für euch mache ich es 10 Euro billiger", versucht sie mich einzufangen.

„Ist uns echt zu teuer."

Die Kleine ist nett. „Radelt nur fünf Kilometer weiter, dann rechts, dann links – und dann seht ihr es schon. Das kleine Hotel gehört auch einer deutschen Familie. Es ist aber weit billiger."

Es tut gut, wenn man in der Ferne mal alles auf Deutsch gesagt bekommt.

In dem kleinen Hotel nehmen wir ein Zimmer. Alle in der Familie sprechen deutsch. „Wie geht es euch in Paraguay?", frage ich.

„Wir sind zufrieden."

„Kennt ihr Deutschland?"

„Auch wenn es unser Traum ist, in Deutschland waren wir noch nie. Immer kam etwas dazwischen. Die Kinder, der Hotelbetrieb und die harte Landwirtschaft sind schuld. Zwei Ernten bringen wir im Jahr ein. Die letzten zwei Jahre waren aber schlecht. Es gab zu wenig Regen. Regen ist wichtig. Wir wollen aber nicht klagen."

Am nächsten Morgen bekommen wir ein Frühstück der deutschen Art. Der Radlermagen begreift es erst gar nicht so recht. Beim Abschied zeigt uns die Oma der Familie einige Städte und Dörfer auf meiner Straßenkarte. Zu jedem Namen erschallt ein deutscher Kommentar. „Dort müsst ihr unbedingt halten. Es ist die schönste deutsche Gemeinde in Paraguay. Eisbein und Sauerkraut gibt es da. In der Stadt müsst ihr auch halten – noch besser: gleich dort schlafen. Die besten Herbergen. Der beste Kuchen. Das beste Bier. In dieser Gemeinde leben Italiener. Guter Wein und Eis – Spaghetti-Eis! Und in der Gemeinde leben viele Japaner. Da radelt ihr am besten durch, denn die essen ja nur den eingerollten Fisch." Dabei tippt sie immer wieder mit ihrem Zeigefinger auf die Namen der großen Landkarte. Die Informationen sind reichlich.

„Tausend Dank!"

Nach fünf Tagen sind wir in Ciudad del Este. Auf dem Weg dorthin durchradeln wir so manche deutsche Gemeinde, so manches Hüttendorf, sehen italienische Weinwerbung und japanische Restaurants. Dabei sind wir immer wieder sprachlos, wie unterschiedlich doch die Lebensformen in Paraguay sein können. Der Kontrast ist überaus groß.

Ciudad del Este ist eine Grenzstadt im Länderdreieck Paraguay, Argentinien und Brasilien. In den Río Paraná fließt dort der Río Iquacú. Argentinien und Brasilien teilen sich an diesem Fluss die wohl schönsten Wasserfälle der Erde. Ciudad del Este in Paraguay hat von der einmaligen Naturschönheit der nahen Fälle jedoch touristisch keinen Nutzen. Die Stadt ist eher als Einkaufs- und Handelszentrum bekannt. Die City hat wegen der zahlreichen Stände fliegender Händler den Charakter eines Basars. Aber nur ein Teil dieses Treibens ist legal, das meiste basiert auf dem Schmuggel mit den Nachbarländern. Auch werden sehr viele gefälschte Markenartikel verkauft. Aus der kleinen, verschlafenen Gemeinde wurde – dem Konsum sei Dank – in nur wenigen Jahren eine Großstadt. Das Ziel war erreicht! Doch um welchen Preis? Ciudad del Este ist trotz vieler Bemühungen keine schöne Stadt. An Elendsvierteln radeln wir vorbei ins Zentrum. Schmutzige Kinder winken und rufen. Betrunkene Männer spielen lauthals Karten und Frauen knien über Waschbottichen vor ihren Holzhütten.

Im „Salzburger Hotel" werden wir schnell handelseinig. Man spricht deutsch. Auf der Speisekarte steht Eisbein mit Sauerkraut und „Paulaner" gibt es zum Runterspülen. Nach nur gut 300 Kilometern in Paraguay ist Brasilien greifbar nahe.

BRASILIEN

BRASILIEN, EIN LAND DER VIELFALT UND WIDERSPRÜCHE

Alles ist groß, alles ist sauber und vieles ist grün in Foz do Iguaçu. Nach dem paraguayischen „Gaunerhausen" sind wir im brasilianischen „Touristhausen" eingeradelt. „Touristhausen" ist eine angenehme Erscheinung. Neben den zahlreichen verschiedenen Hautfarben der Menschen, das fällt uns als Nächstes auf, muss es auch eine Vielfalt an Kulturen geben, denn auf unserem kurzen Weg bis zur Stadt pedalen wir an einem chinesischen Friedhof und einem buddhistischen Tempel vorbei. Am Stadtrand ist eine große Moschee unübersehbar. Im Zentrum behaupten aber die Kirchen ihre absolute Vormachtstellung. Wir haben ein gutes Gefühl bei diesen ersten Berührungspunkten mit Brasilien.

Die Frau des ehemaligen US-Präsidenten Franklin D. Roosevelt soll beim Anblick der Iguazú-Wasserfälle gesagt haben: „Poor Niagara!" Wir können ihr nur Recht geben, denn die größten Wasserfälle der Erde sind wohl auch tatsächlich die schönsten. Auf einer Breite von 2,7 Kilometern rauschen die Wassermassen in 255 Einzelfällen bis zu 82 Meter in die Tiefe. Der größte ist der u-förmige „Teufelsschlund" („Garganta del Diablo"), eine 150 Meter breite und 700 Meter lange Schlucht. Die stürzenden Wassermassen, deren weithin hörbares Brüllen, das Dschungelgrün, die weißen Wolken, der blaue Himmel, die Millionen von Wassertröpfchen und gigantische Regenbögen gleichen in ihrem Zusammenspiel einer einzigartigen Naturinszenierung.

Über zahlreiche Hügelketten pedalen wir immer Richtung Sao Paulo. Eine tolle Landschaft, die Menschen sind in der Regel nett und zu unserer Freude werden wir auf dem Weg auch immer mal wieder auf Deutsch befragt und können somit auch auf Deutsch antworten. Auch nach Blumenau werden wir eingeladen, doch ist uns der Umweg zu weit. 500 Kilometer müssten wir radeln, um zur deutschesten Stadt von ganz Brasilien zu gelangen – mit Fachwerkhäusern, Lederhosen und Dirndl, Eisbein und Sauerkraut. Sogar Schützenvereine und das zweitgrößte brasilianische Volksfest, das Blumenauer Oktoberfest, soll es da geben. Uns treibt es jedoch zur Küste.

„Geschafft! Vor drei Wochen waren wir noch an den Wasserfällen und jetzt liegt der Atlantik vor uns!"

„Wurde auch Zeit", sagt Gi und wir beide bestaunen dann, was vor uns liegt. Brasilien hat fast 8000 Kilometer Küste (Angaben variieren). Bei dieser Länge ist natürlich Vielfältigkeit angesagt. Jede nur vorstellbare Küstenstruktur ist vorzufinden. Steilküsten wechseln sich mit breiten Sandstränden ab. Es gibt im Norden sogar Wüstenstrände. Dünen von über 100 Metern Höhe sind keine Seltenheit. Da an der brasilianischen Küste alles möglich ist, erleben wir auch öfter den Traum aller Radelfreunde: Es gibt nämlich

Die Frau des ehemaligen US-Präsidenten Franklin D.Roosevelt

soll beim Anblick gesagt haben: „Poor Niagara!"

Strände, die durchaus sehr gut zu beradeln sind.

Auch Wasserdurchquerungen nehmen uns nicht die Freude am Strandradeln.

Teilweise pedalen wir bis zu 30 Kilometer am Stück auf solchen Sandpisten. Das funktioniert aber nur, wenn die Strandabschnitte flach auslaufend sind und der Sand durch das Wechselspiel der Gezeiten ordentlich gepresst wurde. Auf solchen Teilstücken können wir manchmal sogar durch das flache Meerwasser radeln. Nur wenn wir stehen bleiben, sinken die Reifen langsam ein. Sind wir aber in Bewegung, ist es eine wahre Radelfreude. Mit etwa 15 km/h flitzen wir auf den Sandpisten dahin – und wir fühlen uns gut dabei. Vor uns liegt der lange, endlos erscheinende Strand. Rechts spielen die Wellen im Wind. Von links verneigen sich die Dünen und vereinzelte Palmen scheinen uns ebenfalls zu grüßen.

Rio

Wochen später treffen wir in Rio de Janeiro ein. „Es gibt keine schönere Stadt auf Erden, und es gibt kaum eine unergründlichere, unübersichtlichere. Man wird nicht fertig mit Rio de Janeiro." So sagte es einst der Schriftsteller Stefan Zweig, der bis zu seinem Tod 1942 in Petrópolis, 60 Kilometer nördlich von Rio, lebte. Zugegeben, man kann sich in diese Stadt verlieben, denn eine Metropole in solch einer Landschaft kann nur schön sein! Und auch die schlechtesten Architekten und Stadtplaner könnten solch ein natürliches Landschaftsbild nicht zerstören. Die Lage der Stadt am Meer, zwischen den vielen Bergen, Hügeln, Tälern, Lagunen, schönen Meeresbuchten und Stränden ist einfach überwältigend.

Da wir einige Tage in Rio verweilen, erfüllen wir weit mehr als das übliche „Pflichtprogramm". Die mit Sockel 38 Meter hohe Christus-Statue „Cristo Redentor" („Christus der Erlöser") wirkt wie ein Leuchtturm über der Stadt, denn auf dem 710 Meter hohen Berg Corcovado ist dieses Wahrzeichen wie zur Orientierung geschaffen. Um sich der Größe der Figur bewusst zu werden und um die Megastadt aus der Vogelperspektive zu betrachten, fahren wir mit der Bergbahn nach oben. Die plötzliche Größe der Christusfigur erschlägt uns fast. Seine ausgebreiteten Arme bringen es auf 28 Meter. Seit 1931 steht Christus betonfest mit seinen

1145 Tonnen Gewicht erhaben über Rio. Was er von da oben sieht, ist einmalig schön: Die einzelnen Stadtviertel verlieren sich in den Tälern, an einem See, in den Bergen und den langen Buchten. Der Strand von Copacabana wird dabei umschlungen von unzähligen Wolkenkratzern. Bergketten türmen sich im Westen. Manche davon wirken sanft, beruhigend und lieblich. Andere dagegen hart, zerhackt und gefährlich.

Ein weiteres Wahrzeichen von Rio de Janeiro ist der berühmte Zuckerhut. Zum Glück ist der nicht wirklich aus Zucker, sondern ein 395 Meter hoher, steil aufragender Granitfelsen auf der Halbinsel Urca. Vom Zuckerhut aus schauen wir beeindruckt auf die Nummer drei unseres Pflichtprogramms. Es ist das Wohnviertel Copacabana mit seinem so berühmten Stadtstrand. Bei unserer Rio-Einfahrt sind wir diesen ja schon entlanggeradelt. Man staune – ein Fahrradweg zieht sich über vier Kilometer an dem halbrunden Stadtstrand entlang. Im Hintergrund überbieten sich die Wolkenkratzer an Höhe. Um die 200 000 Menschen wohnen dicht gedrängt in den recht einfallslosen Hochhäusern. Direkt an der Strandstraße – eine der teuersten Adressen von Rio – residieren die Millionäre und Promis der Stadt.

Im Viertel, in dem wir wohnen, lebt die untere Mittelschicht, ist die Anzahl der kleinen und der großen Gauner noch erträglich, gibt es einige schöne Kirchen, alte Bausubstanz und tobt am Abend das Leben ganz im brasilianischen

Sinne. Da die Hotels in Lapa noch bezahlbar sind, bleiben wir für unsere Rio-Zeit in diesem Stadtteil. Von hier aus unternehmen wir sehr lange Spaziergänge durch die Stadt und lernen so die Vielschichtigkeit der Metropole kennen. Dabei bin ich ständig damit beschäftigt, mich zu fragen, was mir die Stadt denn eigentlich gibt. Erst viele Tage später wird es mir klar: Die Stadt verkörpert zu einem großen Teil das Land Brasilien mit all seinen Widersprüchen. In Rio ge-

„Christus der Erlöser" wirkt wie ein Leuchtturm über der Stadt.

schieht dies auf engstem Raum. Reichtum und Armut knallen gnadenlos aufeinander. Hotelzimmer ab 1000 Euro für eine einzige Nacht, Restaurants, in denen eine Mahlzeit spielend über 100 Euro kostet, zählen zu Reich. Hotelzimmer ab 10 Euro und ein reichliches Essen für unter 2 Euro zählen dagegen nicht zu Arm. Die Familien aber, die im Tunnelsystem von Rio de Janeiro ihre Bleibe haben, die zählen zu den Ärmsten. Die Abgrenzung zwischen Reich und Arm mit Stacheldraht oder Elektrozaun ist in Rio wohl weltweit einmalig und für uns sehr gewöhnungsbedürftig. An unser Wohnviertel in Lapa grenzt eine der berühmt-berüchtigten Favelas (Armenviertel). Mitten in der Stadt regieren die Drogenbosse, einzelne Banden und andere Gesellen. Ganze Straßenzüge haben sie in ihrer Gewalt. Die Gebiete sind aufgeteilt. An den Häuserwänden steht geschrieben, wer gerade regiert, wer das Sagen hat.

Für mich ist Rio eine Stadt unter Strom, unter Starkstrom. Sie riecht gut, sie stinkt, sie ist supermodern und doch auch vergammelt, sie ist liebenswert und betrügerisch, frisch gestrichen und angefault, sie ist verriegelt und doch 24 Stunden offen, sie ist verfressen und schreit gleichzeitig vor Hunger, sie ist versoffen und gewaltbereit, sie ist überschwänglich und gastfreundlich, sie ist naiv und raffiniert, sie ist durchaus eine Stadt zum Verlieben, doch zu verdanken hat sie dies hauptsächlich der unglaublich schönen Landschaft.

Langer Weg zum Amazonas

Von Rio aus ist es entlang der Küste und dann über Land bis nach Belém, dem Eingangstor zum brasilianischen Amazonasgebiet, um die 4000 Kilometer weit. Dafür radeln wir eine lange Zeit mehr als 100 Kilometer pro Tag gen Norden. Der Amazonas liegt am Äquator. Täglich wird es spürbar wärmer, ja, regelrecht heiß und schwül, je weiter wir nach Norden kommen. Über Vitória fahren wir bis Salvador de Bahia. Salvador ist die Stadt der Schwarzen, die Stadt, in der brasilianisch-afrikanische Musik gelebt wird, wo der Karneval weit besser als in Rio sein soll und es die reichste kulturhistorische Vergangenheit in ganz Brasilien gibt. Uns begeistert sofort die Einfachheit dieser Stadt, die Aufteilung in eine Ober- und Unterstadt und das angenehme soziale Gefüge. Salvador wirkt auf den ersten Blick klassenlos. Natürlich ist dies bei genauerem Hinschauen ein großer Trugschluss, doch auch dann gewinnt nie der Eindruck die Oberhand, die Abgrenzungen der einzelnen sozialen Schichten wurden unverrückbar mit einer Axt eingeschlagen. Dies gibt der Stadt einen wärmeren, angenehmeren Charakter. Nur einmal wird dieser für uns eiskalt hinweggeschwemmt: Wir essen zu Mittag im Hafenviertel von Salvador. Die Tische stehen, wie meist üblich, vor der eigentlichen Kneipe. Große Sonnenschirme spenden reichlich Schatten. Gerade als wir mit dem Essen beginnen wollen, kommt ein Junge auf uns zu und bleibt vor unserem Tisch stehen. Für die Worte „Essen" und „Ich habe Hunger" gibt es weltweit bekannte Handzeichen. Diese benutzt der Kleine. Er führt seine zusammengepressten Finger zum Mund und reibt sich mit der anderen Hand den Bauch. Gi reagiert zuerst. Sie rückt den freien Stuhl an unserem Tisch etwas weg und macht dem Jungen somit klar, er solle sich doch bitte setzen. Auch ruft sie gleich den Kellner. „Wir brauchen noch einen Teller, Besteck und eine große Cola!" Ich selbst bin in den ersten Momenten unfähig zu reagieren. Die Situation hat mir die Sprache genommen und nur langsam kommen die klaren Gedanken zurück. Der Junge hat mich erschreckt. Er hat mich gelähmt. Gis Schrecksekunden waren zum Glück kürzer, denn es ist gut so, der Kleine sitzt nun und kann mit uns essen. Er hat es bitter nötig!

„Ich heiße Pedro", flüstert der Junge. Ansonsten essen wir schweigend.

Ich denke nach: Wir beide hatten noch nie Hunger. Zwar manchmal ein Hungergefühl, doch wirklichen Hunger kennen wir nicht. Wirklicher Hunger muss grausam sein! Pedro sieht sehr dünn aus. Jede Rippe ist zu sehen. Die Augen sitzen tief in den Höhlen. Der Brustkorb wirkt im Vergleich zum Kopf übernatürlich groß. Die Wangen sind eingefallen.

Dem Jungen schmeckt das Essen. Er isst langsam, fast unnatürlich langsam, und er kaut sehr lange. Er isst irgendwie würdevoll. Als er fertig ist, reibt Pedro sich sein Bäuchlein und lächelt uns dabei an. Das Lächeln wirkt nicht wie das eines Kindes. Genau in diesem Moment hasse ich Brasilien,

„Ich heiße Pedro", flüstert der Junge.

ich hasse die Stadt und ich hasse mich für meine Unbeholfenheit, denn meine Gedanken sind einfach nur durcheinander. Ich bin unfähig, vernünftig zu handeln – und ich bemerke die Ansammlung von Tränen in meinen Augen. Schließlich krame ich ein paar Geldscheine aus meiner Tasche und drücke sie dem Jungen in die knöchrige Hand. Kurze Zeit später ist er weg. Wir sehen ihn nie wieder.

Entkräftet kommen wir in Belém an. Viele Wochen im Sattel liegen hinter uns.

„Der Norden ist wirklich angenehmer", stellen wir gemeinsam fest. „Tausend Kilometer Zuckerrohr, tausend Kilometer Dschungel, tausend Kilometer Pampa und tausend Kilometer Freundlichkeit bis Belém", scherze ich. Dabei blicken wir auf den Amazonas.

Das Amazonasgebiet sprengt alle Vorstellungen. Halb Europa passt hier spielend hinein. Um mit dem Boot von Belém bis Manaus zu gelangen, benötigt man mindestens fünf Nächte. Es kann natürlich auch länger dauern, denn es sind immerhin über 3600 Flusskilometer. Sandbänke, Gezeiten, einmal monatlich eine Flutwelle von bis zu fünf Metern Höhe bei Vollmond, Niedrigwasser, Hochwasser, Ladezeiten, treibende Urwaldbäume, ein gutes oder ein schlechtes Boot und eine gute oder eine schlechte Bootsbesatzung, das sind die vorher unberechenbaren zusätzlichen Zeitaufschläge. Wenn man Pech hat, können durchaus mehrere Tage hinzukommen. Nach zähen Verhandlungen sind wir aber stolze Besitzer von zwei Tickets bis Manaus.

„Eintreten!", sagt der Wachmann mit Knarre. Er hat an diesem Tag schon öfter geöffnet, denn schnell stellen wir fest, wir sind auch zu dieser frühen Stunde nicht die Ersten. Da Ebbe ist, rutschen die Bananenkisten, die Zwiebelsäcke, die Knoblauchbündel und Tomatenkisten fast senkrecht nach unten. Für gute Gerüche ist also gesorgt. Neben all den Früchten und dem Gemüse stehen unzählige Kisten zum Beladen bereit.

„Sind das etwa Särge?", fragt Gi entgeistert.

„Sie werden uns begleiten, vermute ich."

„Das kann nur ein schlechtes Omen sein", flüstert Gi.

Artistenmäßig gelingt es uns, die Packtaschen und die Räder über eine steile Treppe in den Bootsbauch zu wuchten. Nach einer Stunde haben wir unsere Kabine erreicht. „Kabine" ist in diesem Fall jedoch leicht übertrieben. Es ist eher ein Kabinchen. Das Stockbett hat den Charme eines Doppelsargs. Der Platz davor verträgt keine zwei Personen zur gleichen Zeit. Doch trotz der empfundenen Enge bin ich durchaus zufrieden, denn die Erwartungshaltung hatte sich bereits vorher auf dieses Niveau eingepegelt. Zudem gibt es wirklich den zugesagten Toilettenbereich mit Dusche.

Nach zehn Stunden Ladezeit legen wir endlich ab.

Die Bewegungsfreiheit auf einem Boot von 30 Metern Länge ist ziemlich eingeschränkt. Die Freizeitkulisse bildet in diesem Fall der Fluss, der berühmte Amazonas. Man stellt dabei sehr schnell fest, der Fluss an sich ist allemal so manches Übelchen wert. So verbringen wir viele, viele Stunden an Deck und schauen in die Landschaft. Da der Kapitän den starken Strömungen ausweichen will, diese zu überwinden kostet nämlich viel Sprit, schippert er den Kahn meist in Ufernähe stromaufwärts. So sind immer wieder kleine Dörfer sichtbar. Die Bewohner betreiben Fischfang, Ackerbau und Viehzucht. Kinder paddeln mit kleinen Booten zu unserem Kahn herüber. Sie legen an und versuchen ihren Fisch,

Gemüse und das Obst zu verkaufen. Neben dieser täglichen Abwechslung gibt es bis Manaus sechs Zwischenstopps. Allerdings ist es uns nur ein Mal möglich, für drei Stunden von Bord zu huschen. In dieser Spring-von-Bord-Ortschaft steigen ein Großteil der Goldsucher und weitere Männer mit Adlerblick aus. Es sind meist recht zwielichtige Gestalten. Nur einige Hundert Kilometer von der Siedlung entfernt befindet sich ein großes Goldsucherareal. „Ein Teil der Särge könnte hier eigentlich mit von Bord genommen werden, denn die Sterbe- und Mordrate ist in diesem Gebiet ausgesprochen hoch", sage ich zu Gi. Zwei Drittel der Tour liegen da bereits hinter uns. Und genau in dieser Ortschaft steigen dann auch keine Damen vom horizontalen Gewerbe mehr zu. Es lohnt sich einfach nicht mehr. Die Goldjungs und Adlerblickjungs sind ja von Bord.

Die schönsten Momente für mich sind immer die Sichtungen von Flussdelfinen. Noch vor 20 Jahren waren sie vom Aussterben bedroht. Heute sehen wir täglich mindestens fünf dieser lustigen Gesellen. An einem Nachmittag macht uns eine große Delfinschule besondere Freude. Am eindrucksvollsten ist jedoch immer die Abenddämmerung. Sie ist leider nur sehr kurz, dafür aber an intensiven Eindrücken kaum zu überbieten. Die Sonnenuntergänge sehen aus wie aus dem Bilderbuch. Das Spiel der Wolken, das Wetterleuchten in der Ferne, die verschiedenen Rottöne der untergehenden Sonne und die aufziehenden Dschungellaute sind ein allabendlicher Höhepunkt.

Fünf Nächte sollte unsere Bootstour dauern. Wir bekommen ungewollt eine Nacht geschenkt. Nach über 3600 Flusskilometern legen wir nach genau 139 Stunden in Manaus an.

Die Sonnenuntergänge sehen aus wie aus dem Bilderbuch.

Im tiefsten Dschungel wurde diese Stadt geboren. Zu verdanken hat sie ihre Geburt dem Kautschukboom zwischen 1870 und 1910. Mit Kautschuk wurde hier unheimlich viel Geld gemacht – und wenn man zu viel davon hat, dann gedeihen durchaus verrückte Ideen. Eine Oper musste her, egal, was es kostet! So entstand das Teatro Amazonas, die berühmte Oper im Dschungel.

„Mit deinen blauen Badelatschen kommst du nie hier rein", flötet mir Gi zu und rückt ein Stück weg.

„Nur mit ordentlichen Schuhen erlaubt!", sagt auch der junge Einlassmann.

30 Minuten rede ich auf ihn ein. Als er endlich verstanden hat, dass wir extra für seine weltberühmte Oper tatsächlich um die halbe Welt geradelt sind, es nicht machbar war, von Deutschland dafür Lackschühchen mitzubringen, und er zum Beweis meiner Behauptungen wirklich Bilder von zwei irren Radlern auf meiner Digitalkamera erspäht, gibt er mir seinen Segen.

Panama

Nicht schon wieder!

Wir nächtigen während unserer Tage in Panama-Stadt im Altstadtviertel San Felipe. Unser Hotel ist das älteste der Metropole. Es hat gut 95 Jahre in den Mauern und entstand zu Zeiten des Kanalbaus. Es gibt einen schönen Innenhof mit einem Brunnen. Der Hof ist zwar schön mit blauen Fliesen im spanischen Stil hergerichtet, doch aus den goldigen Wasserhähnen fließt schon lange kein Tropfen mehr.

„Die zwei Einlassdamen wurden garantiert kurz nach dem ersten Spatenstich für das Hotel geboren", zwinkere ich Gi zu. Dies schadet aber in keiner Weise, denn sie sind somit sehr welterfahren, nett und auch verhandlungsbereit. Dem Hotel selbst merkt man bei jedem Schritt sein hohes Alter an.

„In solch einen alten Kasten würde natürlich auch kein junges Einlassgemüse passen", ist Gis plausibler Kommentar.

Vom Hotel aus haben wir nur wenige Schritte bis ans Wasser. „Wasser" bedeutet in diesem Fall der Panamakanal. Sein Ausgangspunkt liegt in östlicher Richtung am Atlantik. Bis dorthin sind es genau 81,6 Kilometer. Auf dieser Kanalstrecke durchfährt ein Schiff 46 Schleusentore, löhnt dafür pro Durchfahrt durchschnittlich 50 000 US-Dollar, spart aber im Gegenzug 10 000 Wasserkilometer.

Im Altstadtviertel gibt es einige hübsche Straßenzüge und belebte Marktplätze. Auf der Suche nach einer Panama-Straßenkarte begehen wir völlig unbewusst einen brasilianischen Großstadtfehler. Wir schlagen nämlich den falschen Weg ein. Zwei hochgerüstete Polizisten versperren uns diesen in ein angrenzendes Stadtviertel. „Wir sind auf der Suche nach einer Straßenkarte", erklären wir der Schutzmacht.

„Radelt Richtung Westen!", antwortet diese sehr ernst.

„Richtung Osten zu radeln, ist für euch nicht gut", betont der Ranghöhere und fügt hinzu: „Merkt euch das, solange ihr in der Stadt seid!"

Nicht schon wieder, sind meine Gedanken. Gi spricht aus, was ich nicht sagen will: „Hört denn das niemals auf? Das gibt es doch nicht! Die stehen hier an der Ecke und erklären uns, wie gefährlich es hier ist! Die sollen doch lieber dort rein und aufräumen!"

Am selben Abend bin ich stolzer Besitzer einer Straßenkarte. Es gibt zwar keine Kilometerangaben, doch durch den aufgedruckten Maßstab sind die Entfernungen irgendwie errechenbar. Ich erblicke auf der Karte auch sofort die berühmte Panamericana, ein System von Schnellstraßen, das sich – mit einigen Unterbrechungen – über die gesamte Nord-Süd-Ausdehnung des amerikanischen Kontinents erstreckt. Zwischen dem Panamakanal und Nordwest-Kolumbien fehlt aber leider noch ein Stück. Ich bin jedoch vollkommen zufrieden, denn die eingezeichnete Straße soll uns über längere Teilabschnitte bis zur Grenze von Costa Rica begleiten.

Allerdings pedalen wir prompt, auf der Suche nach der Panamericana,

ins nächste verbotene Viertel.

Am nächsten Morgen geht es los. Allerdings pedalen wir prompt, auf der Suche nach der Panamericana, ins nächste verbotene Viertel. Nur einen Straßenzug schaffen wir, dann müssen wir unverhofft anhalten. Ein Polizeiauto versperrt uns die Weiterfahrt.

„Wo wollt ihr hin?"

„Zur Panamericana!"

Nach nur zwei Kilometern sind wir auf deren Asphalt. Das Polizeiauto begleitet uns im ersten Gang. Durchs offene Fenster schaut dabei die Mündung einer Maschinenpistole.

Nicht schon wieder, denke ich. Gi sagt gar nichts mehr.

Am Stadtausgang überqueren wir die Brücke an der Kanalausfahrt. Dort erwartet uns eine Straßensperre. Die vermummten Kerle sind filmreif bewaffnet. Sie kontrollieren gerade einen schäbigen Bus. Dabei sind sie nicht zimperlich. Die Lautstärke ihrer Befehle und ihr martialisches Auftreten wirken auf uns verwirrend. Wir müssen jedoch nur die Pässe vorzeigen und können gleich weiterradeln. Wenig später sind wir allein auf der Panamericana. Gi hat ihre Sprache wiedererlangt: „Ich habe kein gutes Gefühl, Wi."

Ich will sie beruhigen. „Die Panamericana ist die Hauptschmuggelroute für allerlei Drogen. Die Kerle tun nur ihren Job. Sie sehen zwar nicht unbedingt so aus, doch sicherlich sind es nette Burschen, zumindest meistens … Ich denke, Panama ist in Wirklichkeit ganz anders. Meine Gefühle sind gut!"

Die nächsten Tage geben mir Recht. Und so, wie ich zum Glück Recht behalte, so ändern sich auch Gis Gefühle zu diesem Land. Viele Tage flitzen wir auf der berühmt-berüchtigten Panamericana entlang. Keine Bewaffneten und auch kein Berg versperren uns den Weg. Es lässt sich prima radeln. So schaffen wir an guten Tagen um die 100 Kilometer. Dabei machen wir noch kurze Abstecher zum Pazifik für längere Pausen. Jeden, aber auch wirklich jeden Nachmittag fängt es zu regnen an. Wir schlafen an der Strecke im Zelt, in netten Hotels, auf dem Grundstück einer Kirche und finden sogar einen Campingplatz – ein Camper- und Naturparadies. Besitzer ist ein Rentnerehepaar aus Kanada. Am Eingangstor ist zwar ein Schild mit einer aufgemalten Pistole und dem Hinweis „Der Besitzer meint diese Warnung ernst" platziert, doch entpuppen sich die Feuerwaffenbesitzer als durchaus liebe Zeitgenossen. Sie begrüßen uns freundlich – und mit ihnen auch viele Papageien. Diese wurden zweisprachig erzogen. „Good day" und „Bon Dia" brüllt es aus ihren Schnäbeln. Wir sind begeistert. Die Papageien sind handzahm. Von den umliegenden Bäumen schreien sie uns ihr „Good day" und „Bon Dia" bis in den Swimmingpool nach. Erst am Abend suchen sie ihre Käfige auf. In der Nacht sind Hunderte Glühwürmchen um unser Zelt versammelt. Wie ein extra für uns einstudierter Sternenhimmel wirkt das.

Am nächsten Morgen, wir starten panama-üblich bereits vor sieben Uhr, schlagen die Papageien unüberhörbar Alarm. Sie melden ihren Besitzern unseren Aufbruch. Kein Hund könnte lauter bellen und der Feuerwaffenbesitzer hätte sich sein Schild sparen können.

Die ganze Strecke bis zur Grenze wirkt auf uns nach Panama-Stadt schon fast langweilig, denn es gibt keinerlei Aufregungen mehr. Täglich kaufen wir am Straßenrand frisches Obst, bestaunen die zahlreichen Wasserfälle, essen in kleinen Kneipen und erfreuen uns an dem recht gut verteilten Lebensstandard der Bewohner dieser Langweiligkeit.

Wir genießen diese Entspannung in vollen Zügen. Das einzige, was dies unterbricht, sind die täglichen Regengüsse. Kein Wunder, denn es ist Regenzeit in Mittelamerika. Der Sprühregen macht Freude, denn er ist warm und reinigt uns und unsere Fahrräder sogar oberflächlich recht gut. Dabei verzaubert er das Dschungelgrün in ungeahnte, waschechte Farblichkeiten. Tragen die Wolken aber große Trauer, so weinen sie unerbittlich. Grausam und streng lassen sie ihre Wassermassen auf die Erde fallen. Autos müssen stehen bleiben, denn die Scheibenwischer schaffen diese Unerbittlichkeit nicht mehr. Wir selbst radeln dann auch nicht weiter, wir schieben unsere Räder, denn auf dem Asphalt plätschern uns Flüsse entgegen. Die Füße sind bis zu den Knöcheln im Wasser verschwunden.

Die angenehme Langweiligkeit ist an der Grenze zu Costa Rica schlagartig vorbei. Nach knapp zwei Wochen und gut 750 Kilometern Radeln warten wir geschlagene zwei Stunden auf unsere Ausreisestempel. Auf die Einreisestempel – die Kerle machen gerade Frühstück – müssen wir ebenfalls mehr als zwei Stunden warten. Wie üblich in Süd- und Mittelamerika, kosten die Visa aber keinen Cent – und somit gestaltet sich die Warterei zumindest kostenneutral.

COSTA RICA

NATURLECKERBISSEN

Am ersten Abend in Costa Rica biegen wir bei Sichtung eines Unterkunftsschildes in einen Schotterweg ein. Am Haus lernen wir dann Denise kennen. Sie ist die neunjährige Tochter der Vermieterin und handelt das Vermietgeschäft wie ein Profi. Wir werden uns schnell einig, was auch gut ist, denn Denise will uns unbedingt gleich die Gegend zeigen. Wir laufen gemeinsam durch das große Grundstück der Familie bis zu einem Fluss. Auf diesem recht langen Weg stoppt Denise einige Male und zeigt uns Blumen, Pflanzen, Bäume und Tiere. Sie ist uns eine sehr gute Führerin. Ihre gewinnende Ausstrahlung bezaubert uns. Wir ernten gemeinsam Apfelsinen, Kakaofrüchte und stochern mit einer langen Stange Kokosnüsse von den Palmen. Die frische Milch schmeckt köstlich. Für ihre „Dienste" schenken wir Denise eine Kleinigkeit. Sie strahlt uns an. „Ich muss euch was zeigen!" Mit diesen Worten holt sie aus einem alten Schuppen ein großes Glas. „Schaut her!" In einer Flüssigkeit sind zwei Hundeföten für die Ewigkeit aufbewahrt. Denise strahlt dabei unendlich viel Kinderstolz aus.

Der erste Tag war ein schöner Tag und wir merken sehr schnell, das wird ein gutes Radelland, denn neben der touristischen Infrastruktur hat Costa Rica auch auf seiner kleinen

Denise strahlt dabei unendlich viel Kinderstolz aus.

Fläche sehr viel zu bieten. Die Wege sind relativ kurz, überraschend abwechslungsreich und somit radelspannend. „Das ist ja eine Radlerpuppenstube! Wie für mich geschaffen!", witzelt Gi noch oft.

Über eine Woche pedalen wir gemütlich die Westküste entlang. Wir beobachten dabei Surfer in unheimlich großen Wellen, machen lange Pausen an bildhübschen Palmenstränden oder nehmen ein erfrischendes Bad unter einem der zahlreichen Wasserfälle.

Mit „Schau, ein Kolibri!" melde ich meine erfolgreiche Sichtung bei Gi an. Unter den Kolibris findet man die kleinste Vogelart der Welt – die Bienenelfe, die heute fast nur noch auf Kuba beheimatet ist. Bienenelfen werden nur etwa 5 Zentimeter groß und wiegen höchstens 1,6 Gramm. Sie fressen ausschließlich Blütennektar, indem sie mit über 90 Flügelschlägen pro Sekunde vor einer Pflanze in der Luft schweben und den Nektar saugen.

„Tukane!", ruft Gi. Die zwei Regenbogentukane sind wirklich nicht zu übersehen. Diese Spechtvögel kommen nur in den tropischen Regionen von Mittel- und Südamerika vor und werden bis zu 65 Zentimeter groß. Ihr auffälligstes Merkmal sind der riesige bunte Schnabel und das oftmals knallige Gefieder.

Wir sind fasziniert von all den Tieren, rätseln aber auch manchmal, was wir gerade vor Augen haben. Zu rätseln brauchen wir nicht, als wir von einer Brücke weit nach unten schauen – um die 20 Krokodile liegen da verstreut im Uferschlamm. Wir trauen unseren Augen nicht, denn die Kerle sind echt groß und wirken auf den ersten Blick ziemlich Furcht einflößend. Die Krokos zeigen uns jedoch den Weg zum nächsten Ziel. Wir müssen nur dem Fluss folgen, denn der führt in die Berge. Den aktivsten Vulkan im Land, den Arenal, wollen wir unbedingt anradeln. Er ist 1670 Meter hoch. Seit 1968 fließt regelmäßig Lava von seinen Hängen ins Tal und er schleudert immer wieder dicke Felsbrocken einige Hundert Meter in die Luft. Der Weg dahin ist zu Beginn mühsam, denn von der Küstenregion aus müssen wir über 1100 Höhenmeter nach oben pedalen. Dabei geht es leider oft von bereits erradelten Höhenzügen zurück in tiefe Täler. Durch das ständig feuchte Wetter, die schwülen Tropentage und Nächte und die zahllosen juckenden Moskitostiche sind wir zwei nicht unbedingt die kräftigsten Radler. Doch wie das Leben so spielt: Mit jeder erkämpften Berghöhe kommt auch die verlorene Kraft zurück. Das Wetter wird besser, das Jucken weniger und die frischere Luft schärft unsere Blicke für die herrliche Landschaft. An einem Nachmittag erblicken wir nach einem letzten Anstieg – völlig unerwartet – den Vulkan Arenal. Wir übernachten im Touristenort La Fortuna. Von unserem Zimmerfenster aus erblicken wir die grüne Seite des Berges. Gut sichtbar ist die lange weiße Rauchfahne. Gegen Abend ziehen Wolken auf und wenig später weinen diese fürchterlich. Ich bin gerade beim Einkaufen. Als ich völlig durchnässt zurückkomme, fragt Gi: „Hast du das Wackeln bemerkt? Sogar die Lampe hat geschaukelt." Leichte Erdbeben sind in Costa Rica durchaus normal.

Am nächsten Morgen sitzen wir recht früh auf den Rädern und pedalen zügig los. Die knapp 30 Kilometer sind eine pure Radelfreude. Fast ständig haben wir den Vulkan im Blick. Schon nach wenigen Kilometern ändert der Berg sein Gesicht. Die vorher mit Urwaldgrün bewachsenen Hänge werden immer lichter und wenig später sind nur noch kahle Felshänge zu bestaunen. An dieser landschaftlich sehr reizvollen Strecke gibt es einige Thermalbäder. An vier von ihnen radeln wir vorbei. Gi fährt dabei jedes Mal auffallend langsam. Dies bedeutet: Ich würde da recht gerne eine Pause einlegen. Doch ich sage ihr jedes Mal knallhart: „Der Eintritt ist viel zu teuer für uns Radnomaden." Dabei freue ich mich innerlich, denn was Gi nicht wissen kann, ist, es gibt da einen heißen Fluss – und erst als ich mir ziemlich sicher bin, dass wir die Stelle erreicht haben, lüfte ich das Geheimnis. Ich stecke meine Hand ins Wasser und sage zu Gi: „Das ist unser Privatthermalbad. Es hat 38 Grad und kostet keinen Cent."

Gi lächelt und ist wenig später zuerst im Badewannen-wasser. „Die Überraschung ist dir gelungen!", blubbert sie durch heiße Nebel.

Am späten Nachmittag treffen wir im Dorf Palma ein. Wir erklimmen einen letzten steilen Hügel. Oben überrascht uns eine nett ausschauende und fantastisch gelegene Bun-galowanlage.

„Schieb doch bitte das Bett vors Fenster!" Als es steht, wie erwünscht, ist Gi happy. Die Aussicht ist wirklich grandios. Kleine grün bewachsene Hügel mit Palmen lie-gen uns zu Füßen. Dahinter überragt der Vulkankegel mit all seiner Erhabenheit die eigenartig schöne Landschaft. Die Rauchfahne ist dabei gut sichtbar. Gegen Abend zie-hen dann aber leider Wolken auf und verhüllen den Berg. Dies bedeutet nichts Gutes für eine freie Sicht auf eventu-elle Lavaströme, doch auch die aufziehenden Wolken schenken uns durch ihre wilden Spielereien viele schöne

Augenblicke. Am Morgen begrüßt uns der Vulkan wieder mit seinem blütenweißen Rauch. Wir überlegen, ob wir nicht doch noch eine weitere Nacht hier verbringen, aber eine Garantie, in dieser nächsten Nacht etwas mehr zu sehen, gibt es natürlich nicht. Letztendlich sind wir uns einig: Die Radelei bis ins Dorf, die Tierwelt und die vielen zauberhaften Blumen auf all den Kilometern waren es wert, die Tour bis zum Vulkan gemacht zu haben.

Die Radelei bis zum Vulkan war es wert.

Wir satteln erneut unsere Räder und brechen nach San José auf. Drei Tagesetappen später treffen wir in der Hauptstadt von Costa Rica ein.

San Jose liegt auf 1161 Höhenmetern und wird im Norden von großen Bergen eingerahmt. Auch das sind ehemalige

Feuerberge. Nur noch einer davon grüßt bei guter Sicht mit seiner Rauchfahne. Diesen radeln wir an, schauen in seinen köchelnden Schlund und sind wieder mal begeistert vom „Naturleckerbissen" Costa Rica.

KUBA

STROMSCHUB IN HAVANNA

Fidel Castro, Schweinebucht, Zigarren, Trauminsel, Kalter Krieg, Palmen und Che Guevara, düst es durch meinen Kopf. Viel Zeit bleibt jedoch nicht zum Düsen, denn nach nur 90 Minuten setzt die Maschine zum Landeflug an. Es ist Mitternacht. Von Havanna ist nichts zu sehen. Der Charme der uniformierten Kontrolldamen gleicht trotz ihrer Miniröcke und Netzstrümpfe einem Kühlhaus.

„Wir brauchen Kubageld und eine Straßenkarte."

„Ich schaue nach einer Karte und du nach der Knete", sagt Gi, nachdem wir unsere Räder startklar haben.

Ich gehe also zum Wechselschalter. Die junge Frau hinter der Scheibe macht gerade ein Schläfchen. Ich klopfe behutsam, sie wacht zum Glück auf, zündet sich sofort eine Zigarette an, zieht ihren unwahrscheinlich kurzen Rock drei Zentimeter entlang ihrer Netzstrümpfe in Richtung Füße, was trotzdem tiefere Einblicke nicht verwehrt, und blickt mich danach sehr fordernd an.

„Ich möchte gern Dollar oder Euro tauschen."

„21 Prozent Vermittlungsgebühr für Dollar, 10 Prozent für Euro!"

„Was? Nur 10 Prozent?!", bringe ich sarkastisch hervor.

Sie lächelt wie ein Bankautomat, während ich die Scheine

rüberschiebe. Nach einer Ewigkeit schiebt sie mir Pesos zurück. „Peso convertible" steht darauf.

„Sind Touristenpesos! Dafür bekommst du alles, was du brauchst."

Ich bin verwundert. „Ihr habt doch noch eine zweite Währung in Kuba, oder?"

„Ja, den Peso Cubano, aber den brauchst du nicht." Dabei zündet sie sich die nächste Zigarette an und zieht wieder an ihrem Rock.

Ich hatte mich vorher belesen: In Kuba gibt es zwei offizielle Währungen, den Peso Cubano als die eigentliche kubanische Währung, in der die Löhne ausgezahlt werden und der zum Kauf staatlich subventionierter Waren gedacht ist, sowie den Peso convertible, der den 1993 legalisierten und 2005 offiziell wieder abgeschafften Dollar ersetzt. Er dient als Zahlungsmittel in Geschäften für höherwertige Konsumartikel – das bedeutet eigentlich alles außer den subventionierten Grundnahrungsmitteln.

Ich zeige auf die Fahrräder und erkläre: „Wir sind aber keine normalen Touristen. Wir wollen über Land radeln und in den Läden auf der Strecke einkaufen."

„Ich sagte doch, den Peso Cubano brauchst du nicht. Für Peso convertible bekommst du alles!"

Mit einer Straßenkarte, unseren Dollars, unseren Euros, den Pesos convertibles und auch ein paar verschmutzt-klebrigen kubanischen Pesos im Wert von 30 Euro – aber das nur, weil ich nicht locker gelassen habe – verlassen wir den Flughafen. Nicht weit entfernt schlagen wir unser Zelt in einem Maisfeld auf. Erst gegen neun Uhr am nächsten Morgen erwachen wir.

Zwei Stunden später gebe ich einem Mann für meinen ersten Kubakaffee Pesos convertibles. Er schüttelt jedoch den Kopf und zeigt auf ein Schildchen. Ich begreife: Nur mit kubanischen Pesos darf in dieser Hütte bezahlt werden. Fängt ja gut an, denke ich. Hatte mir Miniröckchen nicht erklärt, mit Pesos convertibles bekämen wir alles? Ich reiche ihm schließlich einen abgegriffenen Schein rüber, erhalte viele Scheinchen zurück und überschlage den Kaffeepreis im Kopf. „4 Cent kostet der Kaffee. Unglaublich billig!", lasse ich Gi wissen.

Billigkaffeegestärkt kommen wir am Hotel „Lincoln" an.

„Wow, ist das alt!", spricht Gi aus, was ich selbst denke.

„Ja, das Hotel ist sehr alt. Es wurde 1926 als zweites Hotel in Havanna erbaut. Gute Wahl von euch! Kostet nur 30 Euro mit Halbpension zusammen, zu bezahlen in Pesos convertibles", flötet mir die Hoteldame im Minirock zu.

Ich versuche zu handeln.

„Auf Kuba wird nicht gehandelt! Kuba ist kein Basar! 30 oder ihr könnt gehen!"

Wir gehen nicht, sondern beziehen eine so genannte „Suite", haben somit zwei große Zimmer, was angenehm ist – und dieser Großraum kostet uns zudem den gleichen Preis wie ein ordinäres Lincoln-Zimmer. Komischerweise haben die drei vorhandenen Zimmerkategorien des Hotels alle den gleichen Preis, unterscheiden sich aber durch Sternchen voneinander. Wir bekommen auch gleich die uns wärmstens empfohlenen Essensgutscheine ausgehändigt, allerdings mit dem komischen Kommentar: „Die müsst ihr nicht einlösen. Essen ist kein Pflichtprogramm."

Unsere Großraumfreude liegt im achten Stockwerk. Dies bedeutet Spaß, aber auch ungeahnte Überlegungsanstrengungen für ein deutsches Radlerhirn. Der Spaß bezieht sich auf die herrliche Aussicht von da oben. In alle vier Himmelsrichtungen überblicken wir Havanna. „Nehmt die Fahrräder mit aufs Zimmer – wegen der Diebe!", wird uns gesagt. Meine Überlegungen beschäftigen sich daher mit dem Fahrstuhl, denn der Lift ist vom Platz her knapp bemessen und strahlt russische Entwicklungsgeschichte aus. Irgendwie schaffe ich aber das Unmögliche. Hochkant und somit nahe an den frei liegenden Kabeln bewegen sich irgendwann das Radel und ich nach oben in unser Stockwerk. Dies dauert eine Ewigkeit. Und da wir ja zwei Räder haben, mache ich den Angstflug in der Raumkapsel gleich zwei Mal.

Drei Nächte verbringen wir im „Lincoln". Zwischen der Entwertung unserer Gaumenscheinchen, also zwischen Frühstück und Abendbrot, erkunden wir Havanna zu Fuß, denn eine mehrmalige Raumkapselliftfahrt zum Radeltransport würde mir die Vorfreude auf die Stadt in meine grellblauen Badelatschen drücken. Die fast nur aus Frauen bestehende Hotelbesatzung gleicht in ihrer Tristesse einer strafversetzten Brigade mit dem eisernen Willen, ja in der Zukunft nichts besser machen zu wollen. Diese kurz berockten Damen servieren uns täglich das Frühstück und das Abendessen mit eisernen Gesichtern.

„Woran mag es nur liegen, dass sie so wenig lächeln?", fragt mich Gi öfter.

„Es könnte am Essen liegen, denn die Rationen sind eisern schmal bemessen und zudem noch schrecklich langweilig", lasse ich sie weiter rätseln.

Nur unsere Etagenfrau ist immer gut drauf. Als unser Zimmer nach einem heftigen Tropenregen einer Schwimmhalle gleicht, rufe ich sie zu Hilfe. Mit Schrubber, Eimer, Lappen und ihrer dazugehörigen Kippe im rechten Mundwinkel schaffen wir gemeinsam das unmöglich Erscheinende.

Da das Kulinarische und die eisernen Damen vom Hotel nicht zum unnötigen Verweilen in den betagten Gemäuern ermuntern, streifen wir oft in Havanna umher, dabei immer in der Hoffnung, neben den Schönheiten der Stadt auch auf kulinarische Leckerbissen zu stoßen. Die Hoffnungen erfüllen sich leider nur selten. Das UNESCO-Schutzgebiet der Altstadt gleicht einer „Allerwelts-Touristeninsel". Die oftmals schön hergerichteten Restaurants, Bars und Cafés sind total überteuert. Kein normaler Kubaner würde hier einkehren, denn bei einem Verdienst von durchschnittlich nur 15 Euro im Monat kann sich das niemand leisten. Zudem stellen wir schnell fest, dass die kulinarischen Genüsse und die Bemühungen der verschiedenen Dienstleister sehr verdächtig denen unserer strafversetzten Hotelbrigade ähneln. Wir bemerken aber auch, mit unserer Hotelbesatzung haben wir eigentlich noch Glück, denn außer ihrer eisernen Langweiligkeit tut sie uns ja nichts Böses. Die Dienstleister in der Altstadt sind da von einem ganz anderen Kaliber. Der massenhafte Pauschaltourismus hat einige Kerben geschlagen und merkwürdige Energien freigesetzt. Zu fast 100 Prozent wird in der Altstadt mit Pesos convertibles bezahlt – und zu fast 100 Prozent erfolgt beim Bezahlen auch ein Betrugsversuch. Dies nervt ordentlich.

„Ist dir aufgefallen, dass unser Frühstück immer kleiner wird?", frage ich Gi.

„Ja, irgendwie komisch. Gestern gab es noch ein Ei und zwei Sorten Marmelade. Wir sind ja nicht verwöhnt, aber nur Marmeladenbrot, dazu ohne Butter, seltsam …"

„Ich gehe raus. Würg dir solange noch eine Schnitte rein. Ich packe die Räder."

Beim Packen der Fahrräder durchzuckt mich ein Stromschlag. Zwei starke nicht isolierte Kabel baumeln aus der Hotelaußenfassade. Kurz vorher hatte es noch geregnet. Der Stromschlag stachelt mich an, dem nur fünf Meter entfernt stehenden Schutzmann mein Leid zu klagen. Dieser steht

Stolz zeige ich Gi wenig später mein erstandenes Brot.

aber selbst nicht so stark unter Pflichterfüllungsstrom, um Vorbeugendes für die Zukunft zu veranlassen. Stattdessen schaut er zu den Kabeln, lacht und sagt: „Das ist Kuba, mein Freund."

Meine Akkus sind voll im grünen Bereich und die „ungeladene" Gi hat mächtig zu tun, mein energiereiches Tempo beim Verlassen von Havanna mitzuhalten. 20 Kilometer radeln wir durch urbane Stadtviertel. Die wirken ordentlich abgewohnt und befinden sich am Rande von Uralt-Industrieanlagen. Dabei halten wir ständig Ausschau nach einem Laden, denn unser Hotelfrühstück war echt mangelhaft. Zwischen drei Betonblöcken erblicken wir schließlich völlig überraschend eine kleine Bäckerei. Stolz zeige ich Gi wenig später mein erstandenes Brot. „Gibt es keine Torte oder

Kuchen?", fragt sie entgeistert.

„Die Kubaner haben Heftchen zum Abstempeln. Ein Brot – ein Stempel. Nur jeder Zweite bezahlt bar. Gi, das waren Brotmarken! Der hat mir nur ein Brot verkauft!"

„Kuba wird nicht leicht, willst du mir damit wohl sagen?"

„Hol den Eckenkäse aus Costa Rica raus! Ich habe Hunger!"

In den kommenden Tagen radeln wir immer in Küstennähe gen Osten. Unser Ziel an der Nordküste soll eine lang gestreckte Halbinsel im Gebiet um die Stadt Matanzas sein. Die Wege sind recht gut, aber wir schlafen immer im Zelt, denn bereits am ersten Abend machen wir die Erfahrung, dass man uns irgendwie mit einem Geldtransporter verwechselt. Unsere Hauptsorge in dieser Zeit ist aber die Versorgung. Das Brot, wenn es denn welches gibt, erhalten wir ohne Brotmarken. Dann wird es aber auch schon eng, denn das Angebot in den Dorf- und auch den Stadtläden ist sozialistisch überschaubar. Sie wirken regelrecht ausgebrannt. Noch in keinem Land haben wir so schlechte Versorgungszustände erlebt (ausgenommen Rumänien vor 20 Jahren). Oft sind diese sehr leeren Versorgungsbunker als solche meist auch kaum für uns erkennbar. Ein halbwegs sicheres Zeichen ist es, wenn Kubaner als Grüppchen vor einem Tor oder einer Tür anstehen, denn dann gibt es zumindest irgendwas. Irgendwas ist in der Regel Brot, Mehl, Bohnen, Zigaretten und sonderbarerweise immer reichlich Schnaps. Für uns ist ein zusätzliches Problem: Was verkauft man uns denn außer Brot von diesen vier bis acht Leckereien? Denn von Ortschaft zu Ortschaft scheinen sich die Regelungen zu ändern. Einmal gibt es den Zucker frei, in der nächsten Ortschaft aber nur auf Bezugsschein. Dies gilt dann auch für Kaffee, Tee, Reis und das wenige mehr. Sofern man uns etwas ohne Bezugsschein verkauft, ist dies unheimlich billig. Von billig und wenig werden wir aber nicht satt. Da es aber in fast jedem Dorf einen Pesos-convertibles-Laden gibt, Kubaner mit etwas Knete sollen ja ihren Sozialismus ordentlich genießen, erstehen wir das für uns so wichtige Trinkwasser, einige Kekse und andere Überraschungen dort, denn manchmal sind auch Chips, Nudeln und Fruchtsäfte zu sehen.

Das Obst- und Gemüseangebot, so lernen wir, ist eine weitere kubanische Traurigkeit. Kuba liegt ja nun nicht auf dem Mond, ist bekanntlich eine Tropeninsel und lässt somit vermuten, dass es hier Früchte und Gemüse vom Feinsten gäbe. Wenn es aber dann wirklich mal so etwas gibt, dann wird es gleich von der Lkw-Ladefläche herunter verkauft, ist blitzschnell alle und die Dorfbewohner, die etwas ergattern konnten, schleppen dann ihren Kohlkopf, manchmal auch einige Kubaapfelsinen oder ihre zwei Kilo Kartoffeln nach Hause.

Im Gutgefühl lernt Zukunft für die Zukunft

Die Halbinsel in der Nähe von Matanzas ist auf den ersten Blick wirklich ein Karibiktraum. Optisch erscheint uns ein bisher völlig unbekanntes Kuba, denn unzählige Palmen wiegen sich im lauschigen Wind. Die gut dreißig Hotelanlagen auf der schmalen, dafür aber lang gestreckten Verführung wirken durch Farbspielereien alle sehr freundlich und recht frisch angepinselt. Der breite hellgelbe Sandstrand steht im richtigen Urlauberwunschkontrast zu den hell- und dunkelblauen Wassermassen, welche ihn zärtlich umspülen. Braune Hinweisschilder zeigen penibel genau die Wege zu den Hotels, Casinos, Restaurants, zum Jachthafen und den Verkaufsläden. Die breiten und sauberen Straßen wirken wie frisch geteert, haben Zebrastreifen und die wenigen Taxis, die den Asphalt quälen, haben noch keine 60 Jahre auf dem Blech, wie sonst bei kubanischen Autos üblich.

„Wir sind im kubanischen Urlaubertraumland angekommen!", stellen wir erfreut fest. Ist man – wie wir – lange unterwegs und nächtigt dabei auch mal in Hotels, so bekommt man irgendwann bereits beim Eintreten ein schnelles Gefühl für gut oder schlecht. Hier fühlen wir uns nach nur wenigen Minuten wohl. Dieses Gefühl überdauert dann auch die zwei gebuchten Nächte, denn zum ersten Mal verspüren wir hier so etwas wie Gastlichkeit, wie menschliche Wärme und – daraus resultierend – gegenseitiges Verständnis. Das tut gut, denn auf Kuba spürten wir bisher meist nur die vorhandene Gegensätzlichkeit unserer Welten. In diesem Hotel ist das anders. Wir bemerken die Bemühungen und somit Anstrengungen unserer Gastgeber. Sie wiederum schätzen unsere Toleranz und unser Verständnis für so manche kubanische Eigenheit.

Am zweiten Abend – ich sitze an der Hotelbar, Gi schläft bereits – möchte ich einige Kubadrinks genießen. Diesen wirklich guten Drinks verdanke ich auch eine sehr angenehme Unterhaltung. Eigentlich ist es keine richtige Unterhaltung, denn ich bin die meiste Zeit der Zuhörer. Die Rollen sind aber gut verteilt, denn mein Gegenüber hat das Erzählen nötig. Wie so oft, wenn ich jemand anderen menschlich genieße, im positiven Sinne aufregend finde, ihn manchmal auch schützen will, versuche ich, mir einen passenden Namen für diesen Menschen auszudenken. Diesmal dauert es auch gar nicht lang, denn nach nur wenigen Sätzen ist mir bewusst: „Zukunft" wird sein Name für mich sein.

„Zukunft" wächst zusammen mit fünf Geschwistern in einem kleinen Dorf auf. Er hat sehr liebe Eltern, genügend zu essen und somit eine gute Kindheit. Das rote Halstuch zum Schulunterricht trägt er nicht besonders stolz, er hegt aber auch keinen bewussten Groll dagegen. Es gehört einfach dazu. Erst als er nach dem Schulabschluss zwei seiner Brüder zur täglichen Arbeit im Steinbruch begleitet, beginnt „Zukunft", über den Sinn seines Lebens nachzudenken.

Die Arbeit ist zwar hart, doch er ist ein junger, kräftiger Kerl und er steckt die Härte spielend weg. Er heiratet nicht, was in Kuba unüblich ist. Stattdessen quälen ihn über Jahre hinweg Fluchtgedanken, Gedanken von Freiheit, von Büchern, von fremden Sprachen und von einer anderen Welt weit weg von Kuba. Er bringt sich selbst das Schwimmen bei. Jahrelang trainiert er in einem See nahe des Dorfes. Letztendlich fehlt ihm aber der Mut, ein Boot zu stehlen, ein Floß zu bauen oder mit einem Autoreifen seinen Kopfquälereien ein Ende zu setzen. 180 Kilometer sind es bis Florida. Doch in der Karibik wimmelt es von Haien und von kubanischen Soldaten. Als der devisenhungrige Fidel und seine Gesellen beschließen, nicht weit von seinem Dorf entfernt Hotels zu bauen, nimmt er all seinen verbliebenen Mut zusammen und bewirbt sich um eine neue Arbeit. „Zukunft" bricht keine Steine mehr. Dies alles erzählt er mir auf Deutsch. Er besteht darauf, dass wir uns in Deutsch unterhalten. „So versteht der Barmann kein Wort. Ist besser so …", sagt er des Öfteren zwischen den Drinks. „Zukunft" beherrscht auch Englisch, Französisch und Italienisch. Er spricht all diese Sprachen genauso gut wie Deutsch.

„Was ist nun besser an deinem jetzigen Leben?", frage ich „Zukunft".

„Es ist der unendliche Glaube an eine bessere Zukunft", antwortet er. „Um jedoch an eine Zukunft glauben zu können, muss man auch etwas dafür tun. Ich habe sofort erkannt, dass ich als Hotelhausmeister sehr viel Arbeits-freizeit wegen Ersatzteilmangels habe. Ich habe aber trotz-dem viel zu tun, denn ich arbeitete bis zur Leistungsgrenze für eine bessere Zukunft. Im Moment beschäftigte ich mich mit der russischen Sprache. Über die erlernten Sprachen finde ich Zugang zu den Urlaubern und somit zur Außen-welt. Von den 25 Hotelangestellten sprechen nur drei etwas Englisch. Bei jedem Problem werde ich gerufen. Ich ver-mittle, erledige oder kläre auf."

Er redet noch sehr lange. Mir macht das Zuhören – trotz einiger Gläser zu viel – Freude. Der Alkohol beflügelt seine Zunge, seine Gedanken und den unendlichen Traum von einer besseren Zukunft. Fidel Castro hasst er. Er versteht auch die meisten seiner Landsleute nicht mehr, denn die hätten aufgegeben, resigniert und sich eingerichtet im so-zialistischen Kuba. „Ein Schwein im Hof, gefüttert mit volkseigenem Brot, geklaute Zigarren, um sie an Touristen zu verkaufen, ein erstandener Auspuff für das Friedhofsau-to oder die Familienschnapsbrennerei hinterm Häuschen zur Selbstversorgung – das sind für die meisten Kubaner Glücksmomente", versucht er mir zu erklären. „Anreize, um besser zu arbeiten, besser zu wirtschaften, die schafft das Fidel-Regime nicht!"

Sind im Hotel wenige Gäste, schließt sich „Zukunft" in einem der Zimmer ein und schaut die auf Kuba verbote-nen Satellitenprogramme. Dabei verfeinert er seine

Sprachkenntnisse. Als Hausmeister hat er nun schon einige Monate einen Computer. „Kann ich ihn sehen?", frage ich.

Wir haken uns unter, denn der Alkohol hat nicht nur die Zungen und Gedanken gelöst, er hat uns auch das Stehvermögen genommen. Gemeinsam schaffen wir es aber. „Zukunft" öffnet die Tür und schaltet das Licht an. Nur wenig später fühle ich mich wie von einer Aspirindosis geheilt, fast nüchtern. Um die 50 Bücher liegen um den Monitor herum. Er hat sie alle gelesen, durchgearbeitet und darin herumgeschrieben. Jetzt versucht er es gerade mit Tolstoi auf Russisch. Die Bücher hat er von den Urlaubern bekommen. Er schaltet den Computer ein. Der altersschwache Monitor leuchtet auf. „Zukunft" zeigt mir sein Hausmeisterprogramm – und dann seinen Schatz: In WORD hat er viele Briefe geschrieben und abgespeichert. Es sind Briefe für Deutsche, Italiener, Franzosen, Engländer und Spanier. Er öffnet einen an eine deutsche Adresse und bittet mich um Verbesserungen. Nur vier von gut 200 Wörtern ändern wir. All die Briefe, es sind um die fünfzig, sind gespeichert für die Zukunft, warten auf Verschickung, denn einen Internetzugang hat „Zukunft" nicht.

Bei unserem letzten Glas an der Bar fragt er mich: „Bin ich auf dem richtigen Weg?"

„Ja, das bist du!"

Am nächsten Morgen verlassen wir das angenehme Hotel. Zum Abschied schenke ich „Zukunft" noch ein auf Deutsch geschriebenes Buch.

Von Traumland aus überqueren wir die Berge, um an die Südküste zu gelangen. Dabei radeln wir durch viele Dörfer. Fast alle wirken irgendwie gleich. Links und rechts der Straßen stehen kleine erbärmliche Häuser aus Lehm, manche auch aus Beton und wieder andere sind aus Brettern zusammengezimmert. Pferde, Schweine und Hühner laufen im Dorf umher und vermitteln so den Selbstversorgerstatus. Kleine Gärten bestimmen die Grundstücksgrenzen. Die Besitzer der Häuser und Gärten sind nicht unfreundlich, sie sind aber auch nicht freundlich. Sie sind meist mit sich selbst beschäftigt, wirken dabei oft abwesend, in Gedanken versunken. Wir beobachten die Menschen bei ihrer täglichen Warterei, denn Busse gibt es kaum und so stehen sie oft stundenlang, um auf Arbeit zu kommen. Dabei hilft ihnen die Staatsmacht. Uniformierte halten die wenigen Autos an und platzieren die Wartenden. Pferdekutschen haben fast völlig den öffentlichen Nahverkehr übernommen.

STROMLOSER CHE

Zwischen den Bergen radeln wir in Santa Clara ein. Diese Stadt ist nicht nur irgendeine Stadt auf Kuba, nein, hier befindet sich das Museum, Monument und Grabmahl von Ernesto „Che" Guevara. Es ist die kubanische Heldenstadt schlechthin. Einwohner von sozialistischen Heldenstädten haben meist das Glück, dass ihre Stadt von vielen Touristen besucht wird und es deshalb Sachen gibt, die es außerhalb von Heldenstädten nicht gibt. Man will ja den Touristen den wunderschönen, siegreichen und einzigartigen Sozialismus vorgaukeln. So haben auch wir Glück, denn es gibt tatsächlich zwei Pizzabuden. Kulinarisch aufgepäppelt machen wir uns in Santa Clara auf dem Weg, den eigentlichen Urheber all dieser Wirren zu besuchen. Die Parkanlage mit dem Che-Monument ist typisch sozialistisch übergroß geraten, erhaben, voll mit in Stein gemeißelten Parolen, architektonisch gigantisch mit viel Beton – und sehr gut polizeibewacht. All das ist kein Problem für uns. Für uns gibt es am Ehrenhügel jedoch ein anderes Problem, ein gut bekanntes: Wir müssen wieder warten. Alle, die Che besuchen wollen, alle, die ihn bewachen, alle, die im weiten Rund der Parkanlage arbeiten oder wenigstens so tun, alle warten sehnsüchtig auf Strom. Ohne Strom gibt es für die Grabstätte kein Licht und somit auch keinen Einlass – denn eine Lichtgestalt ohne Licht, das wäre ja nun wirklich eine sozialistische Großblamage. Da wir aber nicht ewig warten wollen, unsere Zeit ist uns viel zu kostbar, verlassen wir die stromlose Parkanlage, ohne die Grabstätte der Lichtgestalt gesehen zu haben.

Jungpioniere brachten uns doch tatsächlich Kaffee ans Zelt.

Tage später schließt sich fast der Kreis, denn wir sind wieder am Meer. Die Menschen in den Bergen waren nett. Jungpioniere brachten uns doch tatsächlich Kaffee ans Zelt und so mancher Kubaner ließ uns in seinem Hinterhof nächtigen. All unsere Gastgeber waren zwar arm, arm an Pesos, dafür aber reich an Herzlichkeit. Als wir nach vier Wochen und knapp 1000 Radelkilometern wieder im „Lincoln" eintreffen, stellen wir fest, die halbe Hotelbesatzung wurde ausgetauscht.

„Warum?", frage ich an der Rezeption.

„Die haben Nahrungsmittel gestohlen."

Unser Abschiedsfrühstück im „Lincoln" fällt sehr üppig aus.

Im Flieger nach Kairo frage ich Gi: „War Kuba nun ein Karibiktraum?"

„Eine tropische Insel, auf der es für die eigenen Bewohner kein Obst gibt, ist ein Albtraum. Für einen Pauschaltouristen, der die wenigen Früchte im Hotel vorgesetzt bekommt, das herrlich blaue Meer sorglos genießen kann und von Brotmarken und Milchrationen nichts erfährt, für den kann Kuba ein Karibiktraum sein." Dabei blättert Gi in einer der Hochglanzbroschüren. Fröhliche Kubaner lächeln uns daraus an.

ÄGYPTEN

WÜSTENRADELN BIS LUXOR

„Stempel da hin! Bitte, bitte!", höre ich Gi verzweifelt rufen. „Ich habe es gewusst", sagt sie kurz darauf. „Mein Pass ist voll! Der hat ins letzte freie Blatt gestempelt. Ich könnte platzen!"

Zwei Tage später füllen wir die Formulare für neue Pässe aus. Die Angestellte in der Deutschen Botschaft ist nicht unbedingt hilfreich, denn Gi muss erneut Fotos nachreichen. „Die Passbilder sind nicht biometrisch", stellt die Frau schnell fest. „Ich brauche auch unbedingt eine Heiratsurkunde von euch. Kümmert euch, denn in Deutschland sind Ferien. In zwei Tagen ist Jahreswechsel", ruft sie uns nach.

Zwei Wochen dauert der Spaß dann noch und kostet mit knapp 200 Euro pro Pass – dafür aber mit 48 leeren Stempelseiten – unmöglich viel Geld. Unsere alten Pässe werden ungültig gestempelt. Dabei erklärt uns die Dame: „Der Pass ist nun ungültig. Wenn ihr aus Ägypten raus wollt, braucht ihr in dem neuen auch ein neues Visum von Ägypten. Sonst gibt es Ärger."

„Verstanden", sage ich. „Solange wir uns darum bemühen, könnten Sie uns ein Schreiben für das Sudanesische Konsulat in Aswan aufsetzen."

„Mach ich, denn ohne das Empfehlungsschreiben wird

man euch die Visa für den Sudan nicht ausstellen."

„Danke."

„Danke reicht nicht. Bezahlt gleich die 20 Euro dafür. In zwei Tagen könnt ihr das Schreiben dann abholen."

Als wir das Ausländeramt am Tahrir-Platz etwas genervt verlassen, sind wir zumindest Besitzer neuer Ägyptenvisa, haben aber weitere Euro eingebüßt und kennen als Ausgleich nun zahlreiche Büros in der Ausländerbehörde. „Das war ein Hürdenlauf!", stelle ich entnervt fest.

„Aber wir haben es geschafft!", vollendet Gi.

Zwei Tage später, mit dem Schreiben für den Sudan in den neuen Pässen, radeln wir frühmorgens an den Pyramiden vorbei. Nach 50 Kilometern rufe ich: „Geschafft! Wir sind in der Wüste. Ich bin glücklich! 1500 Kilometer sind es bis Luxor, Gi."

Ein Teerband durchschneidet die Wüste. Nach unserer Wüstenstrecke in Oman, den zeitweise kritischen Radeltagen im australischen Outback und den Pampa-Radelwochen in Südamerika sind wir zwar noch immer keine ausgesprochenen Wüstenfüchse, jedoch gut vorbereitet und, gestärkt durch unsere Ruhepause in Kairo, innerlich mit viel Vorfreude aufs nächste Abenteuer eingestellt. Nur eines haben wir in der Zwischenzeit mit den Wüstenfüchsen gemein: Wir lieben die Wüste. Zu unserer Liebe gehört auch die Demut. Nur damit, mit Liebe und auch Hingabe zu diesen ungewöhnlichen und starken Landschaftsformen, ist solch ein Vorhaben überhaupt machbar. Logistisch ist die Strecke nicht unbedingt leicht, doch durchaus erlebenswert, denn einige Oasen, teilweise sogar mit heißen Quellen gesegnet, liegen recht gut verteilt am langen Weg. Nur zwei Mal sind um die 250 Kilometer ohne jegliche Ansiedlung zu überbrücken.

21 Tage Wüstenradeln liegen vor uns. Die Libysche Wüste überrascht uns täglich neu. Zuerst stoßen wir auf die „Schwarze Wüste". Über Tage sind die Steinchen, Felsen und kleinen Hügel dunkel eingefärbt. Im Zentrum ist dann wirklich alles schwarz, oft rabenschwarz. Nur selten schiebt sich gelber Sand dazwischen. Dies wirkt dann sehr bizarr, jedoch einfach schön für die Augen. „Sind wir noch auf der Erde?", frage ich Gi mehr als einmal.

Am Ende der Schwarzen sehen wir nach einem leichten Anstieg urplötzlich die so genannte „Weiße Wüste". „Oh mein Gott!", kommt es da von unseren Lippen. Wir schweben regelrecht in die Schneewittchensenke, beradeln mit viel Anmut das helle Tuch der Schönen und erreichen nach unzähligen Kilometern den Höhepunkt in dieser „Weißen Wüste". Es sind bizarre Gebilde aus weißem Kalkstein. Die von Wind, Sturm und seltenem Regen geformten Schönheiten wirken wie überdimensionierte Regenschirme, Steinpilze oder Fabelwesen. Wir schieben unsere Räder durch das Wüstenmärchen der Natur, machen Rast im Schatten dieser wundersamen Gebilde und sind einfach nur noch happy.

Nach Schwarz und Weiß kommt das, was man sich im eigentlichen Sinne unter Wüste vorstellt, denn Wüste muss einfach auch aus Sand bestehen, am besten aus Bergen davon. Täglich pedalen wir also an immer mehr Sand vorbei, schieben die Räder auf der Suche nach Lagerplätzen durch unheimlich viele Dünen und kommen dabei mächtig ins Schwitzen. Am Ende unserer Wüstentour türmen sich regelrechte Sandberge auf. An der Strecke gibt es auch ein paar kalte und heiße Quellen. Diese ermöglichen das Leben in den wenigen Oasenorten. Natürlich sind die heißen Quellen für uns Badetage und somit Tage der Erholung. In Ägypten kann es im Winter schon sehr kalt werden – und dies gilt dann besonders für die Wüstennächte. Wir erwischen solch eine Phase zwischen den Oasen Farafra und Dachla. Dabei frieren wir besonders heftig in den letzten Stunden bis zur Morgendämmerung. Beim abendlichen Lagerfeuer sagt Gi: „Lass es uns doch mal so wie die Beduinen probieren: Die decken ihr Lagerfeuer mit Sand ab, legen ihre Decken dann auf die Feuerstelle und schlafen somit vermutlich warm. Wir könnten es doch auch so machen, wir stellen einfach unser Zelt auf die Feuerstelle."

Ich bin skeptisch. „Gi, das kann bei einem Zelt nicht funktionieren."

Am nächsten Tag sammeln wir tagsüber mehr Holz als sonst. Jeder ist dabei in Gedanken versunken, denn auch Gi ist sich nicht sicher, ob ihre Idee in die Tat umzusetzen ist.

Am Abend schreiten wir zur Tat. Dank unserer Holzfunde vom Tag entzünden wir ein großes Lagerfeuer in einem 20 Zentimeter tiefen Sandkrater. Als das Holz weit heruntergebrannt ist, verteilen wir die Glut großflächig in der ausgehobenen Kuhle. Danach füllen wir den Sand wieder auf. Wir platzieren unsere Plastikschutzplane für den Zeltunterboden in der Mitte und stellen mit gemischten Gefühlen das Zelt darauf.

„Es tut sich nichts."

„Das dauert, Gi!"

Eine halbe Stunde später spüre ich was.

„Fass mal hier hin, da kommt Wärme!" Ich nehme Gis Hand und drücke sie auf die Zeltplane.

„Es funktioniert!" Gi klingt aufgeregt.

„Du hast recht! Einfach genial, deine Idee! Komm, lass dich küssen!"

Es funktioniert echt gut. Schon lange haben wir nicht mehr so warm geschlafen. Einfach herrlich!

Als wir das Zelt am nächsten Morgen zusammenpacken, gilt meine größte Sorge dem Zeltunterboden und unserer Schutzplane. „Alles ist in Ordnung!", sage ich schließlich überglücklich.

Noch sehr oft heizen wir uns in den nächsten Monaten so ein.

Gut 300 Kilometer vor Luxor flicke ich an Gis Rad zwei Löcher hintereinander. Auch wenn dies Zeit in Anspruch

In der Wüste erfinden wir die Gi-Zeltheizung.

nimmt, so stellen wir doch am selben Tag unseren Rekord an Tageskilometern auf. 143 Kilometer zeigt mir der Tacho gegen 16 Uhr.

Erst in Luxor wird uns so richtig bewusst, wie gut die drei Wochen in der Wüste für uns waren. Natürlich ist Luxor interessant, sehenswert und erlebnisreich, doch uns wird schnell klar, was Tourismus auch alles kaputt machen kann. Nervende Händler, überhöhte Preise und falsche Freundlichkeiten machen uns zu schaffen. Nur wenn Gi arabisch mit den Nervern spricht, kommt deren arabischer Stolz zurück. Erst dann ist vieles einfacher. So erhalten wir auch unsere Bustickets nach Safaga. Mit den Rädern ist die Strecke verboten. Worte wie „Anschläge", „Fundamentalisten" und „al-Qaida" dringen an unsere Ohren.

„Wir wollen keinen Touristenbus! Wir wollen mit dem normalen Bus nach Safaga fahren und auch nicht mehr bezahlen als ihr!", ruft Gi dem Ticketverkäufer auf Arabisch zu.

„Du sprichst arabisch? Okay, dann gehört ihr natürlich zu uns. Ihr seid wirklich keine Touristen."

„Wie viel will er?"

„Um die 8 Euro zusammen."

„Gratuliere, Gi!" Vor zehn Minuten wollte er doch tatsächlich noch umgerechnet 80 Euro von uns. „Luxor ist touristenverrückt!", fluche ich gen Mekka.

ELTERNSTOLZ

Am 20. Februar 2010 fallen wir uns in Safaga um die Hälse, küssen uns und sind glücklich über die unerwartete Familienzusammenkunft. Natürlich haben wir uns unendlich viel zu erzählen, denn in unserer momentan über die ganze Welt verstreuten Familie hat sich in den vergangenen Jahren vieles ereignet: Edith – Gis Mutter – mit ihren über 70 Jahren ist zusammen mit der lieben Johanna – Gis Cousine – nur einen Tag vorher ins Flugzeug nach Neuseeland gestiegen, um Martin, Dana und Leilani zu besuchen. Johanna sind wir dafür besonders dankbar, ist sie doch sozusagen Ediths Bodyguard und Tourguide. Wir wissen Edith in guten Händen bei ihrer Kiwitour.

Nach unserem Besuch bei Martin in Neuseeland hätten wir jedoch nie geglaubt, während unserer Radtour durch die fünf Erdteile auch Matthias und Familie zu treffen. Matthias hatte mir jedoch eine E-Mail geschickt: „Sind für eine Woche in Safaga am Roten Meer."

Leider vergehen die fünf Tage viel zu schnell. Enkelin Lena, uns von vor drei Jahren noch als kleines Mädchen in Erinnerung, ist nun schon eine hübsche junge Dame geworden. Kinder zeigen einem die verfliegende Zeit. Was uns den Abschied von Safaga leichter macht, ist ein Gefühl von Elternstolz, denn genau wie beim Abschied in Neuseeland ist uns auch diesmal klar: Die Kinder haben ihr Leben im

Nach drei Jahren treffen wir Matthias, Simone und Lena in Safaga.

Wir sind elternstolz.

Griff. Was gibt es Wichtigeres für Eltern?

Zurück in Luxor erhandeln wir zwei Tickets für ein Boot bis Aswan. „Die Strecke nach Aswan ist zurzeit gesperrt. Mit Fahrrädern geht da gar nichts", sagt man uns in der Polizeistation.

Drei Tage später bekommen wir – wir sind fast geschockt – nach wirklich nur 15 Minuten unsere Visa im Sudanesischen Konsulat von Aswan in unsere jungfräulichen Pässe gestempelt. Noch fünf weitere Tage müssen wir auf die Fähre über den Nassersee warten. Aswan macht uns die Warterei jedoch leicht.

SUDAN

WÜSTE BIS KHARTUM

Was uns immer wieder überrascht, ist die meist plötzliche Andersartigkeit um uns herum beim Passieren einer Landesgrenze. Die Menschen sind anders, die Ortschaften sind anders, das Essen ist anders – und dies alles geschieht binnen weniger Augenblicke. Etwas liegt hinter uns, etwas völlig anderes liegt vor uns.

Der Grenzort Wadi Halfa wirkt verschlafen. Unsere Absteige für die erste Nacht im Sudan ist sehr einfach. Sandboden im Zimmer und Waschwasser wird aus einem ehemaligen Ölfass geschöpft. Das Trinkwasser befindet sich in schön geformten Tonkrügen. Die Decke ist ein Strohdach mit kleinen Blicköffnungen zum Himmel. Die Menschen in Wadi Halfa sind ruhige Gesellen, freundlich, noch nicht massentourismusversaut und sie lächeln uns aus sehr dunklen Gesichtern zu. Wir genießen diesen Zeitsprung in die Andersartigkeit und erledigen auch gleich die polizeiliche Registrierung, ohne dabei unserem Ärger über die hierfür zu löhnenden Dollars Luft zu machen. Alles geschieht im Zeitlupentempo. Jede Frage und jedes Papierchen braucht unheimlich viel Zeit. Nur die Dollars verschwinden überraschend schnell vom brüchigen Holztisch.

Hasan, unser Vermieter, verabschiedet uns am nächsten

„Füllt immer Wasser nach! Die Wüste ist kein Brunnen. Vergesst das nicht!"

Morgen: „Füllt immer Wasser nach! Die Wüste ist kein Brunnen. Vergesst das nicht!"

„Machen wir! Tausend Dank!"

Über 1200 Kilometer liegen vor uns – über die Ortschaften Dunqula, Karima und Meroe bis zur Hauptstadt Khartum. Bis Dunqula pedalen wir 400 Kilometer durch die Nubische Wüste. Das Gute dabei ist: Bis zu dieser Stadt führt die Straße oft am Nil entlang. Der sehr gute Asphalt glänzt unter uns.

„Erst vor drei Monaten wurde das letzte Stück fertiggestellt", hatte mir Hasan erzählt. Mir war dabei ein Stein vom Herzen gefallen, denn die ehemalige Piste hatte wahrlich nicht den besten Ruf.

Mit dem Trinkwasser haben wir zu Beginn kein Problem,

denn in jeder Ortschaft füllen wir reichlich nach. Erst nach Dunqula wird die Wasserfrage problematischer. Dort lassen die eh schon spärlichen Siedlungen spürbar nach. Zwei Mal radeln wir über 200 Kilometer ohne Versorgungspunkt. Also bunkere ich bei jeder Gelegenheit Wasser. Es ist immer kostenlos zu haben, denn es steht überraschend oft in Tonkrügen auch an der Wüstenstrecke bereit. Es soll ja hier niemand verdursten. So kommen wir stets – wenn auch manchmal erst nach 100 Kilometern – an Wasser ran. Das Tonkrugwasser ist sogar angenehm kühl, so um die 25 Grad, was bei 35 Grad Tagestemperatur durchaus erfrischend wirkt. Nur ein Problem dabei beschäftigt mich sehr lange: Über 50 Prozent der Nilanwohner leiden unter Bilharziose. Das ist eine sehr unangenehme Wurmerkrankung, verursacht durch das Baden im Nil und durch das Trinken von Nilwasser. So genannte Pärchenegel (eine Saugwürmergattung) dringen dabei durch die Haut des Menschen ein oder gelangen in den Magen. Sie wandern über Lymph- und Blutgefäße bis in die Lunge und die Leber, wo sie sich weiterentwickeln und unter anderem zu Fieber, Schüttelfrost, Entzündungen des Nervensystems, Husten und blutigem Durchfall führen können.

Um Aufregung zu vermeiden, sage ich Gi davon nichts. Erst später erfährt sie durch Zufall, dass in den Tonkrügen durchaus solche Pärchenegel vorkommen. Ab da schaue ich noch genauer hin. Um ihr Sicherheit zu vermitteln, kochen wir das Wasser zum Trinken an den langen Wüstenabenden ab und zusätzlich spiele ich filmreif immer den Vorkoster.

Bis Karima – dort liegt die Hälfte der Wüstenstrecke hinter uns – treffen wir nur auf sehr angenehme Menschen. An manchen Tagen sehen wir zwar bloß fünf oder sechs von ihnen, aber alle haben ein großes Herz. In Karima, einem hässlichen Wüstennest, angekommen, beschließen wir, uns nach den vielen Übernachtungen in Staub und Sand ein Hotelzimmer anzuschauen, denn ordentlich duschen und Wäsche machen, das wäre mal nicht verkehrt. Erst dort treffen wir auf den ersten unangenehmen Sudanesen. Das Anschauen ist nämlich schnell erledigt, denn der Eigentümer will nicht einsehen, dass wir keines seiner verdreckten Zimmer möchten.

„Können wir im Hof auf den Eisenbetten schlafen?", fragt Gi.

Mit der Antwort beginnt der kurze Wüstenkrieg. „Ordentliche Frauen schlafen in meinem Hotel nur in den Zimmern!"

Hat der wirklich „ordentliche Frauen" gesagt?

„Was für Zimmer meinst du denn? Du meinst doch nicht die Ziegenställe dort?", sagt Gi sehr laut und zum besseren Verständnis auf Hocharabisch. Die Bombe ist gezündet! Ich warte nur noch auf die Explosion.

Nun sehe ich, wie die verhältnismäßig dünnen Beine des Hotelbesitzers nachgeben. Er wankt und stützt sich dabei mit einer Hand an der Mauer ab, holt angestrengt immer wieder tief Luft und sucht nach Worten. „Geht aus meinem Hotel!" Diesen Satz scheint er zu lieben, denn er röhrt ihn wieder und wieder. „Geht aus meinem Hotel! Geht aus meinem Hotel! Geht aus meinem Hotel!" Sogar als ich bereits vor dem Tor stehe, höre ich ihn noch.

Nach der Explosion bunkern wir in dem staubhässlichen Ort Trinkwasser und Proviant. Bei Karima befinden sich die berühmten Königsgräber, die Pyramiden von al-Kurru. Nicht weit davon entfernt finden wir zwischen den Dünen einen geeigneten Nachtlagerplatz. Am Rand der Dünen gibt es Melonenfelder und einen Brunnen. Der Brunnen hat ein Betonauffangbecken. Die Melonen schmecken köstlich. Das

Auch wenn mancher Tag hart ist,

das Radeln durch die Wüste macht uns sehr viel Freude.

Brunnenwasser ist klar und somit auch gut für unsere ein-
gestaubten Körper und die Wäsche.

Auch wenn mancher Tag hart ist, das Radeln durch die
Wüste macht uns sehr viel Freude. Circa 400 Kilometer vor
Khartum erspähen wir zur idealen Nachtplatzsuchzeit die
Pyramiden von Meroe. Zwischen Sand und Felsen, von einer königlich erhaben wirkenden Anhöhe aus, scheinen sie
uns zuzurufen: „Bleibt hier! Verbringt hier die Nacht! Wir
laden euch ein!"

Die Pyramiden von Meroe sind zwar nicht so hoch wie ihre „Eltern" in der Nähe von Kairo, doch haben sie einige un-
schlagbare Vorteile: Durch ihre große Anzahl – um die einhundert sind es – wirken sie wie ein Pyramidenkindergarten.
Der Spielplatz ist idealerweise zwischen hügeligem Fels mit
viel, viel Sand angelegt. Wechselt man den Besichtigungsort,
so scheinen sich die Pyramiden zu bewegen. Egal, wo man
steht, immer sind sie aus unterschiedlichen Perspektiven zu
sehen. Durch die wunderschöne Lage und die Möglichkeit
der Sichtperspektiven wird der Eindruck vermittelt, die Pyramiden schwebten im Wüstenleerraum. Die Ohren verlieren hier ihre Bedeutung, denn es gibt nichts zu hören. Zu
lauschen, wo nichts hörbar ist, ist sehr angenehm.

Am 6. Nilkatarakt verbringen wir die letzte Nacht auf unserem langen Wüstenweg bis Khartum. Da der Nil gerade
Niedrigwasser hat, reißt uns der Anblick des Katarakts nicht
gerade vom Fahrradsattel, doch finden wir einen guten

Platz mit Aussicht für unser Zelt. In Khartum stoßen wir auf den Weißen und Blauen Nil. An ihrem Zusammenfluss überquert eine Brücke die beiden Ströme.

„Der Blaue Nil ist ja gar nicht blau. Und der Weiße Nil schon gar nicht weiß", stellt Gi schnell fest.

Recht hat sie! „Genau genommen vereinigen sich zwei braune Flüsse zu einer, und dabei gehört schon viel Fantasie dazu, etwas helleren braunen Brühe", gebe ich zurück.

„Ein Fluss heißt Leben. Doch in der Wüste war es schöner für uns."

„Ja, Gi, du hast recht. Lass uns zur ‚Marina' radeln!"

Die „Marina" ist der Treffpunkt vieler Afrikareisender. Ob mit Bus, Auto, Motorrad oder manchmal auch mit dem Fahrrad – fast jeder verbringt seine Khartum-Tage auf der Infobörse. Der Platz macht seinem Namen alle Ehre, denn ein Reisebus von „Rotel Tours" steht für zwei Tage zwischen den Zelten. Zwei Jeeps aus Bayern parken vor der Schiffsrezeption. 40 Deutsche, wir gehören dazu, bevölkern den Platz. Reparaturen, Visabeschaffung fürs nächste Land und lange, lange Gespräche sind angesagt. Jeden Abend genehmigen wir uns eine Wasserpfeife. Basam bringt sie uns. Er erzählt uns viel vom Sudan.

„Vor 20 Jahren war es hier noch schlimm. Hungersnöte und Bürgerkriege gehörten zum normalen Leben."

„Geht es euch jetzt besser?", möchte ich wissen.

„Es geht uns besser. Wir haben zwar kein Auto und auch

kein großes Haus, doch früher hatte ich nur ein einziges Hemd und nur eine Hose. Heute kann ich meine Wäsche wechseln. Das Beste aber ist: Wir müssen heute nicht mehr hungern."

„Das Öl hat viel im Sudan geändert?"

„Ja", sagt Basam, „zum Guten und zum Schlechten. Unser Land steht vor der Teilung, in Darfur geschehen schlimme Dinge und immer mehr Chinesen kommen ins Land."

Kurz vor Mitternacht hören wir aufgeregte Stimmen. „Da ist irgendwas los. Lasst uns schauen!", sage ich zu Gi und Basam. Ein Krokodil wird von einem Auto gezerrt. Es ist fast vier Meter lang und hat am Kopf ein Einschussloch. Der Krokometzger und seine Helfer schärfen die Messer und ein Beil. Vier Stunden brauchen die Männer, bis sie die wertvolle Haut vom Fleisch getrennt haben.

„Das Krokodil hat einen Jungen getötet", sagt Basam.

„Wo?", möchte ich wissen.

„Beim 6. Nilkatarakt."

Gi schaut mich verwundert an und wispert: „Waren wir da nicht erst selbst vor sechs Tagen?"

Das ist ein langer und gefährlicher Weg

Erst nach über einer Woche verlassen wir die „Marina". Die Visa für Äthiopien sind im Pass eingestempelt. Über al-Qadarif wollen wir nach Gallabat zur Grenze radeln. Um die 600 Kilometer sollen es sein. Nach nur 20 Kilometern Fahrt, die staubigen Umrisse von Khartum sind noch erkennbar, stoppt uns überraschend ein alter Mann. „Wohin radelt ihr?"

„Nach Äthiopien."

„Das ist ein langer und gefährlicher Weg!", sagt er und drückt Gi dabei etwas in die Hand.

„Was ist das?"

„Das Pulver hilft gegen Schlangenbisse und andere Vergiftungen", erklärt er uns. „Wenn euch etwas passiert, schluckt es!"

Wir machen erstaunte Gesichter.

„Ich will kein Geld von euch. Es ist ein Geschenk."

„Behalte es! Vielleicht können wir es wirklich mal brauchen", versuche ich, Gis Verwirrtheit in die richtigen Bahnen zu lenken. Sie steckt das Pulver in ihre Lenkertasche.

Die wenigen Ortschaften und Streusiedlungen an der Strecke unterscheiden sich gewaltig von den nubischen Ansiedlungen auf dem Weg nach Khartum. Die Dörfer hier bestehen aus Rundhütten. Bei Sichtung der ersten keimen Afrika-Kindheitsgedanken in mir auf, denn damals war bei mir für Afrika immer die Rundhütte greifbar.

„Dort beginnt Afrika!", rufe ich schließlich.

„Waren auch gerade meine Gedanken", gibt Gi zurück.

Mit dem Auftreten der Rundhütten ändert sich auch die Landschaft. Aus der Wüste wird Savanne. Wir müssen erste leichte Steigungen erradeln. In den Wadis entdecken wir Büsche und Bäume. Tagsüber ist es fürchterlich heiß. In den Nächten hilft uns unsere „Zeltheizung".

50 Kilometer vor der Grenze lädt uns Mustafa in sein Haus ein. „Willkommen! Ihr könnt in meinem Haus schlafen", sagt er. Das so bezeichnete Haus besteht aus drei großen Rundhütten. Eine davon wird unser Lager für die Nacht. Wir sind begeistert. Im Grenzort Gallabat ist dann leider alles anders. „Schlaft hier nicht im Zelt! Das ist zu gefährlich", raten uns die sudanesischen Lkw-Fahrer.

„Ist es wirklich so schlimm?", bohren wir nach.

„Ja, die Äthiopier machen große Probleme. Wir fühlen uns nicht mal in unseren Lastern sicher."

Sicher haben wir uns im gesamten Sudan gefühlt. Es war eine gute Zeit. Auch wenn es im Land so manche Probleme gibt, die Menschen waren immer herzlich. Nur der Hoteleigentümer in Karima war anders drauf.

Ich lösche die Kerze. Im Zimmer ist es eng und stickig.

„Gute Nacht, Gi."

„Was wird uns Äthiopien bringen?"

„Keine Ahnung. Das Land ist sehr arm. Wir werden sehen …"

ÄTHIOPIEN

KULTURSCHOCKWOCHEN BIS ADDIS ABEBA

Jung und Alt rufen uns zu: „You, you! Give me money!" Das hören wir ab den ersten äthiopischen Kilometern fast täglich. An manchen Tagen erklingt es hundertfach. Es schreit aus Hütten, von Feldern, aus Wäldern, von Hügeln, von Eseln, von Bachläufen herauf und sogar aus dem Nichts, denn manchmal sehen wir die Schreier gar nicht. Wir hören dann nur dieses: „You, you! Give me money!" Meist sind es Kinder. Oft können sie kaum laufen, doch „You, you! Give me money!" kommt schon lautstark über ihre Lippen. Viele sind rotzverschmiert, selten sauber, meist barfuß, aber oft sehr niedlich. Leider strapazieren sie unsere Nerven gewaltig. Am schlimmsten sind die Trupps von bis zu zwanzig „You, you!"-Schreiern. Den ultimativen „You, you!"-Höhepunkt erleben wir am zweiten Radeltag. Wir erklimmen langsam eine Anhöhe. 300 Meter rechts von uns hüten Kinder ihre Rinderherden. Als sie uns erspähen, sind ihnen die Tiere egal. Sie rennen wie vom Blitz getroffen auf uns zu. Barfuß flitzen sie über Stock und Stein. Schon vom Weiten ist „You, you! Give me money!" zu hören. Da wir es aber absolut falsch finden, Kindern Geld zu geben, rufen wir ihnen immer entgegen: „No money!" Die Flitzer geben aber die Hoffnung nie auf. Das nervt! An der Steigung holen sie uns diesmal auch ein. Als ihnen jedoch klar wird, dass bei uns absolut nichts zu holen ist, schiebt einer der Jungs, für uns völlig überraschend, einen Holzstecken zwischen die Speichen von Gis Hinterrad. Das blockiert sofort. Ich höre ein Knacken, stoppe umgehend und frage: „Gi, ist alles in Ordnung?" Noch während ich frage, schlagen die ersten Steine neben uns ein. Getrieben von Wut tue ich so, als ob ich einen Stein aufheben und diesen nach ihnen werfen würde. Als die Jungs das sehen, nehmen sie die Beine in die Hand. Wenig später sind sie weg.

Wie können wir sie auf Abstand halten?

Letztendlich haben wir noch Glück, denn Gi ist nicht gestürzt und so grausam das Knackgeräusch auch war, der Schaden hält sich glücklicherweise in Grenzen. Nur zwei der extrastarken Speichen sind verbogen und das Schutzblech ist gebrochen. Ich kann mit etwas Mühe die Sachen wieder in Ordnung bringen. Dabei schaue ich ständig in Fluchtrichtung der Jungs und habe noch immer Rachegefühle in mir.

„Wie können wir sie auf Abstand halten?", brummelt Gi.

Auf den nächsten Kilometern denke ich nach: Seit gestern habe ich nach Attacken selbst drei Mal zu Steinen gegriffen. Was mir dabei auffiel, ist: Als die Jungs sahen, der wirft eventuell zurück, flitzten sie um einiges schneller. Als ich genauer darüber nachdenke, komme ich recht schnell auf eine eigentlich einfache Lösung für unser Problem. „Sie sind zwar flink und clever, doch wurfstärker bin garantiert ich", erkläre ich Gi.

„Du wirst doch nicht nach den Kindern werfen?"

„Ich glaube, es reicht schon, wenn ich nur so tue."

Am gefährlichsten sind die Hirtenjungen. Das haben wir in den letzten zwei Tagen gelernt. Sie sind immer eine größere Gruppe und somit weit gefährlicher als nur zwei oder drei. Ich suche mir einen Stein, platziere ihn gut sichtbar und griffbereit auf meiner Lenkertasche und sage zu Gi: „Wir bleiben ab jetzt immer dicht beieinander!"

Es dauert auch nicht lange, bis die nächste Kuhhirtenbande „You, you!" rufend auf uns zu rennt. Als der Erste Wurfabstand zu uns erreicht hat, stoppe ich, greife zu meinem Stein und mache eine filmreife Wurfbewegung in seine Richtung. Die Reaktion der Jungs ist für uns einfach nur herrlich, denn schon bei meinem plötzlichen Stopp stoppen auch sie. Als sie meinen Griff zu dem Stein erblicken oder diesen auch nur vermuten, flitzen die Ersten. Bei der vorgetäuschten Wurfbewegung flitzt auch der Rest. Sie rufen nicht mal mehr: „You, you!" Jetzt sind sie überrascht, kindlich verunsichert und somit keine Gefahr mehr für uns. Alle weiteren Stopps – und davon gibt es noch reichlich – verlaufen ähnlich.

Zahlreiche Kinder in Äthiopien haben Kopfverletzungen. Diese stammen oft von Steinen. Viele Streitigkeiten werden mit Steinen ausgetragen. Das liebe Vieh wird mit Steinen zur Laufordernung gezwungen oder einfach nur drangsaliert. Steine erzeugen Schmerzen, das wissen die Jungs. Erst viel später wird uns erklärt: „Steine zu werfen, das ist in Äthiopien normal. Es gehört zu unserer Kultur."

Dem täglichen Ärger setzen wir einen täglichen Genuss entgegen. In Äthiopien gibt es neben vielen Steinen auch viel Kaffee, was nicht verwundert, denn der Kaffee soll in Äthiopien – in der Region Kaffa – entdeckt worden sein. Jedes Dorf, jede Stadt hat unzählige Kaffeebuden, Kaffeestände und Kaffeerestaurants. Uns gefallen die einfachen Stände am besten. Das sind meist simple strohbedeckte Hütten mit kleinen Hockern. Die sind auch nötig, denn unsere tägliche Kaffeepause benötigt viel, viel Zeit. Glücklicherweise sind nur Frauen mit der Kaffeezubereitung vertraut, was neben dem Kaffee selbst ein weiterer Glücksumstand sein kann.

Die meisten Frauen sind nämlich recht hübsche Geschöpfe. Wenn nun alle Glücksumstände zusammentreffen, worüber man (Mann) ja nicht traurig sein muss, spielt sich viel Freudiges in den Hütten ab. Und erst wenn nach einer halben Stunde der Weihrauch angezündet wird, dadurch die letzten Fliegen die Flucht ergreifen und es gut riecht, schlürft man seinen Kaffee.

Zwischen fliegenden Steinen und unzähligen Tässchen Kaffee erradeln wir tagelang einen Höhenzug nach dem anderen. „So viele Berge hat Äthiopien?!", schimpft Gi regelmäßig. „Warum hast du mir das nicht gesagt?"

„You, you – wusste es doch selbst nicht."

Die Äthiopier sind allesamt Frühaufsteher. Bereits vor Sonnenaufgang laufen, marschieren, rennen oder klettern sie entlang der Straße, von Berggipfeln herab oder aus Tälern herauf. Dabei wirkt bei ihnen alles spielerisch leicht. Ihr Ziel ist meist die nächstgrößere Ortschaft, denn dort gibt es eine Schule, einen Markt, manchmal auch eine Krankenstation. Die Hälfte der Läufer trägt keine Schuhe. Esel, Pferde und auch Kamele sind ihre Begleiter. Glück hat, wer Tiere sein Eigen nennen kann, denn sie tragen die Lasten über viele Kilometer. Am Morgen dringt auch immer reichlich Qualm aus den spitzen Strohdächern der Dörfer. In den Rundhütten wird gekocht. Der angenehme Nebeneffekt: Der Qualm vertreibt das lästige Ungeziefer. Vor den Hütten tobt das Leben. Es ist eine Mischung aus viel Schmutz, Zärtlichkeit, Grobheit,

Liebe und Hass. Eine Hütte ohne Kinder wäre wie eine Hütte ohne Dach, ohne Leben. Über zehn Menschen in einer Hütte sind keine Seltenheit. Das Leben will überleben. Also laufen alle schon vor Sonnenaufgang.

Von solch einem Dorf aus erblicken wir den Quellsee des Blauen Nils. Auch wenn er 1800 Meter hoch liegt, für uns liegt er noch ziemlich weit unten. 500 Höhenmeter sausen wir abwärts. Nach 60 Kilometern biegen wir links in eine Schotterpiste ein und sind einen Tag später in Tis Abay. Dort erwarten uns schon sehnsüchtig all die nervenden selbsternannten Wasserfallführer, die Bettler, die Kranken, die „You, you!"-Rufer, die Trinkwasserverkäufer und die Märchenerzähler. Ja, in Äthiopien ist man nie oder fast nie allein, schon gar nicht an den Nilfällen. Die Fälle werden „Tis Isat" genannt, was „Dampfende Wasser" bedeutet. Sie fallen bis zu 45 Meter tief und während der Regenzeit ergießen sich die Wassermassen auf 400 Metern Breite. Unsere Besuchszeit ist aber nicht die idealste, denn „Dampfende Wasser" gibt es zurzeit nicht. Pech gehabt? Nein, denn auch zur Trockenzeit wirken die „Schrumpffälle" irgendwie schön auf uns.

Auf dem Rückweg zur Hauptstraße radeln wir an drei Steinbrüchen vorbei. An jedem halten wir kurz an, denn was wir da sehen, kann der Kopf kaum erfassen: Hier arbeiten um die 25 Kinder! Die Jungen und Mädchen schleppen große Steinbrocken oder tragen die steinige Last in Körben

GRENZENLOS

auf ihren Köpfen. In jedem Steinbruch ist immer nur eine ältere Person zu sehen, der „Aufpasser". Die Kleinen tun uns
so unendlich leid.

An einem frühen Morgen rollen wir 20 Kilometer bergab. Von über 2000 Metern Höhe bremsen wir uns auf
1000 Meter hinab. Als wir den Fluss und die Brücke erblicken, machen wir an einer Kaffeebude eine längere Pause
und genießen von dort aus den Blick in die gigantische Nil-
schlucht. Im Canyon ist es feucht und heiß. Es müssen weit
über 30 Grad sein. „Der Abenteurer Rüdiger Nehberg hat
mehrmals hier den Nil befahren, zuerst auf einem Floß,
dann in einem stabileren Boot. 1975 fuhr er zum Beispiel
gemeinsam mit seinem Freund Andreas Scholtz, die beiden
wurden begleitet von Michael Teichmann, einem Fotografen und Kameramann. Am Morgen des 12. Januar wurde
die Gruppe von einheimischen Räubern überfallen. Es kam
zu einer Schießerei. Teichmann wurde dabei tödlich getroffen", erzähle ich Gi beim Kaffee.

„Passt auf euch auf!", sagen uns die netten Kaffeefrauen.
„Viele der Männer da unten sind mit Waffen unterwegs."

„Gi, die Waffenmänner sind das kleinere Problem. Schau
aber mal da rüber, dort müssen wir wieder 1000 Meter
rauf!"

Wir nehmen also wieder Anlauf und nach vielen weiteren Bergen und Tälern, nach Nächten im Zelt oder in Billig-
zimmern treffen wir Tage später ziemlich erschöpft in der

äthiopischen Hauptstadt Addis Abeba ein.

Addis Abeba ist keine schöne Stadt. Um die vier Millionen Menschen wohnen hier. „Wohnen" ist jedoch der falsche Ausdruck, denn es haust schätzungsweise die Hälfte davon in erbärmlichen Wellblechhütten. Nur die wichtigsten Straßen sind geteert. Die Wasser- und Stromversorgung ist – so wie im übrigen Äthiopien auch – ein großes Problem. In den Hüttenvierteln gibt es nur Gemeinschaftstoiletten für einige Hundert Bewohner. Sichtbare Armut ist unsere ständige Begleiterin. Noch nie haben wir in einer Hauptstadt so viele Obdachlose, Bettler und Kranke gesehen. Täglich geben wir daher vom Leid besonders hart getroffenen Menschen etwas Geld für eine Mahlzeit oder Medizin. Nach Indien war uns nicht klar, dass es für Elend noch Steigerungsformen gibt. Vieles tut uns in der Seele weh.

„Schau dir den Jungen an!", sage ich eines Tages zu Gi. An seinem Oberschenkel klafft eine große, tiefe Wunde. Der Knochen ist bereits sichtbar. Mit einer Zeitung vertreibt der Vater die Fliegen. Es riecht fürchterlich. Mir wird übel. „Was machen wir?"

„ Helfen!", entgegnet Gi bestimmt.

Wir sprechen mit dem Vater. „Ich habe kein Geld für die nächste Operation", erzählt er uns. Wir geben umgerechnet 30 Euro. Nur wenig später trägt er den Jungen zum gegenüberliegenden Krankenhaus.

Zwischen all der Traurigkeit verbringen wir unsere

Nächte in „Wim's Holland House". Dort haben wir ein schönes Zimmer, trinken Fassbier, essen vorzüglich und reden mit all den anderen Langzeitreisenden über das arme, verrückte, uns nur schwer verständliche Äthiopien.

Da die Route zum westlichen Grenzübergang, gelegen im Dreiländereck Sudan, Äthiopien und Kenia, immer am bzw. im Ostafrikanischen Graben entlangführt, muss diese Strecke die landschaftlich reizvollere sein, lege ich fest. Die Entscheidung für diesen Übergang fällt ohne weitere Überlegungen recht schnell, denn er liegt am Rudolfsee (Turkana-See) und eine Pistenverbindung führt dann auf kenianischer Seite, nach Überquerung des Äquators, bis zum Victoriasee. Auf den Seiten des Auswärtigen Amts lese ich: „An allen Grenzübergängen nach Kenia gibt es problemlos Visa." Gedanklich ist also alles in Ordnung für mich.

Nach einem schlechten Start – Gi wird noch in Addis Abeba von einem Minibus angefahren – radeln wir in neun Tagesetappen 700 Kilometer bis Arba Minch. Die Strecke ist recht durchwachsen, doch da wir meinen, Äthiopien nach über einem Radelmonat etwas zu kennen, was uns kopfmäßig unheimlich hilft, nehmen wir vieles gelassener und regen uns über all die kleinen und größeren Ärgernisse nicht mehr so auf. Die Steine werfenden Kinder versuche ich auf Distanz zu halten. Die ewige Bettelei, auch von vielen Erwachsenen, versuchen wir zu ignorieren. Schlafen wir nicht im Zelt, so wird für die Unterkünfte an der Strecke die Parole „Die eine Nacht werden wir überleben" ausgegeben. Etwas Verträgliches zwischen die Zähne zu bekommen, ist unser eigentliches Problem. An der Strecke gibt es meist nur Injera, das äthiopische „Nationalgericht Nummer eins" – ein dünnes und schwammartiges Brot. Dieses schmeckt ziemlich säuerlich und hat für uns die Farbe und den Geschmack eines grauen, übel riechenden und sehr muffigen Tafelschwamms. Auf diesen Tafelschwamm wird dann etwas Vorgekochtes geschüttet. Meist halb kalte Bohnen, Reis, Kartoffeln, scharfe Soßen und zwei bis drei verknorpelte Fleischstückchen. Da wir oft Durchfall davon bekommen, decken wir uns mit unzähligen Rollen Keksen ein.

Landschaftsmäßig ist das Grabenbruchgebiet sehr schön. Oft sehen wir Tiere. Fast täglich beobachten wir Bienenfresser. Am Zway, einem Süßwassersee, sichten wir unsere ersten Nilpferde und Pelikane. Auch wenn wir täglich aufs Neue hoffen, ab Arba Minch gibt es keinen Teerbelag auf den Straßen mehr. Schließlich verschwinden auch die Strommasten.

„Wi, wir müssen langsamer machen! Ich bin irgendwie kaputt."

Das Pistenradeln geht uns unheimlich an die Substanz. Die körperliche Belastung ist enorm. Es wird auch täglich heißer. Wir brauchen immer mehr Wasser und größere Hitzepausen. Diese natürlichen Umstände haben aber auch etwas Gutes: Die Strecke ist sehr dünn besiedelt. Die Strohhüttendörfer liegen oft weit auseinander. Somit haben wir höchstens vier nervende Siedlungsdurchradelungen am Tag.

Wir treffen auf die ersten Volksstämme, die noch wie in uralten Zeiten ihr Leben führen. Diese Menschen sind meist freundlich oder einfach nur sehr zurückhaltend. Es gibt keine „You, you!"-Rufer mehr und es fliegen auch keine Steine. Die Leute tragen keine europäische Kleidung. Ziegenleder

Wir treffen auf die ersten Volksstämme,
die noch wie in uralten Zeiten ihr Leben führen.

oder bunte Tücher bedecken ihre dunklen Körper ganz oder auch nur spärlich. Vogelfedern stecken in so manchem Männerhaar. Farbenfrohe Arm- und Fußreifen und gewagte Tätowierungen im Gesicht oder am Körper sind dabei von Stamm zu Stamm recht unterschiedlich. Viele Männer sind mit einem Speer oder Gewehr bewaffnet. Allen gemein ist nur eines: Jeder trägt sozusagen sein eigenes Kopfkissen mit sich herum. Dies ist eine aus Leichtholz gefertigte und der Kopfform angepasste Schlafhilfe. Will der Leichtholzträger ein Nickerchen machen, legt er sich unter den nächsten Baum und schiebt sich die Stütze einfach unter den Kopf.

In Turmi, 80 Kilometer vor dem Grenzort Omorate, ändert sich wieder einiges für uns. In allen größeren Siedlungen an der Piste gibt es immer eine kleine Polizeistation. Diese ist eine Strohhütte oder ein Lehmbauverschlag. Von da aus wird mit einem Seil die Piste abgesperrt. Die Seilmannschaften sind in der Regel nette Kerle und wir erkundigen uns bei diesen Gelegenheiten nach dem weiteren Weg, nach Wasser und wie denn die Menschen auf der weiteren Strecke so sind? In Turmi fragt uns der Postenchef: „Wollt ihr mit den Fahrrädern nach Omorate?"

„Natürlich!"

„In der Richtung, aus der ihr kommt, sind die Stämme friedlich, die Menschen gut und es gibt keine Probleme. In Richtung Omorate, nur wenige Kilometer weiter, gibt es schon seit Jahren Probleme. Vor zwei Tagen wurden wieder zwei Männer erschossen. Bleibt hier! Nehmt ein Auto!"

Es ist noch früher Nachmittag. Wir sind abgekämpft, haben Hunger und Durst. Omorate ist nur 80 Kilometer entfernt. Es ist für uns in der Zwischenzeit wie ein Hoffnungswort, ein Zauberwort geworden, denn wir erhoffen uns von der Grenzsiedlung die Erfüllung unserer kleinen Wünsche. Schon lange warten wir darauf. Auch wenn die Verlockungen sehr groß sind, so siegt vorerst die Vernunft, denn was uns am Polizeiposten erzählt wird, klingt leider sehr ernst. Wir hoffen auf ein Auto am nächsten Tag.

Es kommt jedoch kein Auto. Unsere Stimmung sinkt gen null. In der Siedlung gibt es nur Wasser und die gehassten Kekse. Was es aber im Überfluss gibt, raubt uns dafür fast den Verstand. Es sind Sandflöhe. Mit Einbruch der Dunkelheit gesellen sich zu den Sandflöhen dann auch noch zahllose Moskitos. Sie suchen sich zwischen den Sandflohbissen eine freie Einstichstelle. Gi hat es wieder besonders schlimm getroffen.

Am zweiten Abend im Sandflohdorf schieben wir uns wieder Kekse rein. Dazwischen werden wir uns einig. Egal, wie gefährlich die Mörderpiste bis Omorate nun wirklich ist – das halbe Dorf hat uns in der Zwischenzeit seine persönliche Gruselgeschichte dazu erzählt –, bekommen wir bis morgen früh keine Mitfahrgelegenheit, radeln wir die Strecke!

Am nächsten Morgen starten wir gegen 9 Uhr. Der Postenchef will es nicht glauben. „Heute kommt bestimmt noch ein Auto!", sagt er und schaut uns dabei flehend an. „Ich wünsch euch viel Glück!", ruft er uns später nach.

Mit einem eigenartigen Gefühl in der Magengegend rollen wir die ersten Pistenmeter leicht bergab. Als die letzten Strohhütten der Siedlung hinter uns liegen, wird es sehr ruhig. Die Piste ist nur leicht hügelig und auch der Zustand des Weges lässt uns recht flott vorankommen. Instinktiv halte ich laufend Ausschau. Kein Mensch, kein Tier und keine Strohhütte sind zu sehen. Dabei wird mir klar: Wenn uns hier jemand etwas Schlechtes will, sind wir erledigt. Hier findet uns in den nächsten hundert Jahren kein Mensch! Meine Gedankenspiele werden auf den ersten 20 Kilometern fünf Mal unterbrochen. Jedes Mal ruft mir Gi zu: „Warte!" Die Gründe sind immer andere. Pinkeln, Sonnenschutz auftragen, kleine Pause machen und, und, und.

„Wir müssen schnell hier rauskommen!", sage ich.

Beim sechsten Zwangsstopp sprengt es mir die Nerven. Ich werde laut. Ich werde unfair. Ich brülle und sage nicht so nette Dinge. Die Nerven liegen blank. Nur wenig später bereue ich, begreife die berechtigten Angstgefühle bei Gi und ihren Umgang damit. 45 Kilometer Einsamkeit liegen hinter uns, 45 Kilometer der Furcht. Wir sahen in all dieser Zeit niemanden, keinen Menschen, auch kein Tier und keine Strohhütte. Sonst genieße ich die Ruhe. Heute ist die Ruhe fürchterlich. Plötzlich wird diese Stille leise, aber hörbar unterbrochen. Ich schaue nach hinten und rufe Gi sogleich zu: „Da kommt ein Auto! Versuch es anzuhalten!"

Es ist ein Allradauto mit Kofferaufbau. Ich sage nur einen Satz zu dem Mann: „Können wir mit nach Omorate?" Der Angesprochene nickt nur. Kaum haben wir unsere Sachen verstaut, rast er aber wie vom Teufel besessen los. Er ist ein eigenartiger Kerl. Sagt kein Wort, sondern rast nur, rast und rast! Nach der Freude, den Rest der Mörderstrecke im Auto hinter uns zu bringen, kommen die wirren Gedanken zurück. Ist dieser Mann vielleicht der Pistenmörder? Ich schaue unauffällig in jede Wagenecke. Doch ich bin beruhigt, denn ich sehe nichts, was nach einer Waffe aussieht. Nun genieße ich die Raserei, denn sie wird uns flott nach Omorate bringen. Erholung, gut essen, gut schlafen, gut duschen und ein baldiger Grenzübertritt nach Kenia, schwirrt es mir durch den Kopf.

Erste Hütten tauchen auf. Auf der lehmigen, ausgewaschenen und mit Schlaglöchern übersäten Piste bremst der Mann plötzlich stark ab. „Omorate!", sagt er nur.

„Das ist Omorate?"

„Der Mann hat es doch gesagt, Gi. Sieht wirklich nicht gut aus …"

„Oh mein Gott, das ist Omorate!", höre ich erneut.

Verrostete Blechbüchsen fürs selbst gebraute Bier baumeln an den Hütten und die ersten „You, you!"-Rufe fliegen uns um die Ohren. Ich zünde mir eine Zigarette an, nehme einen tiefen Zug und schaue die belebte Dorfpiste entlang. Auf einmal kommt ein Kerl auf mich zu. „Mach sofort die Zigarette aus oder du hast ein Loch im Kopf!", nölt er kaum verständlich.

„Was?"

„Das ist mein Dorf, mein Fluss, mein Gebiet!"

„Das ist meine Faust – und wenn du mich nicht sofort in

Ruhe lässt, gibt's ein Problem!", antworte ich.

Der Kerl schaut recht blöd und trollt sich. Glück gehabt!

Das einzige Betongebäude im Ort gehört der Polizei. Dort finden wir auch gleich den richtigen Mann für die Grenzabfertigung. Sein Name ist Osman und er ist überraschend nett. Geduldig beantwortet er all unsere Fragen. „Bis zur eigentlichen Grenze gibt es zwei Routen. Ich zeichne sie euch auf. Nehmt die längere, die ist sicherer." Osman stempelt auch gleich unsere Äthiopien-Visa für den nächsten Tag aus. „Das geht nur hier im Büro und nicht an der eigentlichen Grenze", versucht er zu erklären.

„80 Kilometer sind es noch bis zur Grenze?"

„Ja, Gi. Ich kann es nicht ändern."

Mit Sonnenaufgang am nächsten Morgen starten wir, denn wir wollen unbedingt die 80 Kilometer bis zum Nachmittag schaffen. Nach der gestrigen Dusche mit einem Wassereimer, den Keksen, einem Kaffee am Morgen und der Gewissheit, Kenia ist nun greifbar nahe, pedalen wir mit neuer Kraft und voller Tatendrang zum Dorfausgang. Ich stoppe, schaue kurz zurück und sage dabei: „Mach es gut, du unfreundliches und beschissenes Omorate! Ich will dich nie mehr sehen!"

Um die Mittagszeit sind wir jedoch wieder bei Osman auf der Polizeistation.

„Die sichere Strecke ist mit den Rädern nicht machbar. Das Risiko ist uns zu groß, die Strecke ist zu sandig. Da ist nichts mit Radeln. Wir werden die andere Piste versuchen."

„Viel Glück! Passt auf euch auf!", ruft uns Osman nach.

Im ungeliebten Omorate zapfen wir Wasser. Dabei wird uns einiges aus den Taschen geklaut. Auch mein Schweizer Taschenmesser ist weg. Gis Schuhe fehlen. Wir wollen nur noch raus aus Omorate. Am Fluss Omo gibt es den nächsten Ärger. Ein junger, arroganter Kerl hat dort das Sagen über die Boote. Er verlangt einen unverschämt hohen Preis. Gi platzt sofort. Sie radelt zu Osman zurück, sagt dem Typen danach den richtigen Preis und hält ihm einen langen Vortrag, von dem er nur die Hälfte versteht. Dieser endet mit: „Du Arschl…" Das Wort kennt er zwar auch nicht, doch Gi sagt wutschnaubend: „Schau heute Abend in dein Wörterbuch! Nun sagst du mir noch deinen Namen, dann geht's rüber!"

„Mein Name ist Abdul."

Nach gut 15 Kilometern und noch rechtzeitig vor Sonnenuntergang finden wir einen Platz fürs Zelt am Fluss. Der Platz liegt versteckt zwischen Büschen und kleinen Bäumen. Das Ufer hat eine zwei Meter hohe Böschung.

„Da kriecht kein Krokodil hoch", antworte ich auf Gis viele Fragen, denn am flachen Sandufer gegenüber liegen zwei davon in der Abendsonne.

Kaum hat Gi das Zelt aufgebaut und ich bin fertig mit dem Lagerfeuertee, kommt ein Mann langsam auf uns zu, setzt sich an die Uferböschung und schaut gespannt auf unser Treiben. Wir grüßen. Er grüßt zurück. Dabei bemerken wir instinktiv, dass er ein guter Mensch ist. Mit Handzeichen führen wir ein Gespräch. Er hat eine Hütte am Fluss und will in der Nacht auf uns aufpassen. Gi gibt ihm fünf Kekse und einen halben Liter Wasser. Er schaut die Kekse lange an. Drei isst er. Zwei will er seiner Frau geben. Bevor er geht, läuft er noch die Böschung ab. Er hebt den Arm und lächelt dabei. Es sind keine Krokodile da, soll das wohl bedeuten. In der Nacht hören wir Trommelgeräusche und eigenartigen Gesang. Der Wind trägt uns Dorfgeräusche über den Fluss.

„Warum hab ich das schlechte Wort gesagt?"

„Mach dir keinen Kopf, die Nerven liegen einfach blank. Der Mann wird es verkraften."

Am Morgen essen wir jeder drei Kekse und schlürfen den restlichen Tee vom Vorabend. Dabei erleben wir einen unserer schönsten Sonnenaufgänge. Wären die Umstände besser, könnten wir diese Naturlaune weit mehr genießen.

Wir durchradeln einige Stammessiedlungen. 50 Völker gibt es im Omogebiet. Es sind Rundhüttendörfer. Die Kinder sind alle nackt. Mit den Bewohnern haben wir keine Probleme, doch solch schwarze Menschen haben wir noch nie gesehen. Ab und zu treffen wir auf große Rinderherden. Die Hirten sind mit einem Lendenschurz bekleidet und mit Schnellfeuergewehren bewaffnet. Manche der Waffenträger sind freundlich, andere blicken nur finster. Zwischen den

Dabei erleben wir einen unserer schönsten Sonnenaufgänge.

Herden repariere ich zwei Löcher. Mir läuft der Schweiß. „Auch das noch!", fluche ich. In einer Siedlung fragen wir nach Wasser, der Piste und nach der äthiopischen Grenzstation, denn unser Wasser wird knapp. Die Piste ist kaum auszumachen, doch die Grenze kann nicht mehr weit sein. Trinkwasser gibt es nicht. Man zeigt uns jedoch einen Hügel in der Ferne. Davor befindet sich ein rosa glänzender Sodasee. Auf dem Hügel soll die äthiopische Grenzhütte sein. Die Piste bis dahin ist schwierig auszumachen, doch nach viel Fragerei gelangen wir schließlich über einen Pfad zur Grenzstation.

„Sind eure Visa ausgestempelt?"

„Ja."

„Zeigt uns die Pässe!"

„Wo ist der Weg nach Kenia?"

„Dort müsst ihr lang. Sieben Kilometer sind es."

Wir schieben die Fahrräder um den See. Die Piste ist sandig. Kräftemäßig geht es uns beschissen. Wir haben ordentlich Mühe.

„Ich kann nicht mehr, Wi!"

„Ist nicht mehr weit", sage ich noch öfter.

Auf halber Strecke liegt linkerhand eine Siedlung. Wenig später rennen viele schwarze Punkte auf uns zu und nur Minuten darauf umringen uns um die fünfzig Kinder und auch einige Erwachsene. Zwei junge Kerle bringe ich dazu, Gis Rad durch den Sand zu schieben. Wir sind kaputt, haben kaum noch Kraftreserven und schimpfen ständig wegen des höllischen Gebrülls der Kinder. Die Dorfmannschaft geht uns auf die Nerven. Doch drei Kilometer schieben zumindest die Jungs Gis Rad. Sie schwitzen dabei mächtig. Plötzlich aber stoppen sie, zeigen auf einen Hügel mit flachen Steinhäusern und sagen: „Kenia, Kenia!" Ich gebe ihnen ein paar Münzen. Wenig später sind wir allein. Hinter uns rennen die schwarzen Punkte zum Dorf zurück und vor uns erkennen wir die Keniaflagge. „Wir haben es geschafft!", würge ich hervor. „Ich denke, dort wird alles etwas besser werden." Gi antwortet nicht.

Abgekämpft, aber mit neuer Energie im Leib schieben wir recht schwungvoll unsere Räder in den großen Innenhof der Grenzstation. Wir sind irgendwie platt – und doch zufrieden,

denn das von uns in den letzten Tagen nicht unbedingt geliebte Äthiopien liegt hinter uns. Die Grenzbesatzung ist gerade beim Mittagessen. Am Morgen hatten wir nur drei Kekse, Kekse auch am Tag zuvor und Kekse wiederum davor.
Beim Anblick des Essens kommen unsere Hungergefühle
zurück. Ich frage: „Können wir euch etwas abkaufen?"

„Wir sind eine Grenzstation und kein Restaurant!", lallt
einer der Grenzer, also setzen wir uns in den Schatten und
warten, bis der Postenchef mit dem Essen fertig ist. Nur wenig später kommt er auf uns zu und will sogleich unsere
Pässe sehen. Lange blättert er darin herum.

„Ich finde keine Visa für Kenia", sagt er. „Habt ihr ein
Visum für Kenia?"

„Nein", sage ich und füge schnell hinzu: „Im Internet habe ich gelesen, wir bekämen hier das Visum oder zumindest
einen Einreisestempel."

Der Postenchef schaut uns mit großen Augen an. „Alles
falsch! Hier und auch in den nächsten 150 Kilometern gibt
es für euch keine Visa. Und da ihr keine Visa habt, müsst ihr
sofort nach Äthiopien zurück!"

„Das gibt es doch nicht!", höre ich Gi verzweifelt rufen.
Die Aussage des Postenchefs trifft uns hammerhart. Wir sitzen da, ringen nach Worten und wollen die ganze Geschichte einfach nicht wahrhaben. Uns wird schlagartig bewusst,
in welch blöder Situation wir uns befinden: Wir haben nur
noch zwei kleine Rollen Kekse, Wasser haben wir überhaupt

keines mehr und das größte Problem ist, unsere Visa für Äthiopien sind ja durchs Ausstempeln ungültig. Als wir merken, dass all diese Gedanken unser Gegenüber überhaupt nicht interessieren, drohen wir mit einer Benachrichtigung der Deutschen Botschaft. Doch auch das lässt den Stinker kalt. Er sagt uns nicht einmal seinen Namen. Zwischen unseren Hilferufen, Gedankenspielen und Aufforderungen, für uns doch etwas zu tun, sagt er uns nur zwei Mal die gleichen Sätze: „Ihr seid illegal in Kenia! Es gibt drei Möglichkeiten für euch. Die erste ist die beste. Ihr geht, so lange es noch hell ist, zurück nach Äthiopien. In Addis Abeba oder am anderen Grenzübergang bekommt ihr ein Visum für Kenia. Die zweite Möglichkeit ist, diese ist aber nicht so gut für euch, ihr bleibt hier. Ich mache dann noch heute Abend eine Meldung an meinen Chef. Man wird euch in einer oder auch erst in zwei Wochen hier abholen und nach Nairobi bringen. Solange passen wir auf euch auf. Da drüben in der Hütte wird euer Lager für diese Zeit sein. Ihr seid dann unsere Gäste."
Bei dieser Aussage grinst er jedes Mal blöd. „Auf illegale Einreise gibt es bis zu sechs Jahre Haft. Wenn ihr bleibt, beginnt diese Option heute Abend. Seid ihr also heute Abend noch hier, dann habt ihr diese Möglichkeit gewählt. Die dritte Möglichkeit ist: Ihr tut nur so, als wenn ihr zurückgeht. Stattdessen verschwindet ihr einfach dort hinter den Hügeln. Wenn ihr das tut, so werde ich dies spätestens in einigen Stunden wissen. Dann gibt es etwas mehr als sechs Jahre."

Schließlich geben wir uns geschlagen. Es macht keinen Sinn, weiter auf ihn einzureden. Wir setzen uns in eine schattige Ecke und überlegen, was wir überhaupt noch tun können. Immer mehr reift die Überzeugung in uns: Wir werden zurück müssen, auch auf die Gefahr hin, dass das gleiche Spiel auf der anderen Seite erneut beginnt.

„Osman war ein netter Typ. Vielleicht gibt es eine Möglichkeit, unsere äthiopischen Visa wieder gültig zu machen?", ermuntert mich Gi.

„Wir müssten mindestens 300 Kilometer der ungeliebten Pistenstrecke zurück. Dann gibt es eine Querverbindung zu dem anderen Grenzübergang. Nochmals 300 bis 400 Kilometer sind das dann. Heute Morgen haben wir nur die drei Kekse gegessen. Wir brauchen unbedingt etwas zu essen. Das größte Problem ist aber: Wir brauchen Wasser! Ohne Wasser können wir überhaupt nicht weg. Das ist unsere beschissene Lage", sage ich.

Ich mühe mich auf und gehe zu einem der Soldaten. „Wenn ihr uns Wasser und etwas zu essen gebt, verschwinden wir", lasse ich dem Postenchef übermitteln.

Wenig später bringt uns ein Soldat einen Plasteeimer mit Wasser. „Das ist Regenwasser und Essen gibt es nicht!" Dabei schaut er zur Chefhütte und grinst blöd. Viereinhalb Liter füllen wir in drei Plastikflaschen. Zu mehr reicht es nicht. Wir haben zwar Hunger und Durst, doch wir sind uns einig, unsere restlichen Kekse und nun auch das Wasser werden sicherlich bis Omorate reichen.

„Wir werden es uns einteilen. Alle paar Stunden den Magen mit ein paar Keksbissen in die Irre führen und wenn wir sparsam sind, reicht das Wasser auch bis morgen. Morgen müssen wir dann unbedingt zurück in Omorate sein."

„Okay, versuchen wir's!"

Wie zwei geprügelte Hunde verlassen wir den Grenzposten. Zwei Stunden der enttäuschten Gefühle liegen hinter uns. Es ist schon später Nachmittag. Viele ungelöste Fragen schwirren uns durch die Köpfe. Auf den sieben Kilometern bis zum äthiopischen Grenzposten kommen wieder die schwarzen Punkte auf uns zu gerannt. „You, you!", brüllt es. Ich sage zu Gi: „Pass bitte auf, dass uns keiner das Wasser klaut. Das wäre eine mittlere Katastrophe."

Drei Kilometer begleiten uns die Kinder ohrenbetäubend brüllend. Ein Mann schiebt das Fahrrad meiner Frau dabei gemeinsam mit ihr. Gi drückt ihre Hände auf den Lenker und der Mann schiebt von hinten. Als sie sich umdreht, sieht sie, dass der liebe „Helfer" seine Hand in eine der Packtaschen hat. „Der will uns beklauen!" Ich stoppe und schreie den Kerl sofort an. Er zieht die Hand aus der Tasche und komischerweise lächelt er dabei. In der Hand hält er ein Päckchen Brausepulver. Ich wusste gar nicht, dass wir noch so etwas haben. Ich könnte den Kerl umbringen! Dies merkt er sofort, denn er steckt die kleine Tüte sehr langsam wieder in die Tasche zurück. Als ich auf ihn zugehe, rennt er davon. Gi ist am Verzweifeln. Ich brülle einfach nur noch all die anderen an, die nun ebenfalls verschwinden. Nur wenig später sind wir allein. Über diese Frechheit kommen wir nicht hinweg. „Die klauen sogar, wenn sie vorgeben, dir helfen zu wollen! Wie können Menschen nur so sein?", frage ich Gi.

Fünf Minuten später – ich habe so eine komische Vorahnung – greife ich selbst in die Tasche und suche nach den letzten Keksen.

„Sie sind weg! Der Kerl hat doch tatsächlich die Kekse geklaut!", rufe ich ärgerlich. „Scheißäthiopien!"

„In dieses Land gehen wir gerade wieder zurück, Wi."

An den äthiopischen Grenzposten schleichen wir uns vorbei. Wir wollen keinen neuen Ärger, keine neuen Fragen und auch keine weitere Zeit verlieren. Wir setzen auf Osman. Die Sonne ist gerade untergegangen, da finden wir zum Glück unseren Nachtlagerplatz vom Abend zuvor wieder. Auch wenn es schon fast dunkel ist, somit der Lichtschein unseren Standort verraten könnte, mache ich trotzdem ein Feuer. Von unseren letzten 1,5 Litern Wasser koche ich einen schwarzen Tee. Ich zuckere ihn nur leicht. Er soll uns nicht noch mehr Durst machen. Die Hälfte heben wir für den nächsten Morgen auf. In der Nacht höre ich Gis Magen knurren. Mit Sonnenaufgang wachen wir auf. Ein Mann sitzt neben unserem Zelt. Er fragt ironischerweise nach Wasser, Essen und einer Zigarette. Ich bemühe mich, freundlich zu sein, und gebe ihm eine Zigarette. „Du hast ja unsere Kekse nicht geklaut", stammele ich dabei.

Eine halbe Stunde später sind wir wieder auf der Piste.

„Wenn alles klappt, dann kommen wir in zwei bis drei Stunden wieder in Omorate an."

Gi entgegnet: „Ob das A-Loch am Fluss sein wird?"

Das A-Loch ist nicht am Fluss. Dafür werden wir mit zwei netten Bootsführern recht schnell einig. In dem einen Einbaum werden unsere Fahrräder und Packtaschen verstaut. Wir sitzen in dem anderen Einbaum und hoffen nur noch, dass unsere Räder am anderen Ufer auch ankommen.

Auch wenn wir richtig Knast verspüren, unser erster Weg führt uns nicht zu einer Keksbude, wir radeln sofort zum Büro von Osman. Er ist erstaunt, uns wiederzusehen. Wir erzählen ihm die Geschichte vom Keniaposten und fragen dann sogleich: „Kannst du unsere Visa wieder gültig zaubern?"

Osman schüttelt den Kopf, nimmt unsere Pässe und sagt: „Ich kümmere mich, kann aber nichts versprechen."

Nach nur fünf Minuten ist er zurück und zeigt uns stolz einen kleinen Stempel auf unseren alten Visa. „Der macht die Restlaufzeit der alten Visa wieder gültig."

Wir sind happy!

Osman macht uns aber noch mehr Freude. „An der fünften Hütte könnt ihr fragen. Die machen manchmal Spaghetti. Passt aber auf eure Taschen auf!"

Nur zehn Minuten später sind wir doppelt glücklich.

„Könnt ihr uns Spaghetti kochen?", fragen wir. Wir können es kaum glauben, denn die Antwort lautet: „Ja, dauert zwar etwas, aber wir können."

Wir essen viele, viele Spaghetti, Trinken viel, viel Tee und stellen fest, nach längerer Zeit scheinen wir wieder mal einen Glückstag zu haben. Wir haben gültige Visa und die Bäuche sind endlich voll. Dabei schaue ich ständig zu unseren Taschen an den Rädern. Nur zwei Mal muss ich eingreifen. Ich laufe zur Dorfwasserstelle, um Wasser zu zapfen. Da sehe ich zwei Lkws mit Anhängern. Getreidesäcke aus Europa haben sie gebracht. Es ist eine Hilfslieferung. Auf dem Platz, an dem wir vor zwei Tagen beklaut wurden, werden heute Getreidesäcke entladen und verteilt. Komische Welt ist das manchmal! Die EU sendet Hilfe und uns beklaut man, spukt es mir durch den Kopf.

Ich frage, ob sie uns mitnehmen können und was es kostet. „Es kostet nichts, beeilt euch nur. Wir fahren gleich los", sagt der Fahrer. Er heißt Ali.

Gemeinsam fahren wir auf der Mörderpiste zurück. Kurz hinter Turmi spannen wir unser Moskitonetz auf der Ladefläche des Lkws auf und verbringen da die Nacht. Bis Konso, es sind um die 200 Kilometer, braucht Ali zehn Stunden auf der grottenschlechten Straße. Die restlichen 350 Kilometer bis zum Grenzübergang Moyale legen wir radelnd zurück. In Moyale nehme ich Gi in den Arm. „Geschafft!", sage ich dabei.

„Geschafft haben wir es vielleicht morgen, denn geschafft

Kurz hinter Turmi spannen wir unser Moskitonetz auf der Ladefläche des Lkws auf.

ist es erst, wenn wir das Kenia-Visum bekommen!"

„Fast zwei Monate Äthiopien reichen irgendwie. Wird schon klappen!"

„Ich bin müde!", sagt sie nur und geht langsam zur Zimmertür. Ich bleibe im Hof sitzen, zünde mir eine Zigarette an und lausche den Nachtgeräuschen. Ein Mann mit sehr dunkler Hautfarbe setzt sich dazu. Er fragt nach meinem Namen und möchte eine Zigarette. Ich gebe ihm eine. Da ich keine Lust verspüre, meinen richtigen Namen zu nennen, sage ich: „Mein Name ist Rambo."

Meistens, wenn ich einen Spaß machen will, sage ich: „Mein Name ist Rambo." Oft lachen dann die Fragenden, denn sie kennen den Actionhelden. Dieser Mann sagt jedoch nur: „Das ist aber ein schöner Name!"

Den Rest der Zigarettenlänge verbringen wir schweigend. Als ich gehen will, meint er: „Gib mir bitte noch eine Zigarette! Und ich möchte dich was fragen."

Qualmend sitzen wir wieder nebeneinander. „Warum ist der liebe Gott ein Weißer?", will er von mir wissen.

„Ich denke, der liebe Gott ist kein Weißer. Gott ist ja für alle Menschen da. Deswegen ist er viel unterwegs. Und da er ständig unterwegs ist, verbringt er seine Zeit in Schneeländern, in Wüstenländern, in Dschungelländern und manchmal auch in Äthiopien. Ich denke, er ist nicht weiß. Ich denke auch, er ist nicht schwarz. Er muss irgendwie ein braunes Gesicht haben, denn die Sonne scheint ja überall. Ja, ich denke, er ist sehr braun, denn er muss ja, da er viel unterwegs ist, viel in der Sonne sein."

Lange schweigen wir, dann sagt er: „Das ist eine gute Antwort! Ich denke nun auch, so ist es! Aber warum haben alle Engel in unserer Kirche weiße Gesichter?"

Ich schaue in sein schwarzes Gesicht und antworte mit großer Bestimmtheit: „In Büchern habe ich Engel gesehen. Auf Bildern habe ich Engel gesehen. In Kirchen habe ich Engel gesehen. Ihre Gesichter waren natürlich weiß, aber auch schwarz und braun. Ich kann mich sogar an rötliche und gelbe Gesichter erinnern. Engel haben alle Gesichtsfarben!"

„Ich glaube dir. Aber warum sind die Gesichter der Engel in meiner Kirche weiß?"

„Ich denke, euer Engelmaler hatte keine anderen Farben.

Wenn ihr mal welche habt, so übermalt einfach die Gesichter. Es wird sicherlich niemanden stören."

Er drückt seine Kippe aus, erhebt sich, reicht mir seine schwarze Hand zum Abschied und sagt: „Danke für die guten Antworten. Ich glaube dir! Morgen werde ich etwas Farbe kaufen."

Als er mit dem Dunkel der Nacht eins wird, verspüre ich plötzlich einen unendlichen Frieden in mir. Er hat mir gutgetan. Er hat mir den Frieden mit Äthiopien zurückgebracht, denke ich. Was sind schon unsere Probleme gegen die Probleme in diesem Land?

KENIA

KNOBLAUCHDUFT, MUZUNGU UND SIMBA

„Visa?", fragt uns ein junger Mann. Wir zucken zusammen. Nur 30 Minuten später sind wir erleichtert. „Wir haben die Visa. Gott sei Dank!", jubeln wir. „Nehmt unbedingt ein Auto bis Isiolo! Mit den Rädern wird das nichts. Ist nur schlechte Piste und Banditenland!" Wir machen wohl irgendwie dumme Gesichter, denn er fährt sogleich fort: „Glaubt mir, ist wirklich gefährlich! Ab Isiolo gibt's weniger Probleme und auch eine Teerstraße. Fragt meine Freunde, wenn ihr mir nicht glaubt."

Die Freunde erzählen uns von Viehdieben, Stammesfehden, Banden, Verbrechern, Mördern und vielem mehr. „Wir nehmen ein Auto. Sicher ist sicher! Omorate war spannend genug", schlage ich vor. Gi nickt wohlwollend.

Wir werden mit dem Lkw-Fahrer zügig handelseinig. Auf die „erste Klasse" im Fahrerhaus verzichten wir. Wir wählen die billigere „zweite Klasse" auf der Ladefläche. Zwei Stunden vor der zugesagten Abfahrtzeit sind wir am Lkw. Wir sind die Ersten – zumindest was die lebende Fracht betrifft. Die leblose Fracht ist schon geladen. Es sind schätzungsweise um die 180 Säcke voll mit Knoblauch. Die Knoblauchsäcke reichen bis unter die Ladeflächenplane. Nur das letzte Drittel zum Fahrerhaus hin ist um drei Säcke niedriger gestapelt. Wir finden unter der Plane gerade noch genug Platz, um die Fahrräder und einen Teil der Packtaschen zu verstauen. An einer der Bordwände versuchen wir mit unseren anderen Taschen, Decken und Hängematten einen gemütlichen Lagerplatz auf den Knoblauchsäcken hinzubekommen. Nach einer Stunde ist der Transporter randvoll. Der Fahrer und drei Helfer steigen ins Fahrerhaus. Einer der Männer trägt eine AK-47 wie ein Baby in seinem Armen. Schon in Äthiopien war mir dieser Waffentyp unter den Omo-Stämmen aufgefallen. Eine Fehlzündung und viel Rußausstoß kündigen den Start an. Der zweite Versuch klappt. Danach hoppeln wir über und durch riesige Lehmpistenlöcher zum Ortsausgang von Moyale. Genau 24 Stunden dauert die Fahrt für die 500 Kilometer bis Isiolo. Dies entspricht einer stolzen Durchschnittsgeschwindigkeit von 20,83 km/h. Die Piste gehört leider zur übelsten Sorte. Dies spüren wir schon auf den ersten Metern und sind heilfroh, endlich in Isiolo anzukommen. Drei kurze Pinkelpausen wurden eingelegt, zwei Reparaturen am Lkw erfolgreich durchgeführt und eine halbstündige Hilfsaktion für einen anderen Transporter absolviert. Trotz dieser bandscheibenvernichtenden Pistenquälerei, der fast unerträglichen Langzeit-Stinkerei, den Revierkämpfen auf der Ladefläche, viel Staub und einer fast schlaflosen Nacht war die Entscheidung, mit dem Knoblauchtransporter die Piste zu meistern, für uns richtig. Nur ein Mal kam kurz die AK-47 in meinen

Kopf zurück: Der Lkw stoppte mitten in der Nacht und aus dem Fahrerhaus war Aufregung zu erahnen. Zum Glück war es aber keine von den gefürchteten Banden, sondern eine große Herde Elefanten. Die Waffe konnte zum Glück weiter schweigen.

In Isiolo satteln wir wieder die Fahrräder, um in Richtung Nairobi zu pedalen. Dabei schimpft Gi über jeden Berganstieg. Am Mount-Kenya-Massiv – es ist mit 5199 Metern das zweithöchste Bergmassiv in Ostafrika – radeln wir vorbei. Seine Gipfel sind schneebedeckt. „Komisch!", sagt Gi. „Ich denke, hier soll irgendwo der Äquator sein?"

Am Äquator sind wir dann auf knapp 2000 Höhenmetern. Bei 20 Grad machen wir eine Winteranfangspause. „Ich friere!", ruft Gi dann noch tagelang bis Nairobi.

Obwohl die Stadt erst vor etwas mehr als hundert Jahren gegründet wurde, ist ihr ihre in der Zwischenzeit erlangte Wichtigkeit anzumerken. Sie hat ein vielfältiges Gesicht. Ihre Gesichtszüge verteilen sich auf 1650 Metern Höhe. Fast 3 Millionen Einwohner leben hier. Der soziale Status ist etwas untypisch, denn von unerwartet reich bis erwartet bettelarm reicht die breite Skala. Dieser relativ reiche Eindruck der Stadt ist das eigentlich Untypische. In den Reichenvierteln – und davon gibt es recht viele – grenzt man sich mit Stacheldraht, Elektrozäunen und Wachpersonal ab. In den Armenvierteln sind es die Gerüche, verrostetes Wellblech und staubige Straßenzüge, welche den Status anzeigen.

Allerdings ist man hier ebenfalls sehr wachsam. Auch kleiner Besitz will geschützt sein. Nairobi gehört zu den gefährlichsten Städten weltweit. Das nächtliche Nairobi meiden wir daher. Bei Tag beruhigen uns die vielen Polizisten im Innenstadtbereich. Somit können wir auch unsere Tour bis zur Küstenstadt Mombasa recht gelassen vorbereiten.

Als wir Nairobi in Richtung Osten verlassen, erschallen wieder die uns bereits bekannten Muzungu-Rufe. „Muzungu, Muzungu!" („Weiße, Weiße!"), hören wir täglich. Es ist ein Signalruf für die Kinder und auch Erwachsenen untereinander. Alle, die uns noch nicht gesehen haben, wissen nun: Da sind Weiße auf dem Marktplatz, im Dorf unterwegs oder radeln einfach nur die Straße entlang. Dieses Muzungu klingt meist freundlich. Es sind nicht die nervenden „You, you!"-Rufe wie in Äthiopien. Nach Muzungu kommen meist noch weitere Worte oder Sätze, doch von Tag zu Tag, von Woche zu Woche lernen wir auch, dass gesprochene oder gerufene Nettigkeiten durchaus unterschiedliche Bedeutungen haben können. Es gibt da nämlich die wirklich freundlichen, aber auch die anders freundlichen und manchmal auch die sehr unfreundlichen Menschen. Die anders freundlichen verfolgen mit ihrer gespielten Nettigkeit gegenüber uns Muzungu irgendein Ziel. Sie möchten meist etwas geschenkt haben. Am liebsten ist ihnen Geld. „Gib mir Geld!" Auch wenn sie oft gut englisch sprechen, „bitte" bleibt einfach ein ungesagtes Wort. Was uns dabei noch stört? Die komische eindringliche Art der Forderungen. Damit haben wir so unsere liebe Mühe.

Nach zwei Tagen Fahrt stellt Gi sehr viele Fragen: „Wann kommen denn die zwei Nationalparks? Gibt es dort wirklich so viele wilde Tiere? Wir zelten aber nicht in den Parks? Gibt es Krokodile? Was mache ich, wenn eine Herde Elefanten kommt? Ich habe Angst vor dem Simba! Was mache ich, wenn mich ein Simba anfällt und fressen will? Eine Frau hat gesagt, ich solle da ja nicht durchradeln!"

All ihre Fragen beantworte ich gezielt frauenfreundlich: „Die Parks durchradeln wir ab morgen, übermorgen oder überübermorgen." Um Gi aber wirklich zu beruhigen, erzähle ich: „Hier in der Gegend gibt es wirklich den Simba, allerdings auch viele andere Tiere, die er jagen kann. Eine Begegnung mit einem Löwen ist sehr, sehr unwahrscheinlich. Die Kerle wollen ihre Ruhe haben und stehen in der Regel nicht auf Muzungufleisch. Wenn aber doch einer kommt und du keinen Baum in deiner Nähe zum Raufklettern siehst, dann schrei einfach wie wild und leg dich unter dein Fahrrad. Wenn er da reinbeißt, haut der bestimmt ab!"

„Glaub ich dir alles nicht." Einige Wochen später hilft uns jedoch dieses ohrenbetäubende Gebrüll und die Leg-dich-unters-Fahrrad-Variante durch eine recht gefährliche Situation. Aber dazu später mehr …

Vier Radeltage darauf erblicken wir die Schilder der zwei Nationalparks. Der Tsavo-East und der Tsavo-West, beides eigenständige Nationalparks, werden ab hier auf einer Länge von gut 180 Kilometern durch das vor uns liegende Teerband durchschnitten. Schutzzäune vor den „großen Fünf" – Elefant, Nashorn, Leopard, Büffel und Simba – gibt es nicht, denn hier leben nur wenige Menschen und die Parks sind außerdem flächenmäßig die größten von ganz Kenia. Nur drei kleinere Ortschaften sind auf unserer Karte eingezeichnet. Wir starten an diesem Morgen kurz nach Sonnenaufgang, denn wir wollen unbedingt eine der Ortschaften vor Einbruch der Dunkelheit erreichen. „Ich mag nicht im Simbaland zelten!", höre ich schon tagelang. Nur 20 Kilometer weiter erblicken wir zeitgleich und für uns völlig überraschend drei Köpfe, die aus einer Gruppe großer Akazien hervorschauen. „Giraffen!", rufen wir aufgeregt. Unser Anblick oder die Rufe verwirren die Tiere, denn die drei Köpfe verschwinden sehr schnell wieder im Grün.

„Die wollten die Straße überqueren", sage ich zu Gi. Genau in dem Moment laufen die Giraffen längs unserer Fahrtrichtung an uns vorbei. Zwischen den Akazien und Büschen erkennen wir mehr als die drei. Sie sind auf der Flucht vor uns. Giraffen im Eiltempo wirken unheimlich elegant. Durch ihre unendlich langen Körper scheinen die Bewegungen wie in Zeitlupe aufgenommen. Diese leichtfüßige Eleganz begeistert uns.

Am Nachmittag erreichen wir die erste Ortschaft im Parkgebiet. Am Ortseingang weiden im Savannengras einige Zebras.

Die Siedlung Mangani ist für uns eine kleine Enttäuschung. Wir haben Besseres erwartet. Ungefähr 30 Häuser, Schuppen und Hütten ziehen sich geduckt beidseits der Straße entlang. Es gibt aber zumindest drei einfach gestrickte Restos und drei ebenso einfache Lodges. Auch wenn der Preis für die bessere Unterkunft gleich um ein Drittel höher ist und somit umgerechnet 1 Euro mehr kostet, schlagen wir sofort zu, denn das kleine Zimmer hat eine Dusche und ist für diese Preisklasse erstaunlich sauber ausgefegt. Die Siedlung ist eigenartig, sie wirkt zwischen den beiden Nationalparks so gar nicht touristisch, irgendwie wie versehentlich hier abgestellt oder zum Abriss freigegeben. Wir wagen trotzdem einen Spaziergang im Gelände der Vergessenen. Den Zebras folgen wir dabei.

Den Zebras folgen wir dabei.

Poch! Poch! Ich schaue auf die Uhr. Es ist bereits 22 Uhr. „Wer will denn jetzt noch was von uns?" Ich schaue durch das kleine Fenster. Drei böse dreinblickende Männer stehen vor der Tür. Der kleinste sagt: „Wir sind von der Kripo! Macht auf, sucht eure Pässe! Wir müssen dringend mit euch reden."

Nach einer aufregenden Gesprächsrunde ist klar: Wir haben uns die falsche Ortschaft zum Übernachten ausgesucht. Als wir die Begrüßungszebras verfolgten, haben wir viel zu spät gemerkt, dass wir in einen offenen Vollzug geraten waren. Es gab keinen Zaun. Die gestreifte Kleidung der Insassen kam uns zwar spanisch vor, aber schnell half uns ein Wachmann und schickte uns zum Gefängnisausgang.

Die Geschichte mit den Zebras und unserem somit ungewollten Besuch im Gefängnis nimmt uns der Kripomensch mit Namen Sullubu nach längeren Erklärungen glücklicherweise ab. Die Gedanken von Sullubu gingen in eine ganz andere Richtung: „Ich dachte wirklich, ihr wolltet irgendwelchen Gestreiften zur Flucht verhelfen. Vom Gefängnis aus hat man mich angerufen."

Als Sullubu unsere Fahrräder sieht, fragt er: „Ihr seid doch nicht etwa mit den Fahrrädern durch den Park bis hierher geradelt?" Wir antworten natürlich wahrheitsgemäß. „Das gibt es doch nicht! Alle Achtung!", brummelt er dann vor sich hin. Frage folgt auf Frage. Er will vieles von unserer Tour wissen. Als er endlich genug hat, sagt er:

„Okay, der Fall ist erledigt!"

Zum Abschied frage ich ihn noch wegen des Gefängnisses. „Es gibt da keine Mauer und keinen Zaun. Ist das etwa ein offener Vollzug für leichte Jungs?"

„Da täuschst du dich aber gewaltig. Da sind nur schwere Jungs drin. Das Gefängnis befindet sich nicht ohne Grund in dieser Gegend. Keiner würde hier abhauen. Die haben Angst. Sie haben Angst vor den wilden Tieren. Die meiste Angst haben sie vor den Löwen und den Elefanten. So spart Kenia Mauern, Stacheldraht und viel Personal. Radelt ja nicht in der Dunkelheit! Das ist dann wirklich gefährlich!"

„Knasthausen" verlassen wir tatsächlich erst nach Sonnenaufgang, wegen der Löwen und so. Nach zwei Tagen erreichen wir das südliche Tor des Nationalparks Ost. Es gibt dort auch eine kleine Siedlung. Diese erinnert uns aber stark an die letzte, deshalb fragen wir die Parkranger: „Können wir auf eurem Gelände einen Platz fürs Zelt bekommen?"

Sie zeigen uns solch einen Platz zwischen viel Grün, Elefantenschädeln, Nashornknochen und Antilopenskeletten. Zum Dank verteile ich Glimmstängel. Während unserer Qualmzeit erzählen uns die Parkwächter: „Eure Entscheidung, uns zu fragen, war gut, denn im nahen Dorf sind die Menschen nicht einfach. Hier ist ein sicherer Ort – auch wegen der Tiere."

„Gibt es viele?", frage ich.

„Heute Nachmittag ist hier eine Herde Elefanten durchgezogen und nur zwei Stunden später ist eine sechsköpfige Löwengruppe zur Teerstraße gelaufen. Auf der anderen Straßenseite sind die Löwen dann im Busch verschwunden."

Es kommen bis zu unserem Aufbruch am nächsten Morgen aber keine Löwen und auch keine Elefanten mehr vorbei. Eigentlich schade – zumindest für mich, denke ich noch lange.

ALBTRAUM IM PARADIES

Gi ist zufrieden. Ohne Simba-Begegnung radeln wir in Mombasa ein. Die Stadt wird von den Strandurlaubern entlang der Küste Kenias in der Regel gemieden, denn auch Mombasa hat den Ruf einer Kriminellenhochburg weg. Das ist eigentlich schade, denn die Metropole hat viel kenianische Einmaligkeit und Schönheit zu bieten. Gegenüber Nairobi ist die Hafenstadt schon uralt – und da der Seehandel mit Ägypten, Indien, Persien, Arabien und weit später mit Europa schon immer eine wichtige Rolle spielte, spiegelt sich dies alles im heutigen Stadtbild wider. Egal, wo wir uns in Kenia aufhalten, wir versuchen immer, in der Nähe eines Tempels oder einer Moschee eine Unterkunft zu finden. Die Menschen in diesen Vierteln sind einfach netter, freundlicher und hilfsbereiter. Die Unterkünfte sind sauberer, sicherer und, was ebenfalls wichtig ist, in der Nacht ist es angenehm ruhig. Wir kaufen auch immer in diesen Vierteln ein, denn die Hemmungen, einen Muzungu übers Ohr zu hauen, sind bei den Indern und Arabern weit größer. Die oftmalige Anmache, fordernde Bettelei und, wenn auch sehr selten, der spürbare Rassismus gegenüber uns Weißen sind hier, wenn überhaupt, nur Randerscheinungen. Wir fühlen uns einfach wohler und somit weit besser aufgehoben.

In Mombasa ist die Suche nach einer Wohlfühlunterkunft recht leicht. Wir finden eine Bleibe in der Altstadt. Mehr als

20 Moscheen überragen das Altstadtviertel. An das Stadtviertel der Araber grenzt das Stadtviertel der Inder. Mombasa gilt auch als die Stadt der Tempel. So verwundert es nicht, dass wir einige Tage brauchen, um all die Gassen zwischen den Moscheen und Tempeln zu erradeln. Beide Stadtviertel besuchen wir auch in den Abendstunden. Nie fühlen wir uns dabei unsicher. Es sind unsere einzigen Nachtgänge in ganz Kenia. Doch so schön auch Mombasa auf uns wirkt, uns treibt es weiter Richtung Tansania. Um Radelkilometer zu sparen, pedalen wir zur Stadtfähre. Wir wollen nach Likoni übersetzen. Von dort aus soll uns die Küstenstraße immer südwärts bis zur Grenze bringen. Doch bevor wir an der Fähre eintreffen, radeln wir erst noch unter einem Wahrzeichen der Neuzeit hindurch. Es sind die vier berühmten und auch recht groß wirkenden Tusks (Stoßzähne), welche im modernen Mombasa eine Straße überspannen.

Nach einer recht chaotischen Fährüberfahrt treffen wir am frühen Nachmittag in Tiwi ein. „Dort findet ihr ein Strandparadies vor!", wurde uns in Mombasa versichert. Von der geteerten Hauptstraße führt eine drei Kilometer lange ungeteerte Piste ins Dorf. Das eigentliche Zentrum besteht aus wenigen Korallensteinhäusern und Hütten. Der Rest der Siedlung versteckt sich geschickt über drei Kilometer Breite und etliche Kilometer Länge am schönen Strand und im buschigen Hinterland. Die erbärmlich aussehenden Hütten sind im Buschland verteilt. Die sehr großen, angenehm anzuschauenden Anwesen befinden sich, wie sollte es auch anders sein, am Strand. Hier gibt es nur zwei soziale Schichten, wird uns schnell bewusst. „Entweder gehörst du zur großen Anzahl der Armen oder zu den wenigen Stinkreichen", sage ich zu Gi. Wir stoßen zufällig auf die „Thika-Lodges". Sie wurden uns bereits in Mombasa überschwänglich empfohlen. Man könne dort auch sicher campen. Die Aussagen passen wie die Faust aufs Auge. Wir bauen unser Zelt zwischen Palmen auf goldgelbem Sand auf und nur wenig später versinken wir in einer Traumwelt. Meeresrauschen, blaugrün erscheinende Wellen, diebstahlbereit dasitzende Äffchen und wohltuende Ruhe rahmen diese bilderbuchhübsch ein. Bevor wir über die Korallenblöcke bis zur Riffkante laufen, legen wir alles ins Zelt oder binden die Sachen mit Schnüren diebstahlsicher fest. Erst danach verschwinden die Affen, um bei den Zeltnachbarn nach dem Rechten zu sehen. Wenn Ebbe ist, können wir kilometerweit die Riffkante entlanglaufen. So etwas haben wir noch nie erlebt! Der Kontrast von gelbem Sand, grünen Algenwiesen, grauschwarzem Riffkantenfels und blauen Wasserlöchern zum Badewannenspaß ist unbeschreiblich schön, interessant und verlangt einfach nach weiteren Wanderungen am Traumstrand. Bei jedem Ausflug erleben wir neue Überraschungen. Der Höhenunterschied zwischen Ebbe und Flut beträgt hier unglaubliche acht Meter und sorgt somit für eine unvorstellbare Vielfalt an Entdeckungsmöglichkeiten. Hundertfach flitzen gold-gelbe Krebse vor uns her. Fische, so bunt wie die Welt, tummeln sich in den blaugrünen Wasserlöchern. Tintenfische verstecken sich in kleinen Korallenhöhlen. Seesterne in glutroter Feurigkeit erfreuen unsere Augen. Unsere Schönheitsfavoriten bleiben aber die herrlich bunten Nacktschnecken (Prachtsternschnecken), die im Meer leben. Hier scheint ihre Wasserhauptstadt zu sein, denn täglich beglücken uns die farbenfrohen Winzlinge. Ihre unglaublich starke, kräftige und vielseitige Buntheit von Sonnenblumengelb, Stahlblau, Kleeblattgrün und auch Feuerrot macht die Winzlinge zu Farbabenteuern. Jeden Abend entfache ich ein kleines Lagerfeuer. Ein starker Kaffee, Gedanken über Gott und die Welt, nahes Meeresrauschen, erste sichtbare Sterne und etwas später dann der Mond lassen die Tage der Ruhe, Erholung und Entdeckungen am Indischen Ozean standesgemäß ausklingen.

Der Abschied von Tiwi fällt uns nicht leicht, doch nach einem kräftigen Frühstück tun wir, was wir müssen. Es drängt uns weiter und so kehren wir dem Paradies den Rücken. Letzte schnelle und auch gierige Blicke sollen dabei den Abschied erleichtern. Nur wenige Minuten später schlägt die andere Faust mit ungeahnter Härte zu: Auf dem Weg zur Hauptstraße werden wir von vier jungen Kerlen, bewaffnet mit Macheten, überfallen. Das Strandparadies wird zum Albtraum!

Das Strandparadies wird zum Albtraum!

Wir verlassen den Campingplatz der „Thika-Lodges" gegen 9 Uhr. Die Piste zur Hauptstraße ist sehr schlecht. Wir können nur im Schritttempo radeln oder müssen gar schieben. Gi ruft mir zu: „Hörst du die Geräusche? Das müssen Affen sein!"

Es sind jedoch keine Affen, denn nur wenige Augenblicke später springen vier junge Kerle aus dem dichten Buschwerk. Dabei schwingen sie ihre Macheten und brüllen: „Gebt uns die Taschen!"

Wegen einiger glücklicher Umstände dauert dieser Raubüberfall nur ungefähr eine, für uns aber sehr lang erscheinende Minute. Wir haben vorher nie darüber gesprochen, was wir machen, wenn solch eine Situation eintreten sollte. Ich dachte immer, es würde auch keinen Sinn machen, denn wenn es wirklich so weit käme, wäre sowieso alles anders, als man vorher abgesprochen hätte. Vielleicht verdrängt man auch unbewusst diese Problematik und ist sich relativ sicher, dass es einen selbst schon nicht treffen würde. Die sicherste Lösung bei solch einem Problem schien uns: Gib den Verbrechern alles, was sie wollen! Wehr dich nicht, denn so ist die Wahrscheinlichkeit recht groß, dass du selbst unbeschadet davonkommst! Dies wird auch so auf den Seiten des Auswärtigen Amts empfohlen, denn die Verbrecher sind gerade bei Gegenwehr oft unberechenbar.

Ich rufe Gi zu: „Schrei so laut du kannst!" Dann brüllen wir beide los. Die Räuber sind verunsichert, gar erschrocken, und wir gewinnen so wertvolle Sekunden. Wir hauen jedoch nicht ab. Warum? Keine Ahnung. Beide denken wir nicht an eine Flucht. Wäre ja auch eine Lösung gewesen. Einfach alles hinhauen, liegen lassen und versuchen, abzuhauen. Mein Verdacht: Wir lieben einfach unseren Radelhaushalt zu sehr.

Zwei der Kerle stürzen sich auf Gi. Sie ist ja „nur" eine Frau und sie denken sicher: Die können wir zuerst „abernten". Ein dritter beobachtet mich. Der vierte steht Schmiere am Straßenrand. Von da kann er die ganze Piste überblicken. Mit dem „Abernten" haben sich die Kerle aber ordentlich getäuscht, denn Gi wehrt sich sofort. Sie schlägt sogar um sich, als sie die ersten Radtaschen abhängen wollen. Die Taschen haben zum Glück Klickverschlüsse. Da muss man sich schon ein bisschen auskennen. Wir gewinnen wieder wertvolle Sekunden. Die Kerle werden ärgerlich. Man erkennt es an ihren Gesichtern. Jetzt wird es kritischer. Sie schwingen die Macheten und wollen uns damit noch mehr Angst machen. Gi fallen wohl meine Simba-Geschichten ein, denn sie kippt plötzlich ihr Fahrrad zur Seite und hockt sich darunter. Dabei schreit sie ständig. „Hilfe! Hilfe!", hallt es durch den Busch. Im Sitzen und halb unter ihrem Rad liegend verteidigt sie nun ihre Taschen. Ich habe nur einen Gedanken: Gi darf nichts passieren! Denn neben verliebtem Eigennutz habe ich ja ihrer Mutter versprochen, immer auf sie aufzupassen. Ich versuche mich krampfhaft zu konzentrieren und beobachte die Kerle. Ich lauere auf eine Möglichkeit, an eine der Macheten zu kommen. Als die Sache zu eskalieren scheint – ein Kerl droht Gi massiv mit der Waffe, da sie ihren Hüftgürtel wie ein Igel unter sich verteidigt –, entschließe ich mich zum Handeln. Es wäre ein guter Moment, denn der andere Typ trägt gerade die abgesäbelte Provianttasche zu dem dritten. Ich hätte etwas Spielraum. Als in dem Moment der andere Kerl die Machete an Gis Bauch ansetzt, um den Gürtel zu durchtrennen, sie dabei fürchterlich schreit, wird meine Hand zur Faust und meine Beine bewegen sich automatisch zu ihm hin. Ich habe dabei nur einen Gedanken: Schlag kräftig zu! Der Schlag muss sitzen! Sei selbst ein Tier und ergreife die Machete! Mach es! Mach es! Doch Bruchteile von Sekunden bevor ich zum Tier werden kann, geschieht etwas Eigenartiges. Der Kerl führt die Machete sehr langsam von Gis Körper weg. Er erhebt sich aus seiner gebückten Haltung, geht zwei Schritte zur Seite und schaut dabei die Piste entlang. Seltsam! Ich drehe mich wie im Traum um. Ein Auto kommt auf uns zu! Gott sei Dank! Hilfe naht! Mit einer Packtasche von Gis Fahrrad verschwindet der Mann fluchtartig, seinen drei Verbrecher-kollegen folgend, im Busch.

Gi stellt sich vor das Auto und wir klopfen wie wild an die Scheiben. Es ist ein Taxi. „Hilfe, ein Überfall!", brüllen wir. Der Fahrer brummelt jedoch nur etwas Unverständliches vor sich hin. Zwei Touristen sitzen hinter ihm. Sie bringen kein Wort heraus. Keiner steigt aus. Der Fahrer leiert seine Scheibe hoch und gibt Gas. „Das gibt es nicht!", schreit Gi.

Ich brülle: „Gi, nimm sofort dein Fahrrad! Fahr vor mir! Zum Camp schaffen wir's!" Wir radeln über Stock und Stein. Ich schaue immer wieder nach links in den Busch. Kommen die zurück, fragt mich die Angst. „Mach schneller! Radle schneller!", schreie ich ständig. Der Kilometer kommt uns wie eine Ewigkeit vor.

Am Tor der Lodges nehme ich Gi in den Arm. „Wir haben es geschafft! Wir haben Glück gehabt! Und du warst ein richtig tapferes Mädchen", sage ich leise. Dabei merke ich, dass meine rechte Hand noch immer zur Faust geballt ist.

„Überfall!", brüllt Gi in die Lodges hinein.

„Ist euer Geld weg?", fragt die Chefin lediglich.

Komisch, warum hat sie nur diese einzige Frage gestellt? Das fragen wir uns später noch oft.

Die Polizeistation befindet sich nur 15 Kilometer vom Überfallort entfernt. Zwischen den Luxushotels, Billighotels, Bars, Bordellschuppen, Restaurants und Läden am Diani Beach wirkt die Polizeistation wie aus längst vergessener Zeit. Muffiger Gestank und Steinzeitgerüche schweben aus jeder Zimmerecke. Das einzig Neue sind bunte Bilder an den zerkratzten Wänden. Sie passen nicht zu den Kakerlaken, die sich in einer der Ecken auf einer Brotscheibe versammelt haben.

Sechs Tage bleiben wir in dem Touristenort am Diani Beach und besuchen täglich die Station. Warum? Wir haben da so unsere Vorstellungen: Mit unserer Hilfe wird die Kripo die Verbrecher fassen, aus dem Verkehr ziehen und anderen Menschen bleibt ein räuberischer Machetenüberfall – zumindest von diesen vier Kerlen – vorerst erspart. Wir bekommen natürlich unsere drei Taschen zurück und somit ist dann unser Radelhaushalt wieder komplett. Dabei geht es uns nicht unbedingt um den materiellen Verlust. Jedes einzelne Stück stellt jedoch für uns einen Beziehungswert dar, denn da geht es neben rein praktischen Dingen wie Kleidung und Campingartikeln auch um Aufzeichnungen, Übersetzungen und überaus liebgewonnenen Kleinkram. Körperlich wurden wir nicht verletzt, doch seelisch klaffen einige Wunden, kocht die Wut und verlangt somit nach Vergeltung.

Unsere Vorstellungen werden jedoch enttäuscht. Warum? In Teilen von Afrika ticken die Uhren halt völlig anders. Die Polizeiuhr gehört da einfach auch dazu. Das verstaubte Uhrwerk vermittelt uns seine Lösung und somit seine Vorstellungen: „Ihr habt Glück gehabt, ihr lebt, habt keine Verletzungen – und deshalb ist die Angelegenheit ganz einfach. Denkt einfach, es wäre nur ein Unfall gewesen. Das Gebiet von Tiwi ist sehr gefährlich. Dort wurden schon Polizisten umgelegt, Taxifahrer ausgeraubt und natürlich werden immer wieder Touristen überfallen. Wir besuchen Tiwi nur in Uniform und bewaffnet. Die Sache für euch ist aber sehr einfach, denn es war ja nur ein Unfall. Sagt uns jetzt nur noch, was euch gestohlen wurde, denn alle Touristen brauchen dieses Schreiben für ihre Versicherung und bekommen dann ihr Geld im Heimatland. Die Sachen werdet ihr nicht zurückbekommen. Die sind garantiert schon zu einem Markt unterwegs.“

Gi platzt. „Ich will meine Taschen! Ihr sollt die Räuber fangen! Wir könnten jetzt tot sein!“, brüllt sie los. Ich trete ihr auf den Fuß. Dies bedeutet: Mädchen, beruhige dich! So werden wir hier keine Bewegung in die Sache bringen.

Am zweiten Tag versuchen wir etwas anderes. Wir fragen sehr höflich: „Hilft vielleicht ein Lösegeld?“ Unsere Frage ölt geradezu das Uhrwerk. „Wirklich gute Idee! Prima!“, wird uns mehrfach gesagt. Ich schiebe die Dollars langsam über die klebrige Tischplatte und betone dabei: „Das Geld dient der Ergreifung der Täter und unserer drei Taschen. Wir haben auch nicht ewig Zeit. Wenn sich in den nächsten Tagen nichts bewegt, will ich das Geld zurück!"

„Kommt morgen wieder!", wird uns gesagt.

An den vier folgenden Nachmittagen marschieren wir auf die Station, doch nichts tut sich. Zum letzten Termin gehe ich alleine. Gi sagt resigniert: „Ich platze nur wieder."

„Du hast recht, ich gehe alleine. Und ich glaube auch nicht, dass sich etwas getan hat. Alles riecht mir dort zu sehr nach Mafiasumpf."

Das Geld bekomme ich zurück. Hatten wir so nicht erwartet, denn es gab dafür keine Quittung. Zumindest sagt mir dies aber: Im Uhrwerk befindet sich wenigstens ein ehrliches Rädchen. „Braucht ihr das Schreiben für die Versicherung?", fragt man mich zum Abschied.

„Nein", sage ich, „wir haben dafür keine Versicherung. Uns ging es um etwas ganz anderes."

Wir hatten viel Zeit während der Polizeitage und konnten uns letztendlich selbst unser Puzzle zusammenbauen. So sind wir uns sicher, dass der Chef der Strandjungs – die sind mafiamäßig organisiert – die vier Verbrecher per Handy über unseren Aufbruch informiert hat. Wir sind uns ebenfalls sicher, dass Leute vom Hotel – auch die Hotelchefin – sowie die Polizei mit den Jungs unter einer Decke stecken. Einzelne Erklärungen würden hier zu weit führen, doch wir sind uns zu 99,9 Prozent sicher. Unsere

Vermutungen wurden uns so auch von einem der Polizisten bestätigt. Ich sagte: „Warum will denn niemand von euch eine Beschreibung von den Verbrechern? Von ihren Klamotten? Von unseren geraubten Sachen?"

Ohne dass er dabei aufblickte, stammelte das ehrliche Rädchen: „Kenia! Ich würde ja, aber ihr seid in Kenia."

Kurz nach dem Überfall waren meine ausgesprochenen Gedanken: „Gi, wir werden Kenia und somit auch Afrika so schnell wie möglich verlassen!" Kurz danach waren wir uns aber schnell einig: Ein Überfall kann in allen möglichen Ländern passieren. Wir geben uns und Ostafrika eine zweite Chance. Schon vor unserem Aufbruch aus „Mafiahausen" können wir wieder etwas lachen. Der fast normale Radelalltag kehrt stückchenweise zurück. Doch auch wenn man sich schwört, dass man in Zukunft noch besser aufpasst, ein blödes Gefühl bleibt. Was ich vorher auch nicht gedacht hätte: Ich kaufe mir nun selbst eine Waffe. Die Machete platziere ich griffbereit an meiner rechten Vorderradtasche. Zusätzlich besorge ich mir einen starken Stahldraht von über 1,5 Metern Länge. „Damit kann ich Angreifer vor dem Einsatz meiner Machete auf reichlich Distanz halten", sage ich zu Gi. „Ich bin mir nämlich nicht sicher, ob ich überhaupt fähig bin, mit meiner Machete zuzuschlagen. Der Draht gibt mir da ein weit besseres Gefühl."

Vier Tagesetappen liegen bis zur Grenze vor uns. Was uns am ersten Abend bewusst wird und uns auch noch

Die Machete platziere ich griffbereit an meiner rechten Vorderradtasche.

lange begleiten wird: Wir radeln nicht mehr so unbekümmert durch die Landschaft. Die Ereignisse sitzen zu tief.

Tansania

Viele Bausteinchen fügen sich

„100 Dollar kostet das!" Nach dem Löhnen bekommen wir die Visa. Tansania hat von Kenia schnell gelernt. Seit einem halben Jahr muss auch hier „Eintritt" bezahlt werden. Was uns im Grenzort Horohoro, neben dem unschönen Namen, auch sofort auffällt, ist, dass das Eintrittsgeld auf keinen Fall zum Straßenbau verwendet wird, denn eine übelste Piste beginnt sofort hinter dem Schlagbaum.

„Die nächste größere Stadt an der Küste ist Tanga. Dieser Name klingt weit angenehmer, doch bis dahin sind es 70 Kilometer – und das auf dieser Piste", versuche ich Gi schonend beizubringen.

„Ich radle keine Piste mehr! Ein Überfall reicht mir! Ich sehe ständig diese Kerle vor mir! Ich habe einfach Angst!"

Vier Stunden benötigt unser Kampf-Minibus. Die Ankunft in Tanga ist fürchterlich. Wir mögen die zentralen Afrikaplätze für Omnibusse, Minibusse und Taxis nicht. Diese Sammelorte sind uns ein Graus. Doch nur wenige Meter weiter beginnt Tanga zum Glück sympathischer zu werden. In den Straßenzügen zum Indischen Ozean wird es ruhiger und alles wirkt aufgeräumt. Dies ist auch gut so, denn wir möchten uns hier auf die Strecke zum Kilimandscharo vorbereiten. Wir wollen etwas ausruhen und somit neue

Kräfte sammeln. Kraft sammeln wir jedoch nur am wilhelminischen Uhrturm, denn dort ist Ruhe angesagt. Im restlichen schönen Tanga merken wir nämlich recht schnell: Auch hier gilt, Muzungu zu sein, ist absolut kein Vorteil für uns. Wir sind keine Cent-Umdreher, doch ist man länger in einem Land unterwegs, summieren sich natürlich die weit überhöhten Forderungen und machen zudem das tägliche Kaufgeschäft nicht unbedingt zum Vergnügen. Was uns an der Strecke von der Grenze bis nach Tanga und auch in Tanga selbst aufgefallen ist: Die sozialen Strukturen im Land sind gegenüber Kenia etwas anders ausgeprägt. Tansania wirkt auf den ersten Blick ärmer. Allerdings ist dieser fürchterliche Unterschied zwischen Armen und Reichen nicht so unmöglich krass spürbar. Dies weckt in mir etwas positive Hoffnung für die Tansania-Zeit.

Die nächsten Tage sind dann auch wirklich schön, denn die Strecke zum Kilimandscharo ist gut zu radeln. Täglich ändert sich die Landschaft. Leichte Hügel links und echt hohe Berge rechts begleiten unser Pedalen. Die Berge gehören zu einer Reihe von Gebirgsketten Richtung Westen. Fast am Ende dieser Kette schließt sich das stärkste Glied an: der Kilimandscharo. Doch bis dahin liegen noch gut 600 Kilometer vor uns.

An einem Morgen besteigen wir einen rechter Hand liegenden Berg und erklimmen eine Abbruchkante. Auch wenn wir dabei viel schwitzen, wir bereuen die Mühen nicht, denn wir blicken einige Hundert Meter in die Tiefe. Links von uns schweben Nebel die Wand empor und ziehen dann eilig über die dahinter liegenden Berge. Die frühe Zeit ist ideal für unseren Besuch, denn neben den vielen Geister-nebeln türmen sich Wolkenfelder in Schneeweiß vor uns auf. Dazwischen kämpft die Sonne um erleuchtende Klar-heit. Das alles gleicht einem afrikanischen Lichttheater.

„Jenseits von Afrika liegt da unter uns, liebe Gi."

„Jenseits von Afrika liegt da unter uns, liebe Gi."

„Ja, herrlich!"

Große Schatten ziehen gleichmäßig herein, um nur wenig später an der Felswand zu uns heraufzukommen. Sie bede-cken das Goldgelb der weiten Ebene. Nur zwei kleine Berge und einige lang gezogene Hügelchen schweben über den

Schattentieren wie fliegende Teppiche. Der Ausblick ist gigantisch! Wir vermuten Elefanten, Löwen, Büffel, Nashörner und auch Leoparden in der tiefen Ebene. Die Fernsicht in diese unberührte Weite muss um die hundert Kilometer betragen. Sie hat noch ungestört Platz für den Inbegriff von Afrika. Da unten unter den verspielten Schatten und den goldenen Savannenflecken müssen sich die wilden Tiere befinden. Sie ruhen, ziehen, spielen und jagen. Anders kann es gar nicht sein! Es ist ihr Lebensraum, ihr goldig-schattiges Wechselland, ihr Wassertümpel, ihr Jagdgebiet, ihr Tag und ihre Nacht, ihre Sonne und ihr Mond. Nur ganz wenige Menschen teilen sich dieses Land mit ihnen. Gegenseitige Ehrfurcht, Achtung, Demut und Überlebenswillen machen das Unglaubliche möglich. Das Savannenland der „großen Fünf" ist auch Massai-Land. Sie teilen sich alles. Von der Geburt bis zum Tod.

Bei all diesen berauschenden Anblicken spuken mir wieder die Massai im Kopf herum. Nicht nur hier laufen sie uns oft über den Radelweg. Auch in Kenia sahen wir sie fast täglich. Die recht kleine Volksgruppe mit ungefähr einer Million Menschen ist ein Glücksfall für Tansania und Kenia, denn weltweit eignet sich kaum eine andere so vorzüglich und somit gewinnbringend für die Tourismuswerbung. Wer kennt nicht die Hochglanzbilder von den stolzen in die Höhe springenden, rotbetuchten und dabei mit Speeren bewaffneten Kriegern? In der Zwischenzeit sind sie also weltberühmt und neben kämpferisch und stolz wirken die abgelichteten Massai auch einladend und glücklich. Aber stimmt das? Denn die glücklichste Zeit der Massai liegt schon etwas länger zurück. Als das nomadisch lebende Hirtenvolk im 15. Jahrhundert aus dem südlichen Sudan und dem Niltal nach Tansania und Kenia einwanderte. Sie drängten dabei hier ansässige andere Völker zurück und wurden so schnell zur stärksten Macht im Grabenbruchgebiet und in den Weiten der Savannenlandschaft. Kriege und Raubzüge nicht nur auf Karawanen machten sie zu einer gefürchteten Gruppe. In den 1850er Jahren bedrohten sie sogar große Küstenstädte wie Tanga und Mombasa. Doch zu dieser Zeit begannen auch die Konflikte: Bruderkriege, Krankheiten, mehrere Dürren und eine Rinderpest, die die Herden der Massai dezimierte. Den unglücklichen Rest besorgten die Kolonialherren. Aus den ertragreichen und weidegünstigen Grabenbruchgebieten wurden sie weitgehend vertrieben. Erst mit dem zunehmenden Tourismus erinnerte man sich wieder an die stolzen Krieger, gewann einige von ihnen und hatte somit eine geldbringende Begleitmusik für das sehr lukrative Geschäft. Aber bei den Massai ist es eigentlich wie bei so vielen traditionsbewusst lebenden Minderheiten weltweit. Sie müssen gewollt oder ungewollt einen Kulturspagat vollführen. Sie suchen ihren Weg zwischen Tradition und Moderne, wobei durch die Einengung ihrer ehemaligen Lebensräume in der Regel von der Tradition wenig übrig bleibt und unter Moderne leider oft nur der Konsum, auch Alkoholkonsum, verstanden wird. Nur die Zukunft wird zeigen, ob der Preis für sie zu hoch war ...

Die Tage und auch Nächte im Savannengebiet sind abwechslungsreich. Meist schlafen wir im Zelt. Bei Tag genießen wir die Landschaft und am Abend die Stimmen von Ostafrika. Zwischen all diesen Lauten ist in größeren Abständen immer wieder ein eigenartiges Kichern zu vernehmen. Von oben lacht es auf uns herab. Kurz bevor es richtig dunkel wird, entdecken wir die so eigenartig hell klingenden Kicherfreunde. Sie hüpfen dabei von Ast zu Ast. Es sind die sehr putzigen Buschbabys. Die Galagos – dies ist ihr richtiger Name – kommen nur in Afrika vor und gehören zur Gruppe der Feuchtnasenaffen. Uns erinnern sie an etwas zu große Eichhörnchen. Echt lustig sind ihre eigenartigen Rufe in die hereinbrechende Nacht. Wir können uns köstlich amüsieren. Nur die kleinsten Tiere hier machen keine Geräusche. Sie sind unsere Laternchen an jedem Abend. Hunderte von Glühwürmchen leuchten uns in den Schlaf.

Acht Tage sind wir bis Moshi unterwegs. Die Strecke ist trotz guter Straße für uns manchmal recht durchwachsen, denn die vereinzelten Dörfer an der Piste sind in der Regel erbärmlich wirkende Hüttensiedlungen. Die Bewohner sind so unterschiedlich wie das Leben selbst. Es gibt da wieder die Freundlichen, die auch anders Freundlichen und – zu unserer Überraschung – leider auch mal wieder die Steinewerferfraktion. Neben diesen nerven uns am meisten die recht aggressiven Betteleien. Bei Sprüchen wie „Gib mir Geld!" oder auch „Gib mir die Tasche!" durchzuckt es uns regelmäßig. Erinnerungen an den Überfall werden da ständig wachgerufen. Auch wenn ich mich irgendwie dafür schäme, instinktiv schaue ich dabei jedes Mal nach meinen Waffen. Das Leben kann schon verrückt sein. Nur sehr selten treffen wir auf wirklich nette Zeitgenossen. Mit zwei von ihnen teilen wir unser zweites Frühstück. Es sind Kinder der Massai. „Wollt ihr das Kaninchen kaufen?", fragen sie uns. Doch was sollen wir mit einem Kaninchen anfangen? Natürlich würde es prima schmecken, ich liebe zudem Kaninchenbraten, doch der putzigen Kreatur das Fell über die Ohren zu ziehen, das würden wir einfach nicht fertigbringen. Sie haben es im Busch gefangen.

„Bitte esst mit uns!", sagt Gi und reicht ihnen Marmeladenbrote.

Beim Essen erzählen uns die zwei: „Wir fangen sehr oft Kaninchen und verkaufen diese dann an der Straße."

Uns trennen Welten, doch beim Verspeisen der dicken Marmeladenbrote und dem Genuss des süffigen Tees verschmelzen diese für kurze Augenblicke. Wir fühlen uns dabei alle vier wohl. Acht Augen leuchten beim Abschied.

Kurz vor Moshi nimmt die Besiedelung zu und die Straße wird häufiger von Autos befahren. Für mich ist dies das Zeichen, immer öfter nach rechts zu schauen, denn dort muss bald der Kilimandscharo auftauchen. Wir brauchen aber eine Zeit, bis wir begreifen: Heute werden wir das stärkste Kettenglied nicht sehen, denn zu viele Wolken sind am Himmel. Ohne also den Berg zu sichten, radeln wir erwartungsvoll in Moshi ein. Die Stadt gefällt uns irgendwie. Kann sein, es liegt am „Salzburger Café", denn dort gibt es wirklich Wiener Schnitzel. Kann auch sein, es liegt am vielen Grün der Stadt und an den Menschen. Zwei Tage verbringen wir so zwischen den guten Leuten und guten Schnitzeln.

Die Schnitzelkraft reicht aus, um in einem Ritt bis Arusha – der größten Stadt im Kilimandscharo-Gebiet – durchzuradeln. Vom Kili haben wir nichts gesehen. Es ist Winterzeit und somit Wolkenzeit. Dafür hat aber Arusha auch einen Hausberg. Der Vulkan Mount Meru mit ziemlich genau 4562 Höhenmetern erdrückt die Stadt fast mit seiner nahen Wucht. Wie in Ostafrika üblich, so ist auch dieser eigentlich ja von der Schöpfung geschenkte Berg ein geldwerter Nationalpark und wird genau wie sein östlich liegender größerer Bruder rund ums Jahr gnadenlos vermarktet. Die Gemütlichkeit von Moshi finden wir in Arusha nicht. Die Stadt wirkt hektisch und da sie durch ihren internationalen Flughafen das Einfallstor für die Kili-Region ist, ist hier fast alles dem Tourismusgeschäft untergeordnet. Im offiziellen Tourismusbüro der Stadt, es gibt auch unzählige inoffizielle, fragen wir nach einer Straßenkarte. Es gibt jedoch keine. Aber die nette Angestellte zeigt uns dafür etwas anderes.

„Schaut euch unbedingt die Mappe an!" „Schwarze Liste" steht darauf geschrieben. Exakt 20 Büros sind zurzeit darin aufgelistet. Es handelt sich um die kleinen und großen Gauner der Stadt. „Wer in diesen Büros oder bei ihren gaunermäßig angestellten Straßenverkäufern einen Ausflug, eine Bergtour oder etwas anderes kauft, hat garantiert Luft gebucht", versichert uns die Dame. „Wollt ihr auf den Meru oder den Kili?"

„Nein. Ist uns echt zu teuer. Und da oben muss es jetzt auch ziemlich kalt sein. Ist doch Winterzeit bei euch, oder?"

„Ja, es ist kalt. Und mit ‚teuer' hast du auch recht."

„Stimmt es, dass es nur ein Drittel der Bergsteiger überhaupt bis zur Kili-Spitze schafft?"

„Ja. Viele denken, das sei ein Spaziergang. Fliegen von Europa her und nehmen sich dann einfach nicht die Zeit, die man braucht. Wegen der Höhe und so."

„Du meinst die Höhenkrankheit?"

„Ja."

Als wir die Infostelle bereits verlassen wollen, fragt sie noch schnell: „Wozu braucht ihr denn die Straßenkarte?"

„Wir sind mit unseren Fahrrädern da und überlegen, ob wir zurück nach Kenia radeln. Da dachte ich, eine Karte wäre ganz gut."

Am Abend treffen wir endgültig eine für uns wichtige Entscheidung: Bei unserem Start in Kairo vor vielen Monaten war uns bereits bewusst, Afrika wird nicht leicht.

Bereits damals war uns auch klar, wir werden von Land zu Land neu überlegen und entscheiden. Im April 2011 soll unsere lange Radtour enden. Bis dahin sind noch einige Monate Zeit. Da aber Zeit ein unheimlich kostbarer Faktor für uns ist, wurde uns in den letzten Wochen stückchenweise immer bewusster: Warum sollen wir weiter Länder beradeln, in denen es mit Sicherheit bei unserer Reiseart ziemlich riskant ist, das Preis-Leistungs-Verhältnis für Weiße meist utopisch weit auseinanderklafft, die Kluft von Arm und Reich einen zum Wahnsinn treiben kann und – bedingt durch weitere Umstände – das eigentliche Radelvergnügen, die erhofften zwischenmenschlichen Beziehungen, das Kulturverständnis, die Wohlfühlstunden und somit auch das Interesse an den Ländern stark schwinden? Ägypten und Sudan waren für uns sehr angenehm. Das rustikale Afrika begann für uns ab Äthiopien – doch die Rustikalität hörte ab da nicht mehr auf. Die Härten so mancher Pisten haben die Entscheidung nicht beeinflusst. Die ausschlaggebenden Gründe sind andere. Trotz dieser Entscheidung möchten wir die Tage und Stunden in Ostafrika nicht missen. Wochen später werden wir noch oft sagen: „Ostafrika war knallhart, aber auch irgendwie schön." Für die Entscheidung, Afrika in einigen Wochen zu verlassen, sind viele kleine Bausteinchen verantwortlich – und diese werden bis zum Abflug letztendlich das Bausteingefüge leider noch vergrößern. Ostafrika ist schön! Ostafrika ist aber auch schwierig!

Der schwierige Part liegt sicherlich auch an unserer Reiseform. Pauschal wird man meist andere Erlebnisse sammeln. Ich kann dazu auch nur ermuntern, denn Afrika kann wirklich unglaublich sein. Seit Äthiopien wurden wir fünf Mal beklaut. Auch in Kenia und Tansania erfolgten Griffe in unsere Packtaschen. Die Anzahl macht uns Sorgen. Der Raubüberfall in Kenia war natürlich nicht förderlich, um weiterhin ohne belastendes Gedankengut, froh gelaunt und unbekümmert durch die Landschaft pedalen zu können.

Auf der Strecke nach Arusha trafen wir innerhalb von nur einer Stunde auf zwei europäische Fernradler: Ein Serbe erzählte uns, dass seine Lenkertasche geklaut wurde. Seine Kamera, ein Teil seines Bargeldes und anderes waren somit weg. Nur knapp eine Stunde später erzählte uns ein Russe seinen Albtraum. Ihm wurde gar sein gesamter Radelhaushalt geklaut. Sein Fahrrad und alle Fahrradtaschen waren weg. Sehr ärgerlich! Papiere und Geld hatte er aber zum Glück am Mann. Was nun machen? Er hat sich in Tansania ein Ersatz-Fahrrad zusammengebastelt. Der Russe erzählte uns noch, die Strecke von Arusha bis zur Grenze nach Kenia sei zwar oft Piste, doch machbar. Wir sollten aber niemandem vertrauen, denn die Anwohner seien nicht einfach.

In unserem Hotel in Arusha erzählt uns eine junge Engländerin, dass gestern drei Kanadier überfallen worden seien. Sie waren auf einem Ausflug zu einem Massai-Dorf. Die Räuber hatten Macheten. Eine der zwei Frauen wurde so schwer verletzt, dass sie nun im Krankenhaus liegt. Daran ist erkennbar: Nicht nur uns hat es erwischt. Davon ableiten kann man: An unseren Problemen waren wir nicht schuld, denken wir zumindest. Man sucht ja auch immer erst einmal die Schuld bei sich selbst. Waren wir zu unvorsichtig, ist da eine regelmäßige Frage. Und: Was können wir noch besser machen? Natürlich kann überall etwas Unangenehmes passieren, doch der Häufigkeitsfaktor ist hier für uns schon fast beängstigend hoch. Zusätzlich zu der rein kriminellen Problematik ergeben sich für uns auch immer wieder andere Sorgen. Wir wollen nichts geschenkt haben. Wir haben andererseits aber auch keine Lust, ständig wegen weit überzogener, oft schon räuberischer Preisvorstellungen mit unserem Gegenüber zu streiten, zu feilschen und uns dabei oftmals auch noch irgendwelchen Schwachsinn anzuhören. Erlebt man dies wochenlang, so ist irgendwann mal Schluss mit lustig. Es nervt nur noch und erzeugt Aggressionen. Man fühlt sich nicht mehr wohl und stellt umso öfter die Frage nach der Zeit.

ZURÜCK NACH KENIA

Der Russe hatte recht, denn so, wie er uns die Straße zum
Grenzübergang beschrieben hat, ist sie dann auch. Nur die
ersten Kilometer machen so richtig Radellaune. Noch einige
Zeit sehen wir den Vulkanberg aus unterschiedlichsten Perspektiven. Als er sich allerdings immer mehr hinter den Hügeln versteckt, letztendlich ganz verschwindet, verschwindet
auch der Teerbelag. Sehr oft sind Staubwolken am Horizont
erkennbar. Diese zeigen uns an: Noch viele, viele Kilometer
Schmutz und Dreck liegen vor uns. Nur selten verschwindet
der Staub in diesen Tagen. Er dringt in die Fahrradtaschen
und lässt uns selbst oft wie Staubhäschen aussehen.

Der Russe hatte aber nicht nur mit der Piste recht, sondern leider auch mit den Menschen. Bei zwei Dorfdurchra-
delungen fliegen Steine und die Bettelei will kein Ende nehmen. Zwischen diesen beiden Dörfern gibt es aber auch Momente der Entspannung und Freundlichkeit. Die Menschen,
die noch in traditioneller Form ihr Leben leben, sind – wie
so oft – auch an dieser Strecke die angenehmen Zeitgenossen. An der Grenzstation in Namanga atmen wir deshalb
nicht etwa auf, denn neben der entwurzelten Leere und dem
ganzen Staub im Gepäck und an den Körpern gab es auch
viel Schönes an der Strecke. Weite Landschaften mit Inselbergen, glutrote Sonnenuntergänge, von zahlreichen Gelbtönen
durchflutete Morgenstunden, scheue Savannentiere, Staub

aufwirbelnde Rinderherden und unglaublich große Schatten spendende Akazien waren die Entschädigungen. Einem Massai-Jungen mit seinem Wurfspeer begegneten wir unerwartet. Diese Plötzlichkeit kam einem Traum gleich. Ehrlichkeit, Stolz, Mut, Freundlichkeit und viel Wärme strahlte dieser aus.

Ehrlichkeit, Stolz, Mut, Freundlichkeit und viel Wärme strahlte er aus.

Die Straße von der Grenze aus ist meist gut. Nur selten radeln wir bis Nairobi durch Staubwolken. Den uns bereits bekannten Schlagabtausch erleben wir auch auf diesen gut 200 Kilometern erneut. Kritisch und herzlich erscheinen uns dabei fast als eine Einheit.

Am zweiten Tag zurück in Kenia, wir radeln gerade an einer sehr langen Steigung bergan, kommt uns ein weißer

Pkw entgegen. Eigentlich nichts Besonderes, doch dieses Auto fährt auffällig langsam und stoppt zudem zehn Meter vor mir auf der Gegenfahrbahn. Wäre nicht der Überfall gewesen, so wäre auch dies nicht unbedingt etwas Besonderes für mich, doch so ein Raubüberfall macht sensibel. Meine Warnglöckchen beginnen zu bimmeln. Beim Vorbeifahren sehe ich, dass der Fahrer die Scheibe einen Spalt öffnet. Ich schaue automatisch nach hinten zu Gi. Sie ist ungefähr zwanzig Meter entfernt. Ich pedale etwas langsamer. Das Auto fährt im Schritttempo weiter. Irgendwas gefällt mir nicht! Bevor mir bewusst wird, was das sein könnte, speichert mein Gehirn bereits die zwei gelben Buchstaben und die drei gelben Ziffern des schwarzen Nummernschilds ab. Ich überlege, was mich eigentlich stört: Den Fahrer konnte ich nicht erkennen, auch nicht, ob er alleine im Fahrzeug war, denn alle Scheiben sind dunkel getönt. Ich habe nur seine Hand durch die etwas heruntergelassene Scheibe gesehen. Darin hielt er etwas fest. Mein Beschützersyndrom haut da einfach voll durch, sage ich mir. Das Problem dabei? Man darf es auch nicht übertreiben, denn speziell die ersten Radeltage nach dem Überfall waren garantiert noch von übertriebenem, aber durchaus erklärbarem Argwohn geprägt. Man sieht plötzlich in vielen Dingen ein weiteres Problem. Das eigene Ich ist auf äußerste Vorsicht und Abwehr eingepegelt. Bei diesem theoretischen Problem versuche ich mir deshalb schnell einzureden: Der Mann wollte bestimmt nur ein Foto mit seinem Handy von uns machen! Solche Situationen kennen wir ja mittlerweile zur Genüge. Die Selbstberuhigung hilft – aber nur für zehn Minuten, denn dasselbe weiße Auto rollt wieder an. Diesmal kommt es von hinten. Es überholt uns und dabei fährt es erneut auffällig langsam. Ich schaue sofort nach hinten, um Gi zu lokalisieren. Diesmal ist sie ungefähr dreißig Meter entfernt. Was mir dabei noch auffällt: Ein zweiter Pkw ist hinter ihr. Dieser fährt aber sehr schnell und wird uns gleich überholen. Mir wird bewusst: Die Sache könnte kritisch für uns werden! Ich konzentriere mich auf das Geschehen. Bedingt durch die diesmal andere Sonneneinstrahlung, bin ich mir sicher, mindestens zwei Männer im Auto gesehen zu haben. Hat der Fahrer Verstärkung geholt, um uns zu überfallen? Gehört das zweite Auto auch dazu? Ich steige ab, warte auf Gi und überlege dabei weiter. Als sie bei mir ist, sage ich: „Lass uns die Steigung laufen!" Gi steigt ab, ohne zu antworten. Beide schieben wir unsere Räder.

Plötzlich kommt mir eine Erinnerung: War da nicht auch beim ersten Stopp des weißen noch ein zweites Auto auf der Straße? Ja! Und es fuhr ebenfalls ziemlich schnell. Komisch! Also zwei schnelle Autos zeitgleich mit der weißen Schnecke. Was könnte das bedeuten? Gehören die zwei Autos doch zusammen? Ich muss nicht weiter denken, denn plötzlich werden mir die Zusammenhänge schlagartig klar. Nur das weiße Auto ist gefährlich. Langsam bedeutet beobachten! Uns beobachten! Gefährlich und störend sind Zeugen, wir haben es ja selbst erlebt. Verbrecher wollen keine Zeugen haben. Die Straße ist relativ wenig befahren. Die wollen warten, bis sie alleine mit uns sind! Die zwei anderen Autos gehören nicht dazu, sie waren zufällige, daher rauschende Schutzengel für uns. Ich warte auf Gi. Als sie bei mir ist, passe ich mich ihrem Tempo an. Ich sage nichts, schaue bloß angestrengt auf das weite, lang gezogene Teerband. Halb in Gedanken versunken, sehe ich auf einmal wieder das weiße Auto auf uns zukommen. Die werden für uns kreuzgefährlich. Ich habe nur die Machete und den starken Eisendraht, geht es mir durch den Kopf. Dabei schaue ich bereits nach hinten. Wenn die Kerle eine Knarre haben, dann wird es sehr, sehr kritisch.

Auf einmal ist mir, als nähere sich ein blauer Lkw. Ich schaue angestrengter. Ja, meine Augen haben recht! Nur noch hundert Meter trennen uns von ihm. Dann sage ich tonlos: „Da kommt ein Lkw, den versuchen wir zu stoppen. Mir geht es nicht gut." Und ohne eine Antwort abzuwarten, hebe ich den Arm und winke wie verrückt. Gi schaut mir überrascht zu. „Ich hoffe, der Wagen hält."

Nur wenig später fährt er mit uns weiter. Während der Anhaltezeit fährt das weiße Auto langsam an uns vorbei und als wir die Fahrräder auf die Ladefläche heben, parkt es etwa 50 Meter entfernt am Straßenrand. Erst als wir ins Fahrerhaus einsteigen, verlässt es seine Lauerstellung wie ein geölter Blitz. Der Fahrer hat ja Rückspiegel und somit begriffen, heute wird er leer ausgehen!

Die Männer im Lkw sind überaus freundliche Zeitgenossen. Auf mich wirken sie wie Engel zur absolut kritischen Zeit. Ich bin mir sicher, nur mit viel Glück sind wir einem weiteren Überfall entgangen. Die Lkw-Männer bringen uns in die nächste Kleinstadt. Sie fahren uns sogar bis vor ein Hotel und zeigen uns ein Restaurant. Ich suche ein paar Geldscheine raus und will sie ihnen geben. „Nein, danke", sagen sie. Sehr komisch für Kenia, denke ich.

„Sehr kritisch und sehr herzlich liegen manchmal echt nah beieinander", sagt Gi spät am Abend.

In Nairobi bleiben uns noch einige Tage bis zu unserem Flug. Es sind Tage der Muse – stundenlanges Schreiben im Internetcafé und gemischte Gedankengänge zu unseren Radelkilometern in Afrika. „Gi, hör mal, seit Kairo haben wir auf diesem Kontinent genau 9327 Kilometer erradelt. Die hätten ja fast bis Kapstadt gereicht!"

„Befällt dich deswegen Traurigkeit?"

„Nein, Länder zu sammeln oder im vollen Bewusstsein in Problemzonen reinzuradeln, war doch nie unser Ding. Zeit für ein Land zu haben, auch wenn es nicht unbedingt das ideale Radelland ist, war uns ja weit wichtiger. Die Probleme eines solchen Landes zu verstehen, auch zu hinterfragen und selbst einordnen zu können, das braucht nun mal Zeit."

„Diese verbrauchte Zeit ist letztendlich auch eine Bereicherung", stellt Gi fest.

„Stimmt völlig. Und mit Äthiopien, Kenia und auch Tansania wird es uns wie mit manch anderen Ländern ergehen."

„Wie meinst du das?", hakt Gi nach.

„In Ländern ohne Probleme genießt man das unendlich erscheinende Radelglück. In problematischen Ländern dagegen genießt man – oft erst um Wochen oder Monate zeitversetzt – die gewonnenen Einsichten als dankenswerte Bereicherungen. Das Komische dabei: Gedanklich beschäftigt man sich später viel öfter mit diesen Problemländern. Schönländer sind halt nur schön."

„Da ist was dran."

Für unseren Rückzug brauchen wir Flugtickets. Ein redegewandter, elegant gekleideter und überaus freundlicher Herr verkauft uns diese. Ich habe bei diesem Verkäufer irgendwie kein gutes Gefühl. Und prompt – es täuscht mich nicht! Leider merken wir viel zu spät, dass uns der Betrüger auf sehr raffinierte Art 180 Dollar zu viel berechnet hat. Aus Zeitgründen können wir diesen Kenia-Abschlussbetrug leider nicht mehr regeln.

SOKOTRA/JEMEN

ARMUT, STOLZ UND WÜRDE

Den Namen der Inselgruppe Sokotra mit ihrer Hauptinsel gleichen Namens kennen wir zwar schon lange, doch eine richtige Vorstellung, was uns da wirklich erwartet, haben wir nicht. Beim Start des Flugzeugs ist alles noch ein Geheimnis für uns. Bestenfalls wird dieses begleitet von Wunschgedanken der guten Art und der damit verbundenen Hoffnung auf Erholung nach den oftmals recht harten Afrika-Tagen. Der Startversuch mit der recht kleinen Flugmaschine ist aber alles andere als gut und keine beginnende Erholung, sondern mehr Aufregung, besonders für mich, denn es bleiben vom ersten Durchgang nur Geräusche übrig. „Ich werde blöd! Das gibt es doch nicht!"

„Irgendein Starter ist abgestorben, hat der Kapitän gesagt", versucht mich Gi zu beruhigen.

Zwei Stunden später funktioniert dann alles, was für mich aber die Situation nicht im Geringsten entspannter macht. „Beschäftige dich doch mit der Insel. Das wird dir helfen", rät mir Gi.

„Ich will es versuchen."

Wird sie eine neue Liebe? Wird sie eine Enttäuschung? Wer ist sie denn eigentlich? Sie ist eine Inselgruppe beziehungsweise Insel. Sie gehört zum Jemen – doch kaum jemand kennt sie und das hat seine Gründe. Wer würde auch vermuten, dass sie, so nahe an Afrika gelegen, zum Jemen gehört? Sie befindet sich nur gut 100 Kilometer vor der somalischen Piratenküste und ist vom eigentlichen Mutterland fast 300 Kilometer entfernt. Bevölkert wurde sie von Ostafrika aus. Die Alten sprechen noch heute manchmal eine äthiopisch klingende Sprache und auch manche Schriftzeichen erinnern ans äthiopische und somit orthodoxe Kernland. Mit orthodox ist aber schon lange nichts mehr, denn in der Zwischenzeit hat zu hundert Prozent Allah die Insel im Griff. Touristisch soll sie fast noch unberührt sein. Sie ist ein Geheimtipp für Inselfreunde, Naturliebhaber und Erholungssuchende. So steht es zumindest in dem kleinen Prospekt. Auf den 100 mal 50 Kilometern Inselfläche leben keine 50 000 Menschen. Die Einwohner versuchen irgendwie zu überleben, den Monsunen zu trotzen und sie ernähren sich hauptsächlich vom Fischfang. Das reicht mir nicht. Ich denke positiver. Weihrauchbäume, Drachenblutbäume und vor allem unendlich erscheinende Sandstrände soll es geben. Sokotra ist zudem noch ein weißer Fleck auf den Touristenkarten weltweit, liegt noch immer als vergessene Insel im ewigen Blau des Indischen Ozeans.

Einige Zeit später knallt endlich die kleine Flugmaschine auf die kurze Rollbahn und parkt genau vor dem flachen Flughafengebäude. „Wir sind angekommen! Was wird uns Sokotra bringen?", ruft Gi ganz aufgeregt.

„Kann ich euch helfen?", fragt ein Mann in der Abfertigung. Sein Name ist Karim.

„Ja. Können wir die Fahrräder hierlassen?"

„Natürlich können die hierbleiben", antwortet Karim.

„Wir wollen deine Insel zu Fuß erkunden. Nur mit den Rucksäcken. Geradelt sind wir in Afrika genug", erklären wir.

Wenig später verlassen wir den Flughafen. Karim ruft uns noch hinterher: „Wenn die Sonne zu heftig scheint, haltet ein Auto an. Auf der Insel gibt es welche."

Auf der Stichstraße zur Inselhauptverbindung brennt die Sonne tatsächlich gnadenlos. In östlicher Richtung lässt sie die Mashanig Towers, den höchsten Inselberg mit über 1500 Metern, erstrahlen. Im Schutz des Berges liegt der Hauptort. Kleine Häuser ziehen sich entlang der einzigen Straße oder ducken sich versteckt in Palmenhainen am weiten Strand. Vom Flieger aus war dies gut zu erkennen. Wir aber laufen in die entgegengesetzte Richtung, einfach immer die Straße entlang. Ein genaues Tagesziel haben wir nicht. Wir lassen uns treiben. Links von uns zieht sich das Bergmassiv auch gen Westen und von rechts ist das ferne Singen der Meereswellen zu hören. Es gibt nur wenige Autos auf Sokotra. Überholt uns eine dieser Uralt-Karren, stoppt der Fahrer garantiert und fragt, ob er uns mitnehmen kann oder ob wir Hilfe brauchen. Erst beim dritten Stopp werden wir schwach. Die Rucksäcke sind schwer und die

Sonne brennt ja so gnadenlos. Nach knapp zwei Stunden stehen wir auf einem Hügel nahe der Ortschaft Qalansiyah am Westende der Insel.

„Hast du so was schon gesehen?"

„Wow! Oh mein Gott, ist das schön hier!" Dabei läuft Gi einfach weiter. Ich dagegen bleibe noch lange stehen und schaue. Vor mir liegt einer der herrlichsten Strände, die ich je gesehen habe.

Hier spielt das Meer mit dem Sand.

Hier spielt das Meer mit dem Sand. Es zaubert farbenfrohe Lagunen, Sandinseln und Badelöcher. Der stetige Wind spielt ebenfalls mit. Sanddünen erschafft er, lässt sie wandern und Höhen von über hundert Metern erobern, geistert es mir durch den Kopf.

Unseren Lagerplatz schlagen wir an einem Felsvorsprung auf. „Von hier aus können wir das tägliche Spiel von Meer, Sand und Wind gut beobachten", sage ich zu Gi.

Im nahen Dorf gibt es kein Restaurant, keinen Bäcker und auch keinen Obst- oder Gemüsehändler. Qalansiyah ist der zweitgrößte Ort der Insel. Doch auch wenn es scheinbar nichts zu kaufen gibt, so gibt es doch letztendlich für uns alles, was wir brauchen. Sauberes Trinkwasser kann ich in der Moschee abzapfen. Im Dorf fragen wir nach Brot. Ein netter Mann bringt uns täglich eine Ration ans Zelt. Gi kauft von den Fischern fangfrischen Fisch. Manchmal bekommen wir ihn auch geschenkt. Sogar ein Thunfisch ist darunter. Ständig halte ich das Lagerfeuer am Glimmen. Der Fisch, in Folie eingepackt, braucht viel Glut. Fische sind das Überleben der Inselbewohner. Und auch wir überleben so. Noch nie zuvor haben wir Fisch in solchen Mengen, solch unterschiedlichen Geschmacksrichtungen und von solch ausgezeichneter Qualität gegessen. Mit jedem Tag spüre ich eine angenehme Veränderung in mir. Die Ruhe, die Friedfertigkeit, die angenehme Sorglosigkeit, das Brot, das gute Wasser und der herrliche Fisch produzieren neue Kraft, geben Energie und sorgen für die Auffrischung der in Ostafrika völlig verbrauchten Reserven. So vergehen die Tage in absoluter Friedfertigkeit – mit der erfolgreichen Suche nach neuen Sand-Wasser-Übernachtungsplätzen, dem Erkunden der Inselschönheiten und den Überlegungen zu den armen und doch so freundlichen und hilfsbereiten Inselbewohnern. Alle sind irgendwie gleich: gleich arm, gleich lieb und warmherzig. Oft lassen wir unser Zelt und alles, was dazugehört, ohne Aufsicht. Unvorsichtig von uns? Nein, denn niemand geht auch nur in die Nähe unserer Habseligkeiten. Nur wenn wir da sind, nähert sich so mancher. Dabei fragt er jedoch aus anständig erscheinender Entfernung: „Darf ich zu euch kommen? Darf ich mich setzen? Störe ich nicht?" All das tut der Seele gut, reinigt und heilt auch so manche Wunden.

Unsere Muschelvilla.

An einem Strand, wir nennen ihn den „Muschelstrand", umbaut Gi unsere Zeltfestung mit tellergroßen Muscheln. Zwei Stunden schleppt sie diese heran, platziert sie als

Hauseingang, als Kochbereich, als unsere Grundstücks-grenze und als gewünschten Vorgarten. Die kleinen Brüder und Schwestern der großen Muscheln sind viel farbenfroher und dienen zum Verzieren der Zwischenräume unserer Mu-schelvilla im Sand.

Am Muschelstrand verarbeiten die Fischer einen drei Me-ter langen Hai. Ich schaue mir den großen verrosteten Ha-ken an, welcher den ehemals stolzen Fisch entstellt. „Die Menschen leben hier vom Fisch. Auch Haie essen wir. Doch mindestens zwei Tage lang müssen wir ihn wässern. Erst dann ist Haifischfleisch genießbar", erklärt man mir.

Und auch Delfine sehen wir weit draußen. „Die haben es gut. Sie können springen, lustig sein und vielleicht die zwei komischen Leute bei ihrer Muschelburg beobachten. Sie ha-ben keinen Haken im Maul", sage ich zu Gi.

Doch in der Nacht werden sie uns nicht sehen, denn unser tägliches Lagerfeuer lassen wir immer nur bis kurz vor Son-nenuntergang brennen. Wir hören damit auf die mahnen-den Worte der Inselbewohner: „Lagerfeuer sind in der Nacht wie Leuchttürme – gut sichtbar, weithin sichtbar und somit verräterisch!"

„Gibt es auch böse Menschen hier?", fragen wir einmal.

„So etwas passiert zwar nur selten, doch es passiert, wenn die somalischen Piraten die Insel betreten."

„Ich dachte immer, Piraten hätten so was wie eine Piraten-ehre, sie schonen die Armen und rauben nur die Reichen aus?"

„Die Zeiten ändern sich halt nicht immer nur zum Guten."

In den Inselbergen schlagen wir den Piraten aber ein Schnippchen. Wir sind viel zu weit oben, zu weit weg vom goldigen Strand. „Tausend Meter müssten die da erst rauf. Das schafft kein Pirat in einer Nacht, stimmt's, Wi?"

Unser verräterisches Feuer brennt noch bis weit in die Nacht zwischen den Felsbrocken. Den Ort zu finden, war schwierig, denn Stein streitet sich hier mit Stein um genügend Platz. Nur vier Quadratmeter hätten für unser Zelt gereicht. Wir sind aber nicht böse mit dem Berg und seinen Steinen, denn der Berg schenkt uns doch noch eine Möglichkeit – einen Baum. Ein Baum wie geschaffen für unsere Hängematte, auf der Gi schläft. Gleich daneben finden wir noch Raum für meinen Schlafplatz, finden Raum auch für die Feuerstelle. Im Schein des Lagerfeuers wirkt Gis Hängemattenplatz wie ein Geisterschiff, fast wie ein Piratenschiff.

Am Morgen ereilt uns dichter Nebel. Er zieht geschwind den Berg herauf, benetzt die bizarren Drachenblutbäume, benetzt uns und spendet dem immer durstigen Grün seine Feuchte. Nach dem Nebel erscheinen die Wolken. Sie hängen wie Schlafmützen über den Bergkuppen. Unser Morgenregen ist kein richtiger Regen. Er kommt uns wie daherfliegender Tau vor, ist warm, berührt unsere Haut dabei nur zärtlich, fast leise. Wir spüren die angenehm feuchte Lieblichkeit kaum. Es ist für uns ein unglaubliches Morgenvergnügen.

Im Inselhauptort – Hadibu ist sein Name – verbringen wir unsere letzten Tage auf Sokotra. Es gibt hier nur drei kleine Hotels – das sind die einzigen auf über 5000 Quadratkilometern Inselfläche. In einem mieten wir ein Zimmer, duschen unsere Körper meersalzfrei, lauschen den Dorfgeräuschen, schauen den Fischern bei ihrer Arbeit zu und genießen immer wieder die Wolkenspiele am Hausberg. In der Ortskneipe gibt es neben viel Fisch auch lecker Brathähnchen und köstlichen Reis. Mein Fischmagen ist erfreut über die gelungene Abwechslung. Unsere Herzen freuen sich aber auch über die Menschen. Nach Ostafrika ist Sokotra wie eine Erholungskur für die Seele.

„Zu verdanken haben wir dies in erster Linie den armen, aber doch so stolzen und würdevollen Inselbewohnern", stellt Gi am letzten Abend fest. „Armut haben wir auf unserer Tour zwar schon oft erlebt, doch das Überraschende für mich ist dabei: Armut zeigt sich weltweit sehr unterschiedlich. Es gibt bittere Armut, hässliche Armut, gefährliche Armut, würdig gelebte Armut, stinkende Armut, gut riechende Armut – und all die unterschiedliche Armut ist zudem oft surreal versteckt zwischen herrlich erscheinenden Landschaftsbildern."

„Armut gibt es auch in Deutschland und kann unterschiedlicher nicht sein. Ja, wir haben Armut sehr breit gefächert erlebt. Gehen aber auch Armut, Würde und Stolz irgendwie zusammen? Gibt es das überhaupt? Verliert man als armer Mensch, als armes Volk, als armes Land nicht letztendlich seine Würde und den Stolz?", frage ich.

„In der Regel ist das so. Die Armut vernichtet alles und somit bleiben auch meist die Würde und der Stolz auf der Strecke. Was mich aber interessiert: Warum scheint hier alles anders zu sein?"

Lange überlegen wir, lange reden wir darüber.

„Es liegt sicherlich ein wenig an der Religion, aber auch an der Abgeschiedenheit der Insel und sicher ein wenig an der fast touristischen Unberührtheit. Doch es muss noch etwas anderes geben ... Gi, ich frage mich manchmal, ob es Gruppen von Menschen gibt, bei denen über viele Generationen – trotz widriger Lebensumstände – nur das Gute und Warmherzige weitergetragen, vererbt oder auch gelehrt wird. Die australischen Aborigines kommen mir dabei in den Sinn, denn bevor die Engländer ihnen den Stolz und die Würde nahmen, waren sie ein Volk von meist glücklichen und friedfertigen Menschen unter für uns heute kaum vorstellbar widrigen Lebensumständen."

„Wi, ich glaube, ich weiß jetzt, woran es liegt! Hier fehlt der Gegenspieler der Armut – der Reichtum."

OMAN ZURÜCK

RÜCKWÄRTS DURCHS „LEERE VIERTEL"

Die Starterproblemmaschine, diesmal ohne Starterprobleme, bringt uns und unsere geliebten Räder nach Salala. Einen großen Teil der omanischen 1143 Radelkilometer pedalen wir durch das uns bereits gut bekannte „Leere Viertel". Diesmal nur halt in die entgegengesetzte Richtung bis an die Grenze der Vereinigten Arabischen Emirate. Oman mögen wir sehr gut leiden. Wüsten lieben wir und der uns bestens bekannte Wüstenabschnitt ist wegen unserer Vorkenntnisse geradezu ein Vergnügen, denn uns sind ideale Lagerplätze und auch die so wichtigen Versorgungsstellen noch in bester Erinnerung. Somit können wir beim zweiten Radelversuch durch das „Leere Viertel" vieles weit besser eintakten.

„Schau sie dir an!"

„Wen?"

„Die Felge!"

„Erinnerst du dich noch, Gi?"

Die geschweißte Felge, die mir beim ersten Versuch viele Angstschweißperlen auf die Stirn trieb und damals unlösbar erscheinende Probleme verursachte, ist noch immer ein brauchbares Teil beim Start von Salala. Sie hat mehr als drei Jahre ausgehalten, was sie damals ja nun wirklich nicht versprechen konnte.

Ab Salala müssen wir diesmal leider bis zum Beginn der eigentlichen Wüstenstrecke fast 1000 Höhenmeter erradeln und erschieben. Damals war es besser, denn es ging über viele Kilometer bergab. Salala gibt uns aber die Kraft, die Höhenmeter recht problemlos zu meistern, und die Blicke auf die schöne Oasenstadt sind dabei ein unvergesslicher Leckerbissen. Auf der Höhe beginnt dann die pure Leere der gleichnamigen Landschaft. Bis diese sich wieder etwas mit Leben füllt, brauchen wir elf Tagesradeletappen. Die elf Tage im „Leeren Viertel" sind für uns jedoch auch diesmal nicht leer. Die Zeit ist angefüllt mit Wüstenschönheit, Wüstenstille, Wüstennächten, Wüstenromantik, auch Wüstenanstrengungen, verschwitzten Tagen, Essen mit Feinsandeinlage, manchmal auch mit durstigen Kehlen. In Adam erblicken unsere freudigen Augen das Hinweisschild nach Nizwa. Hier sage ich zu Gi: „Zum zweiten Mal haben wir diese lange, schöne, anstrengende und unvergessliche Wüstenstrecke durchradelt, bezwungen, erlebt und genießen können. Wahrscheinlich sind wir die ersten Fernradler, die diesen Weg jetzt sogar zum zweiten Mal erfolgreich geradelt sind, denn bisher habe ich weder von anderen darüber gelesen noch gehört." Wir sind uns einig. Wir sind nicht stolz, wir sind nur unendlich glücklich, es erlebt haben zu dürfen.

Dass wir Oman so mögen, liegt im Besonderen auch an seinen Bewohnern. Sie sind nett, hilfsbereit, unglaublich höflich, gastfreundlich und warmherzig. In Oman gibt es

Wir sind nicht stolz, wir sind nur unendlich glücklich, es erlebt haben zu dürfen.

viel Öl. Das ehemals sehr arme Land ist inzwischen reich geworden. Das Besondere daran? Der Reichtum wird nicht zu Markte getragen, die Omanis sind auf dem Teppich der erfreulichen Normalität geblieben. Zudem scheint der Reichtum gut verteilt, denn Armut ist für uns nie sichtbar. Dies tut der Seele gut, denn wir kennen ja auch einige reiche Länder, in denen trotz Reichtum leider sehr viel Armut herrscht.

Kurz hinter Nizwa werden wir – wie so oft in Oman – eingeladen. Die Omanis sind wirklich nette Zeitgenossen. Täglich fragt man uns, ob wir Hilfe brauchen, ob Trinkwasser nötig ist – und so bleiben auch Einladungen zum Essen, zu Übernachtungen oder gar Geschenke nicht aus. Ein Beduine fragt uns sogar: „Braucht ihr Geld?" Und nur unsere wohlerzogene Radlerfeinfühligkeit hindert uns am Ja.

Safi, es ist der Mann kurz hinter Nizwa, bringt uns heißen Tee und eisgekühlte Getränke. Bei dieser Teerunde erzählt er uns vom Spagatversuch eines Beduinen-Dickkopfs: „Ein Beduine kann der männlichen Sucht nach einem fahrbaren Untersatz nicht widerstehen. Er kauft sich ein Auto. Das Auto ist schneller als sein bestes Kamel, denkt er, und somit kommt er in Zukunft viel schneller überall hin. Mit dem Kauf des Autos beginnt also sein Ausflug in die Moderne, denn was er vorher nicht wusste: Solch ein Besitz wird begleitet von Bürokratie und so mancher Hürde. Kamele müssen nicht angemeldet werden, brauchen keine Zulassung oder am Schwanz ein Nummernschild. Kamele sind einfach da. Erst als ihn die Polizei anhielt, wird ihm klar, er braucht für sein Wüstenauto ein Nummernschild und eine Zulassung. Selbst in der Wüste gelten nun die Gesetze, nicht nur in der Stadt. Er braucht auch, was ihm so gar nicht gefällt und einleuchten will, eine Fahrerlaubnis. Da er in der Zwischenzeit sein Wüstenauto fast wie sein bestes Kamel liebt, macht er sich auf die langen Wüstenwege der Bürokratie. Sehr schlimm dabei: Er braucht vorher noch einen Nachweis über sich selbst – einen Reisepass oder Personalausweis. Er entscheidet sich für den Reisepass. Der erscheint ihm nützlicher. Beduinen reisen ja gern. Irgendwann quält er sich dann endlich für die Fahrerlaubnis auf der Schulbank ab. Er kann's nicht verstehen, denn fahren kann er ja schon lange, warum die blöde Schulbank? Zwischen all den bisher unbekannten Schikanen überlegt er mal kurz, ob er das geliebte Auto nicht doch wieder verkaufen soll. Nein, sagt er sich, ich liebe mein manchmal krankes Auto ja fast wie mein Lieblingskamel. In der Zwischenzeit musste nämlich auch noch das Autoherz ausgetauscht werden. Der Motor ging einfach so kaputt. Als er alle bürokratischen, lernmäßigen und reparaturmäßigen Hürden hinter sich gebracht hat, will er sich zur Belohnung selbst eine Freude machen. Sein Reisepass fällt ihm dabei ein. Jeder Moslem sollte unbedingt ein Mal in seinem Leben nach Mekka pilgern und da er nun alles hat, hält ihn davon auch nichts mehr ab, so denkt er zumindest. Mit dem Kamel würde er bis Mekka sehr, sehr lange brauchen. Mit dem Auto, wenn es nicht wieder krank wird, wird es höchstens drei Tage dauern. Freunde sagen ihm, er müsse unbedingt die neue Teerstraße fahren, nicht einfach so durch den Sand ins nächste Land, denn es gäbe an der neuen Teerstraße auch eine richtige Grenze. Am liebsten fährt er zwar in der Wüste, doch er denkt: Die Freunde haben sicherlich recht. Er fährt also auf der geteerten Straße bis zur Grenze. Auf dieser langen Fahrt fallen ihm all die Schikanen ein, doch er ist glücklich, denn bald wird er ja in Mekka sein. An der Grenze bricht dann seine Beduinenwelt allerdings restlos zusammen, denn neben dem Reisepass benötigt er auch den Personalausweis, um über die Grenze zu kommen. Dies ist in Oman so Pflicht.

Beides sei nötig, wird ihm gesagt. Da er den anderen Nachweis nicht erbringen kann, er hat ja immer noch keinen Personalausweis, ist Schluss mit lustig. Er muss umkehren. Aus seiner Pilgerfahrt wird nichts. Auf der Rückfahrt beschließt er: Es hat sich für ihn mit Bürokratie und Moderne! Er verkauft sein Wüstenauto und erzählt allen: Wozu brauche ich ein Auto, wenn ich nicht fahren kann, wohin ich will?"

Wir schmunzeln.

„Die Geschichte hat noch ein gutes Ende", sagt Safi. „Als er und auch sein Lieblingskamel danach lange nicht mehr gesehen werden, wundert sich von seinen Beduinenfreunden niemand. Die Spuren seines Kamels verlieren sich im Nordosten. Nordöstlich des Beduinenlagers, irgendwo hinter den hohen Bergen und Sanddünen, die Tausend Augen nicht übersehen können, liegt nach vielen Monden und Sonnen im sandigen Nirgendwo das heilige Mekka."

„Danke für den Tee. Danke für die Geschichte, Safi."

Tage später finden wir in der omanischen Grenzsiedlung Khor Kalba den Wasserkanal für einen Palmenhain. Es gibt auch eine Moschee. Diese ist sehr klein, irgendwie putzig, und liegt – ideal für eine Übernachtung – zwischen den Bäumen. Der Kanal ist badewannenbreit und sein Wasser badewannenwarm. Einfach herrlich, denn wir wollen am nächsten Tag möglichst sauber über die Grenze! Bei Sonnenuntergang sitzen wir am Lagerfeuer. Ein Auto kommt über die Sandpiste bis an die Moschee gefahren. Ein alter Mann steigt

aus und wie in Oman üblich, fragt er: „Braucht ihr Hilfe?"
Nach einem kurzen Gespräch folgt eine Einladung.
„Kommt mit in mein Haus. Dort könnt ihr essen und schlafen." Unser Zelt ist aber bereits aufgebaut und auch gegessen haben wir schon reichlich.

„Danke. So Gott will, nehmen wir deine Einladung bei unserem nächsten Besuch in Oman an."

Wenig später verabschiedet er sich. Doch nach nur einer halben Stunde staubt es wieder. Der nette Alte steigt erneut aus. In der Hand hält er zwei Tüten. Er gibt uns einige Flaschen Trinkwasser, Brot und – wir können es kaum glauben – auch einen großen Kuchen. Wir sind gerührt.

Am nächsten Morgen essen wir einen Teil des Überraschungskuchens, trinken Kaffee dazu und reden über das angenehme Land. „Du hast recht, Gi, zu einem Land gehören auch immer die Menschen. Die Mischung hier in Oman ist wirklich radelgut."

Zwei Stunden später sind wir an der Grenze.

Vereinigte Arabische Emirate zurück

Dem Himmelstor ein Stück näher

An der Grenze dauert es etwas. Die Wüstensöhne nehmen es genauer. Überhaupt sind sie ein etwas anderer Menschenschlag. Die Emirate tragen ihren durch Öl- und Gasvorkommen erworbenen unvorstellbaren Reichtum offen zu Markte. Rampenlicht- und Mittelpunktbestrebungen gehören da zum täglichen Geschäft. Gleich hinter der Grenze liegt al-Ain. Dort beginnt auch sofort die Andersartigkeit vom sonst üblichen Arabien-Klischee. Al-Ain ist eine der angenehmsten Städte im Sandland. Dies gilt auch für die Einheimischen, denn „die Quelle" (al-Ain) hat durch ihre Lage am Berg Dschabal Hafit besonderes Glück gehabt. Allah schenkte der Gegend viel trinkbares Quellwasser und auch ein angenehmes Klima. Bei nur 35 Grad, wir haben Mitte Oktober, fühlen auch wir uns wohl. Acht Monate im Jahr übersteigen die Landestemperaturen die 40-Grad-Marke. Drei Tage lassen wir uns Zeit, um die 160 Kilometer bis Abu Dhabi zu radeln. Eine Autobahn durchzieht das Meer aus Sand. Rechts und links der Strecke werden die Augen aber auch ununterbrochen durch viel Grün verwöhnt. Über 150 Millionen Bäume wurden in den Emiraten gepflanzt! Hut ab, kann ich da nur sagen, denn all diese Bäume müssen ja auch bewässert werden. Verlässt man die grüne Autobahn, so tut sich nach nur wenigen Metern das unendlich erscheinende Sandmeer auf. In diesen Sandebenen, Sandhügeln und Sandbergen finden wir unsere Übernachtungsplätze bis zur Hauptstadt recht spielerisch. Nur die Aussicht, die Räder vielleicht doch zu einer noch schöneren Sandstelle zu schieben, verursacht etwas Kopfweh.

Wir finden unsere Übernachtungsplätze bis zur Hauptstadt recht spielerisch.

In Abu Dhabi wechseln die Elemente. Sand gibt es nur am langen Stadtstrand. Beton, Glas, Aluminium und viel Marmor streiten im Verbund um einen Platz in Himmelsnähe. In der Wohnung von Mia drücken wir uns die Nasen an der Wohnzimmerscheibe im 18. Stockwerk platt. Mia hat uns zum Essen eingeladen. „Ja, die Emirate sind verrückt", sagt sie. Mit ihrem Job beim U-Bahn-Bau verdient sie zwar recht ordentlich, doch die Goldgräberzeiten sind schon lange vorbei. „Damals fehlte den Beduinen einfach noch der Bezug zum Geld. In den goldenen Öl-Anfangsjahren wurden einmal jährlich durch den Sultan Ausschüttungen von den Ölgewinnen an die Beduinen angeordnet. Da kam es doch tatsächlich vor, dass manche mit dem Auto vorfuhren und ihr Geld in einer Holzkiste aus der Bank trugen", lässt sie uns wissen.

Uns plagen andere Sorgen, denn in der Botschaft des Iran werden wir gleich blöd angemacht. „Was wollt ihr im Iran – noch dazu mit Fahrrädern?", fragt uns ein schmieriger Kerl.

„Ihr habt wunderbare und echt progressive junge Menschen im Land."

„Gi, wie kannst du so was sagen? Ich denke, wir haben verloren."

„Stimmt doch! Schau dir sein blödes Grinsen an. Ich musste es einfach sagen."

Nach Tagen mit viel Stress steht fest: Wir bekommen keine Visa. Gis Antwort war dabei sicher nicht das Problem. Dieses befindet sich im Land selbst. Die Wahlbetrügerbanden, die ja auch die Mörder- und Schlägerbanden des Wahlbetrügers Mahmud Ahmadinedschad sind, wollen zurzeit keine Ausländer im Land haben. Sie prügeln lieber das eigene Volk im Namen der Religion stumm oder gar tot. Schon beim Nachlesen auf den Seiten des Auswärtigen Amtes wurde mir klar, es könnte schwierig werden.

„Was machen wir nun?"

„Ich schau mal in die Karte, Gi. Mal sehen, was möglich ist."

Wir entscheiden uns für Jordanien, denn von dort kommen wir nach Syrien und dann in die Türkei. Dafür müssen wir aber fliegen, denn nur mit einem Flugzeug kommen wir aus den Vereinigten Arabischen Emiraten wieder heraus.

Auch wenn uns die Geschichte noch lange beschäftigt, der Iran war nämlich vor drei Jahren einmalig gut für uns, freuen wir uns dann doch auf Amman. Dafür radeln wir nach Dubai, zum Flughafen und zum 828 Meter hohen Burj Khalifa, was ja auch was hat. In Dubai sind wir damals mit der Fähre aus dem Iran angekommen. Zu dieser Zeit war das nun höchste Bauwerk der Welt gerade noch im Entstehen.

Zwei Tage später sehen wir dann tatsächlich die sehr lange Rakete. Die unendlich erscheinende Höhe lässt den Burj Khalifa aus der Ferne nicht wie ein bewohnbares Hochhaus erscheinen. Er erinnert schon eher an einen sehr, sehr langen Fernsehturm.

Stunden später sind wir da.

„Wir sind am Himmelstor!", ruft Gi.

„Neben der architektonischen Meisterleistung an momentan machbarer Höhe ist auch das Umfeld des Turmes eine Meisterleistung an momentan machbarer Eleganz, Sinnestäuschung und verspielter Schönheit", sage ich und schaue dabei unendlich weit nach oben. Das Überraschende dabei ist: Alles harmoniert, scheint sich zu ergänzen und gibt somit dem Turm die unglaublich wichtigen Standbeine. Ob nun das Armani-Hotel, der große künstliche See, die weiten Grünflächen, die Einkaufscenter oder auch das Karussell aus Großmutters Zeiten – alles scheint nur eine Aufgabe zu haben: dem langen Ding notwendiges Bodenleben einzuhauchen. Der aus der Ferne irgendwie tollpatschig, fehlplatziert oder von Außerirdischen einfach in die Erde gerammt erscheinende Turm beginnt erst im nahen Umfeld zu atmen, zu leben.

„Glückwunsch!", murmele ich.

JORDANIEN

HÜGEL FOLGT AUF HÜGEL

Vom Flughafen aus radeln wir über 40 Kilometer bis an den Rand der jordanischen Hauptstadt Amman. Dabei wird uns schnell klar: Jordanien ist kein leichtes Radelland, denn Hügel folgt hier gnadenlos auf Hügel. So angenehm manche Abfahrt ist, so unangenehm ist dann der folgende Anstieg. 12 Prozent Steigung, manchmal auch mehr, sind keine Seltenheit. Die Stadt selbst geizt auch nicht mit Hügeln und erhält von mir daher sofort einen neuen Namen. Es wird für mich auf ewig die „hügelige Hügelstadt" sein. Der neue Stadtname hat durchaus seine Berechtigung, denn dieser ergibt sich schon aus den ungewöhnlichen Höhenangaben für Amman. Zwischen zweien kann man wählen: 500 Meter, was weit unten bedeutet, und über 1500 Meter, was weit oben bedeutet. Dazwischen liegen dann wie selbstverständlich die zahlreichen Hügel. Höhe und Hügel bedeuten aber auch mehr Frische. Die richtig heißen Wüstenländer liegen hinter uns.

„Herrlich, hier kann ich endlich wieder durchatmen!", rufe ich Gi zu.

„Schade, ich mag doch die Wärme so!"

In der Altstadt finden wir ein billiges Zimmer. Geräusche, Gerüche, kleine Läden, Musik, Kirchenglocken, Gebetsrufe und Farbenspielereien sind allesamt intensiv, angenehm und lieblich, verträglich, hausbacken und somit interessant. In der Altstadt verbirgt sich meist das gute Herz einer Stadt.

Einer unserer ersten Wege ist der hüglige Weg zur Syrischen Botschaft.

„Was möchten Sie?"

„Visa!" Dabei reichen wir die Pässe rüber.

„Kommen Sie aus Deutschland?"

„Ja."

„Tut uns leid. Deutsche können Visa nur in Deutschland beantragen."

Wir können es einfach nicht glauben, es ist aber so!

Was noch bis vor kurzer Zeit kein Problem war, ist nun eines: Der Nahe Osten köchelt wieder. Es gibt diplomatische Magenverstimmungen. Die Kochtopf-Diplomatenkrake hat unsere Visa aufgefressen. Stunden später steht für uns fest: Wir radeln Richtung Süden weiter und wenn dort kein Diplomatenkrieg herrscht, könnten wir auf die Sinai-Halbinsel kommen.

Das Tote Meer liegt bekanntlich sehr weit unten. Das Ufer des Sees ist mit 442 Metern unter dem Meeresspiegel der am tiefsten gelegene nicht von Wasser oder Eis bedeckte Bereich der Erde. Da dies so ist, müssen wir vorerst nicht ewig über Hügel radeln. Eine lange Abfahrt bringt uns mühelos in die weite Senke des Toten Meeres. Vom letzten Hügel aus sind es um die 2000 Höhenmeter, die wir runterflitzen.

Unten angekommen, müssen wir die Jacken ausziehen, denn die geografische Tiefe und viel Sonne am Himmel sorgen für einen angenehmen Temperaturaufschwung. Das Tote Meer, das in Wirklichkeit ein abflussloser See ist, ist 67 Kilometer lang und 18 Kilometer breit. Gespeist wird er vom Fluss Jordan. Durch das trockene Wüstenklima verdunstet jedoch das Wasser sehr schnell und Mineralien sowie Salze bleiben zurück und reichern sich im Toten Meer an. Der Salzgehalt des Sees liegt durchschnittlich bei 28 Prozent – das ist über siebenmal höher als der des Mittelmeers mit 3,8 Prozent. Entgegen seinem Namen ist das Tote Meer jedoch biologisch nicht tot, denn verschiedene Bakterien und Mikroorganismen leben darin. Und auch Pflanzen mit großer Salztoleranz haben sich dort angesiedelt.

Die guten Seiten des Wassers für den Menschen sind: Es hat eine heilende Wirkung bei Hautkrankheiten wie Neurodermitis und Schuppenflechte und wegen der sehr hohen Massendichte des salzigen Wassers können auch Nichtschwimmer problemlos darin planschen, da es den menschlichen Körper außergewöhnlich gut trägt. Da dies irgendwie unglaublich klingt, machen wir die Nichtschwimmerprobe. Es funktioniert! So sehr wir uns auch anstrengen, wir gehen einfach nicht unter, sondern treiben ständig an der Oberfläche und können uns köstlich über unsere tollpatschigen Versuche amüsieren. Das sieht wirklich sehr komisch aus, denn wir rollen regelrecht auf der Wasseroberfläche wie zwei

Luftballons herum. Nach dem Salzbad – wir schmecken noch sehr lange wie zwei Salzheringe – kommen uns noch ein paar lustige Gedanken in den Kopf. „Selbstmörder haben hier keine Chance zu ertrinken. Tonnen von Steinen müssten sie sich an die Füße binden", spöttelt Gi.

„Stimmt. Doch finde ich gerade deswegen, dass hier der ideale Ort für die erste Nichtschwimmer-WM wäre. Was sagst du dazu?"

Kahle Berge umschließen das Tote Meer. Die Landschaft ist sehr reizvoll, bizarr und von viel Einsamkeit geprägt. Mit der Einsamkeit ist es aber spätestens an den heißen Quellen zum Beispiel von Hammamat Ma'in vorbei, denn die Jordanier sind absolute Picknick-Fans. So sausen sie mit ihren Autos von Amman oder Umgebung zu den einladenden Picknickplätzen. Sie baden im Toten Meer, schmieren sich danach den ganzen Körper mit Schlamm ein und springen zum Schluss noch in die heißen Quellen. Wir meiden diese Orte, denn auch wenn fast jede Familie über irgendeinen fahrbaren Untersatz verfügt, so finden die lieben Picknicker leider keinen Platz im Auto für ihren Müll. Der bleibt an Ort und Stelle liegen, stinkt fürchterlich und ist die Brutstätte für unvorstellbar viele Fliegen. Trotzdem halten wir es einige Tage aus. Erst an den Abenden kehrt Ruhe ein. Es sind für uns die schönen Stunden. „Da drüben liegt Israel. Genau da, wo die Sonne untergeht. Morgen müssen wir früh raus. Abschied nehmen vom am tiefsten gelegenen See der Erde."

„Ist irgendwie schön hier", flüstert Gi.

Nach viel Schweiß sind wir wieder oben. Zwei volle Tage, meist schieben wir, sind der Preis für den „Königsweg", der uns bis Aqaba bringen soll. Er ist gepflastert mit viel kultureller Vergangenheit. Nicht weit von Madaba befindet sich der Berg Nebo mit seiner Kirche. Angeblich ist der Berg Nebo jener Berg, von dem aus Moses das „Gelobte Land" sehen durfte, jedoch sterben musste, ohne es selbst zu betreten. Von dort oben hat man tatsächlich einen großartigen Rundblick aufs Tote Meer und bei klarer Sicht sind auch Jerusalem und Jericho zu sehen. Madaba selbst wirkt sehr aufgeräumt. Müll gibt es kaum in den Gassen. Der Ort ist ideal für mehr als eine Nacht. Beim Bummeln überrascht uns die Fülle an Kirchen und Moscheen. Aber auch wenn uns alles sehr friedlich erscheint, irgendwie verspüre ich doch die kontrolliert unterdrückten Anspannungen beider Religionsgruppen.

Spannungen dieser Art gibt es in Kerak nicht. Hier haben die Muslime die 99-prozentige Oberhoheit. Nur die Gemäuer der mächtigen Kreuzfahrerfestung zeugen noch heute von der vergangenen Andersartigkeit.

In Dana, einem verlassenen Bergdorf an den Felshängen zum Toten Meer, verbringen wir eine gute Zeit. Die Herbergsbesatzung ist international. Auch in Jordanien versucht man zu sparen, wo es nur geht. Ein Jemenite kocht uns köstlich schmeckendes Essen. Ein Ägypter bestückt die

Wasserpfeifen und mit einem Jordanier handeln wir den Preis fürs Rundumglück aus. Die drei schließen wir ins Herz.

Der „Königsweg" zur Felsenstadt Petra.

Der „Königsweg" führt, wie sollte es auch anders sein, natürlich direkt ins touristische Herz des Landes, in die verlassene Felsenstadt Petra. Petra ist der pauschaltouristische Hauptrenner in Jordanien und läuft, dank gnadenloser Vermarktung, heute fast von selbst, eigentlich wie geschmiert. Uns wird schnell klar: Die Menschen hier werden wir wohl nicht ins Herz schließen, denn die Freundlichkeit, die Herzlichkeit und übertriebene Sorge um das Wohl der vielen Ausländer sind nur einer Gottheit geschuldet – dem Geld. In und um Petra blüht der Touristennepp. Wir löhnen nicht die umgerechnet 95 Euro Eintritt pro Radler. Das ist für uns der bisher erlebte Welthochpreishammer! In der Nähe von Petra schlafen wir in unserem Zelt. Vom „Königsweg" sind wir dafür links in einen Feldweg abgebogen. Gerade als die Sonne untergehen will, kommt ein Auto auf uns zu. „Ihr könnt hierbleiben", sagt der Mann darin. „Es sind meine Felder und somit gibt es auch keine Probleme."

Er schenkt uns noch knorriges Olivenholz und will dann gehen. Als er merkt, dass Gi arabisch spricht, überlegt er sich meine Einladung zum Tee. „Okay, deine Frau spricht arabisch. Englisch mag ich nicht. Ich trinke einen Tee mit euch."

„Wohnst du hier?"

Mit dieser Frage treffen wir einen Nerv.

„Was wollen all die Ausländer in Petra? Ja, Petra ist schön, doch in Deutschland ist es auch schön. Komme ich deswegen nach München?" Eine Stunde lang stellt er Fragen und wir antworten. Als er gehen will, sagt Gi auf Arabisch: „So Gott will, sehen wir dich in Petra."

„Es liegt nicht an Allah, ob wir uns sehen. Ich bin religiös, doch mit solchen Sprüchen kann ich nichts anfangen. Ich stehe jeden Morgen auf. Ich bearbeite mein Feld. Ich bringe die Ernte ein. Ich wühle in der Erde."

Noch nie hat uns ein Moslem so geantwortet. Als er in sein Auto steigt, sage ich zu Gi: „Der Mann gefällt mir. Er hat mit vielen Dingen recht."

„Ja, mag sein, aber irgendwie wirkt er verbittert auf mich."

„Ich glaube, er hat viele Gründe dafür."

„Wie meinst du das?"

„Ich erzähle dir was, aber nur, wenn du mir noch einen Kaffee kochst, okay?"

„Mach ich. Leg los!"

„Vor noch nicht allzu langer Zeit war Petra, die Stadt im und aus Fels mit ihren Lichtspielen in all den Schluchten und ihren verspielten Fassaden, eine unvorstellbar lebendige Stadt. Sie war Wohnstätte der Beduinen vom Stamm der B'Doul. Heute fehlt dieses Leben. Die Beduinen wurden zwischen 1968 und 1985 zwangsweise umgesiedelt, das Gebiet weiträumig eingezäunt und fortan zum Welterbe aufgebauscht. Entstanden ist Petra bereits ab etwa 9000 v. Chr. und war in der Antike die Hauptstadt des Reiches der Nabatäer. Durch ihre günstige Lage am Kreuzungspunkt mehrerer Karawanenwege wurde sie schnell zu einer wichtigen Handelsstadt – somit war sie eine Stadt mit vielen Geräuschen, singenden Kindern, lachenden Frauen, lärmenden Tieren, streitenden Alten und auch fröhliche Feste gehörten zum Fels, zur Landschaft und zum Leben. Doch dieses Leben mit seinen guten und sicherlich manchmal auch schlechten Begleiterscheinungen gibt es nicht mehr. Warum? Es gibt nur einen Grund: Geld regiert die Welt. Allah hat keinen Einfluss darauf. Der gute Mann war sicher Beduine, lebte früher in dem Gebiet und fragt sich nun: Warum kommen all die Ausländer nach Petra? Er hat durch sie seine

Heimat verloren. Das macht ihn verbittert und ich kann ihn sogar verstehen."

Tage später schieben wir unsere Räder in den Bauch einer Fähre, die uns auf die Halbinsel Sinai bringen soll. 993 Jordanien-Kilometer liegen hinter uns. Unsere Ausreisesteuer haben wir ohne zu murren bezahlt. Es ist Mitternacht. Auf der Fähre erzählt uns ein Jordanier mehr als zwei Stunden lang, wie gut Deutschland für ihn gewesen wäre. Lange hätte er dort gelebt, er wäre aber nach vielen Jahren ausgewiesen worden. „Ich liebe Deutschland! Ich hasse Arabien!", sagt er oft.

„Wir lieben die Wüste! Wir lieben die Welt!", antworten wir dann.

ÄGYPTEN ZURÜCK

HAIALARM

Die Hafenstadt Nuwaiba ist ein ruhiger, verschlafener Ort. Es gibt nur kleine Pensionen im Stil der frühen Sechziger. Hier vermischt sich noch die salzige Meeresluft mit Haschischduft. Dass diese Luftmischung allzeit gut gemixt bleibt, dafür sorgen die Beduinen ohne jegliches Schuldgefühl, denn der Stoff gilt bei ihnen schon immer als heilende Quelle. Der zweite Badeort entlang der Küste, Dahab, gibt sich da schon spießiger. Die Pensionen erreichen Kleinhotelcharakter und in so manchem Vorhof wird kostbares Süßwasser in gekachelten Poolwänden aufbewahrt. Von Nuwaiba bis Scharm El-Scheich, dies ist der dritte Ort entlang der Küste, zeigt sich die landschaftlich viel gerühmte Sinai-Halbinsel von ihrer allerbesten Seite. Die Ausläufer des mehr als 2000 Meter hohen Sinaimassivs stürzen hier mutig ins Meer. Wadis und Schluchten spalten sie tausendfach. Dort verbergen sich bildschöne Oasen, entspringen Quellen und in so mancher Enge hat das ewige Zusammenspiel von farbigem Fels und Wasser regelrechte Farbenschluchten erschaffen. Zwischen all diesen Naturschönheiten flimmert auch immer wieder goldiger Sand. Dieser rieselt wie Puderzucker durch unsere Finger. Ideale Schlafplätze finden wir da. Wir beleben nach längerer Zeit mal wieder unsere Lagerfeuer-Zeltbodenheizung.

Wir beleben unsere Lagerfeuer-Zeltbodenheizung. Viel Holz ist nötig.

Der Zauber ist in Scharm El-Scheich aber vorbei, denn die weitläufige Touristenhochburg ist nicht lieblich, nicht schön und auch nicht unbedingt erkundenswert. Weit über 100 Hotels kämpfen um Gäste. Und doch bleiben wir für einige Tage. Unser Hotel ist überraschend gut. Das Essen – und dies ist für Radler nach Wüstenstrecken besonders wichtig – ist vorzüglich.

„Du kannst nicht tauchen. Begreif es doch endlich!", fährt mich Gi an.

„Ich will aber!"

„Es ist Haialarm. Niemand darf ins Wasser."

„Da können wir ja gleich weiter!"

„Prima! Genau darauf warte ich ja schon zwei Tage."

Noch oft schaue ich auf unserem Weg zum Sueskanal

aufs Rote Meer hinaus. Haialarm, spukt es mir immer wieder im Kopf herum. Fast vier Jahre unterwegs, dann endlich Scharm El-Scheich und dann Haialarm!

„Man kann nicht alles haben, Wi. Beschäftige dich lieber wieder mit deinen Zahlen. Gestern hast du mich damit ganz verrückt gemacht."

Recht hat sie, denke ich. Zahlen begleiten einen großen Teil unseres Lebens. Dies ist uns eigentlich kaum noch bewusst. Wir haben uns irgendwie daran gewöhnt, denn die Zahlen gehören einfach dazu, auch wenn sie oft unfassbar, unwichtig, störend, faszinierend, zu niedrig, zu hoch, ärgerlich, rekordverdächtig und noch viel mehr für uns sein können. Sie können zudem Empfindungen erklärbar machen, unsere Sinne beeinflussen, Verhältnisse darstellen und für uns persönlich zeitliche Abfolgen vorgeben. Pünktlichkeit, Reichtum, Armut, Zeit im Allgemeinen, Geld, Abstände, Wärme, Kälte und vieles mehr – alles hat irgendwie mit Zahlen zu tun, ist somit – bewusst oder auch unbewusst – tägliche Zahlenspielerei, aber auch tägliche Zahlenernsthaftigkeit. Wenn es so kommen wird, dass wir am 16. April 2011 unsere Radtour in Sonneberg beenden, so werden wir dann genau 1447 Tage unterwegs gewesen sein. Dank der Digitalkamera werden dann ca. 25 000 Bilder geschossen und auf über 50 CDs und DVDs gebrannt worden sein. Dazwischen werden wir, hauptsächlich Gi, das Zelt um die 400 Mal auf- und natürlich auch wieder abgebaut haben. Über 600 kleine

und große Lagerfeuer werden wir, hauptsächlich Wi, ange-
facht und abgebrannt haben. Über 1200 Liter Tee und über
2000 Tassen Kaffee köchelten auf der Hitze. Moskitostiche
werde ich nur um die 1500 gehabt haben. Gi bringt es da
spielend auf das Doppelte. Die Tageshöchsttemperatur wird
47 Grad im Schatten betragen haben – in Oman. Die Tiefst-
temperatur eisige –21 Grad. Mein Körperhöchstgewicht war
79 Kilogramm. Wo, das habe ich vergessen. Meine Fast-Ske-
letttage waren in Ostafrika mit unter 65 Kilogramm. Die
dünnste Luft gab es – wenige Meter unter 6000 – in Bolivien.
Die dünnste Radelluft (und die ist da echt kaum noch atem-
bar) auf über 4500 Metern in den argentinischen Andenbergen. Die dickste Radelluft (da hat man eigentlich Luft für
zwei) auf mehr als 400 Metern unter dem Meeresspiegel am
Toten Meer. Höhenpässe ab 2000 Metern haben wir wirklich
sehr oft erradelt, erschoben und erschwitzt, um sie dann flit-
zemäßig abwärts zu genießen. 76 km/h zeigte der Tacho. Genuss bleibt da wenig, denn die Sturzangst zwingt auch den
Verrücktesten zum Bremsen. Um die 30 Bremsbeläge musste
ich wechseln – hat aber nicht immer geholfen, denn Gi brachte es auf vier wirkliche Stürze. Einer war sogar ein zirkusrei-
fer Überschlag. Acht weitere Einfachumfaller ergänzen ihre
Hinkuller-Statistik. Stürze und Umfaller hatte ich nur drei.
In meiner sturzfreien Zeit habe ich dafür über 30 Löcher
geflickt. Zusammen haben wir fünf Mal Blut gespendet.
Zum Glück haben wir selbst keinen Blutbeutel gebraucht.

Sechs Mal wurden wir beklaut. Ein Überfall war natürlich genau einer zu viel, denn der war echt nicht lustig. Eine Null hätte da viel Wut, Angst und Ärger vereitelt. Nur wenige Tage hatten wir so richtig Knast, so richtige Hungergefühle, und auch Grenzerfahrungsdurst. Die zeitlich zuverlässigen Sonnenaufgänge und Sonnenuntergänge waren oft ein Zahlenersatz, denn die Ziffern auf einer Uhr verlieren da sehr schnell an Bedeutung. Die eine Sonne, der eine Mond, Tausende Sterne, die Milchstraße, kurze und lange Schatten verraten neben dem Weg auch die Zeit. In den weit über 139 geschriebenen Rundmails verstecken sich noch viele weitere Zahlen. Es gibt auch vergessene Zahlen, unangenehme Zahlen und die gefühlsmäßig Unzähligen. Dabei aber unvergessen: Unzählige Menschen haben uns geholfen. Wir selbst haben auch immer versucht, anderen kleine Freuden zu machen.

All dieser gedankliche Zahlensalat auf der Sinai-Halbinsel hat natürlich einen Grund. Als ich nämlich an irgendeinem Abend, wie immer an Radeltagen, die Tageskilometer zu den vorherigen addiere, kommt mir eine Zahl aus der Schulzeit in Erinnerung: Der Erdumfang beträgt etwa 40 000 Kilometer. Ein paar mehr oder weniger. Doch das ist egal, denn mir wird bei dieser Eintragung bewusst, dass wir bereits vor einiger Zeit diese Erdumrundungszahl überradelt haben! Ist das nun wichtig? Genau wie viele andere Zahlen, so hat auch diese Zahl für uns einen persönlichen

Wert. Wir haben, da wir auf den fünf Kontinenten unterwegs waren, sozusagen eine Weltumradelung geschafft!

Die Zahlen lassen mich einfach nicht mehr los. Über 40 000 gefahrene Kilometer bedeuten ca. 25 Millionen Umdrehungen unserer Füße auf den Pedalen. Dabei bewegen sich die Kniegelenke sozusagen erdumfangmäßig um 360 Grad. Um die 25 Millionen Umdrehungen für Gis und meine Kniegelenke. Zusammen so um die 50 Millionen. Da können wir nun wirklich stolz sein. Unsere nicht mehr so jungen Knie haben wirklich ein dickes Lob verdient. Und wenn ich dann noch an die Hüftgelenke denke …

Ich schaue zu Gi auf und sage kleinlaut: „Du hast recht, ich nerve dich nicht mehr damit."

Der Sueskanal ist stark bewacht. Es gibt kaum eine Möglichkeit, richtig ranzukommen. Immer wieder verwehren uns Uniformierte den Zugang. Im Tunnel müssen wir auf ein Auto umsteigen. Der Beduine schimpft: „Die Ägypter machen es uns immer dreckiger. Ständig werden wir kontrolliert, gegängelt. Sie haben uns die Freiheit genommen!"

„Ja, ich sehe es auch so, doch den Kopten geht es nicht besser."

„Was gehen mich die Kopten an?", sagt er beim Aussteigen.

„Das ist euer eigentliches Problem. Jeder – sofern er überhaupt etwas macht – kämpft für sich", will ich ihm erklären.

„Keine Zeit! Macht es gut!"

Der Nil ist die ägyptische Lebensader. Wasser ist gleich

Leben – und da ein Delta das Wasser sehr breit fächert, gibt es hier besonders viel Leben. Viel Leben im Nildelta bedeutet: Jeder Quadratmeter ist belegt, bebaut und bepflanzt, sogar aus den Kanälen ragen Bretterhütten, schwimmt Leben, vegetieren Elend und Wahnsinn dahin. Städte und Dörfer gehen unbemerkt ineinander über, kämpfen um Restplätze. Abfall, stinkendes Wasser, Müll, Abgase, überbevölkerte Betonklötze, verschlammte Hüttensiedlungen, verstaubte Felder, Menschenmassen, schlaglochübersäte Straßen, abgewohnte Unterkünfte, brechend volle Busse und vieles mehr geben sich ein tägliches Stelldichein. Es gibt für uns aber an manchen Tagen auch in diesem ungeordneten Chaos Momente der Ruhe, Schönheit und Besinnlichkeit. Erst in Alexandria kommt das Gefühl von erwünschter, geordneter Unordnung zurück. Wir merken sofort: Die Stadt hat was, sie gefällt uns. Moderne, Vergangenheit, Moscheen, Kirchen, Märkte, Altstadtviertel, Uferpromenade, vollgefressene Katzen und die salzige Meeresluft geben der geordneten Unordnung angenehme Lebensvielfalt. Das überbevölkerte Delta wuchert bis an die Ränder der Stadt. Alexandria hat aber bis heute ihren Ruf als schöne, interessante, geschichtsträchtige und auch als ägyptisch so ganz andere Stadt verteidigen können. Wir wohnen während der Alexandria-Weihnachtstage in einer kleinen von Kopten geführten Hochhauspension. Aus unserer Vogelperspektive sehen wir direkt unter uns die Uferpromenade. Das Halbrund der Bucht wirkt wie ein aufgeschlagenes Bilderbuch. Alexandria hat einiges zu bieten. Wir besuchen viele Kirchen, Moscheen, die urige Altstadt und so manche Ausgrabungsstätte. An einem Nachmittag begleitet uns die hübsche Fatima. „Die Schlangen vor den Brotläden werden immer länger", sage ich zu ihr.

„Ägypten steht am Abgrund. Es muss bald etwas geschehen", ist ihre Antwort.

„Ägypten steht am Abgrund", sagt uns die hübsche Fatima.

Wir radeln Richtung Westen weiter. Nach über 100 Kilometern treffen wir auf Kriegsgräberstätten im Wüstensand. Hier befindet sich eine Siedlung. El-Alamein ist ihr Name. Doch auch wenn in dieser Gegend Geschichte geschrieben wurde, in und besonders um El-Alamein stinkt es für uns irgendwie gewaltig, denn entlang dieser Küste gibt es Tourismus der ganz anderen Art. Die Touristenhochburgen, allesamt sehr nobel, sind bis auf wenige Ausnahmen für die Ägypter selbst erschaffen. „Doch nur die wenigsten Ägypter können sich hier einen Urlaub leisten. Die meisten haben wirklich andere Probleme", sage ich zu Gi.

„Hier findet man ausschließlich die reiche Minderheit. Während der arme Ägypter subventioniertes Brot an Bretterhütten ersteht, urlaubt die korrupte Oberschicht in den abgeriegelten Nobelvierteln."

Eine andere Art der Stinkerei sind die gezielt eintreffenden Touristen aus dem Ausland, unter denen auch viele Ewiggestrige sind. Diese treibt es zu den damaligen Kriegsschauplätzen in der Bucht von El-Alamein sowie zum Kriegsmuseum.

Auf der Wüstenstrecke nach Kairo verliert sich zum Glück der würdelose Geruch. In Kairo selbst holt uns jedoch leider die nächste schmerzende Wirklichkeit ein. In unserem Hotelzimmer, nahe der Pyramiden gelegen, hören wir am Morgen des 1. Januar 2011 einen fürchterlich lauten Knall. Fast zeitgleich scheppern die Scheiben in den Fensterrahmen.

„Ein Anschlag!", rufe ich Gi zu.

Die Zimmernachbarn stehen nun ebenfalls auf ihrem Balkon und wir erblicken eine Rauchwolke in knapp einem Kilometer Entfernung.

„Das muss ein Anschlag sein! Auf eine Kirche oder so!

Schaltet euren Fernseher ein, gestern Nacht gab es schon in Alexandria große Probleme", rufen sie herüber.

Was letztendlich das Problem in der Nähe des Hotels war, haben wir nie genau erfahren. „Gasexplosion", wurde nur immer wieder gesagt. Im TV sehen wir schließlich die schrecklichen Nachrichten aus Alexandria. Zu Weihnachten waren wir selbst noch in der Al-Qiddissine-Kirche gewesen. Genau dort ging vor wenigen Stunden eine Bombe hoch. Mindestens 23 Menschen sind dabei umgekommen, 97 weitere wurden verletzt. Alexandria hat was – leider aber nicht nur Gutes …

Drei Tage nach der Rauchwolke über Kairo fliegen wir nach Larnaka (Zypern). Eigentlich wollten wir mit einem Schiff übersetzen. „Die Fähre gibt es nicht mehr", wurde mir jedoch in Alexandria erklärt. „Die Israelis, die Fundamentalisten, die Amis und die Wintermonate sind daran schuld. Vielleicht fährt im Sommer wieder was."

EUROPA ZURÜCK

EUROPA HAT UNS WIEDER

Auf Zypern nutzen wir jede Gelegenheit, um an Weltnachrichten ranzukommen. Der arabische Flächenbrand beginnt in Tunesien und schiebt sich unaufhaltsam gen Osten. Zwischen all den aufwühlenden News versuchen wir, die Insel zu genießen.

Zypern spielte durch seine exponierte Lage im Mittelmeerraum schon immer eine bedeutende Rolle. Griechische Siedler kamen etwa im 11. Jhd. v. Chr. auf die Insel und waren maßgeblich an der Entwicklung der kulturellen Identität hier beteiligt. Die griechische Sprache, Kunst, Religion und Traditionen wurden eingeführt und Städte wurden gegründet, die noch heute existieren. Im Altertum bekannt für reiche Kupfer- und Holzvorkommen, wurde Zypern zunehmend interessanter für andere Großmächte. Assyrer, Ägypter und Perser eroberten und beherrschten die Insel, bis sie schließlich 333 v. Chr. von Alexander dem Großen befreit wurde. Nach Jahrhunderten wechselvoller Geschichte wurde der strategische Wert Zyperns mit Öffnung des Sueskanals 1869 noch größer. Daher übernahm Großbritannien 1878 die Verwaltung der Insel und machte sie 1925 zur Kolonie. Nach vierjährigem Befreiungskampf wurde Zypern 1960 unabhängige Republik. 1974 jedoch überfielen türkische Truppen den Norden und vertrieben ein Drittel der Bevölkerung. Bis heute weigert sich die Türkei, sich aus Zypern zurückzuziehen. Die Insel bleibt geteilt.

Wir beradeln auf gut 500 Kilometern beide Teile und lernen so die theoretischen Gemeinsamkeiten beider Volksgruppen kennen. Für jeden ist heute der Tourismus die „heilige Kuh". Da keine Saison ist, kommt uns zumindest eines zugute: Die Urlaubsorte sind fast leer gefegt. Angenehme Einsamkeitsgefühle machen sich breit. Uns ist es recht, denn kein Bananenboot, keine Stranddisko und kein Budenzauber stören uns bei langen Strandwanderungen. Zwischen den zwei Zypernteilen, das stellen wir zum Ende unserer Inseltour fest, gibt es nur wenige Unterschiede. Zwischen den eigenen Kultstätten kann man heute auch Kultstätten des „Feindes" bewundern. Also erfreut sich so manche Moschee oder manches Kirchlein ihrer Wiederauferstehung im „Feindesland". Dies grenzt an Wunder und ist dem Tourismus geschuldet. Bei den türkischen Zyprioten sind Spielcasinos der große Renner. Die Griechen setzen mehr auf Striptease-Lokalitäten. Irgendwie hat Zypern sich ja in der Vergangenheit den Titel einer „Geldwäscheinsel" erworben. Die geteilte Hauptstadt erinnert nur bedingt an Berlin, denn die ehemals so gewaltige Berliner Mauer ist hier nur ein Mäuerchen, eine Grenze aus Hauswänden und Verbotsschildern an ungefährlich erscheinenden Zäunen. Bizarr, komisch und weltfremd mutet der Ruf zu Gott an, denn über diese luftige

Grenze hinweg vermischen sich die Gebetsrufe und das Glockengeläut zu einer allabendlichen Göttergemeinsamkeit.

Wir müssen drei Tage länger in Girne bleiben, denn auf See stürmt es gewaltig. Dann ist es aber endlich so weit, der Sturm lässt nach und der Kapitän wagt die sechsstündige Überfahrt ins türkische Mersin. Über 1500 Kilometer erradeln wir von Mersin bis Marmaris, dabei geht es immer entlang der türkischen Südküste – bei Wetter so wild, so schön, so saumäßig, so nass, so warm und so unheimlich kalt, wie Wetter zur türkischen Winterzeit nur sein kann. Einfach unberechenbar. Wir sind aber froh, dem nahen Europa ein Schnippchen zu schlagen. Egal, wie das Wetter auch ist, ob es nun regnet, die Sonne scheint oder gar Hagelkörner uns zu Pausen zwingen, die Gebirgskette des mächtigen Taurus ist uns eine treue Begleiterin. Immer von rechts blickt sie auf uns herunter. Schneehauben – mal nah, mal fern, mal wolkenverhangen, mal postkartenschön, manchmal auch regenverhangen unsichtbar – sind ihre wahren Februargesichter. Egal, wo wir auch ankommen, immer ist ein Teil des Berges schon da. Das verschlafene Taşucu, der Burgberg von Alanya, das Ausgrabungsfeld von Side, die Altstadt von Antalya, die Felsengräber von Myra und auch die verspielte Ortschaft Kaş sind für uns besonders hübsche Perlen einer superlangen Perlenkette.

„Würde Atatürk heute kurz erwachen, so wäre er garantiert mächtig stolz auf seine Türken", sage ich in Marmaris zu Mustafa.

„Besuchen die Deutschtürken auf Heimaturlaub die Türkei, dann staunen sie. Sie staunen so wie ihr. Wir brauchen eure EU nicht mehr."

In Marmaris besteigen wir die Fähre zur griechischen Insel Rhodos.

Die Altstadt von Rhodos ist von mächtigen Mauern eingepackt. Kirchen und Moscheen stehen hügelan. Gassen, Gässchen, schmucke Plätze, kleine Häuser, Palmengärten, Kneipen, Kopfsteinpflaster und so manche Pension bilden einen angenehmen Verpackungsinhalt. Aber der Inhalt hilft uns nicht. Wir fühlen uns zwar nicht unwohl, jedoch auch nicht wohl. „Ich will nicht nach Hause. Seit wir wieder in Europa sind, fühle ich mich eingeengt, fremd und nicht gerade glücklich", versucht Gi oft zu erklären.

Die Starkwindtage auf der Insel Kos werden erduldete Wartetage. Wir warten genau fünf Tage auf die nächste Fähre. Es ist Anfang März und es schneit auf dem griechischen Festland, 8 bis 10 beträgt die Windstärke. Unsere Warteinsel erlebt Temperaturen von etwa 0 Grad. „Die Olivenbäume sind in Gefahr. Das gab es noch nie!", erzählen uns die Inselbewohner. „Die Welt wird immer verrückter."

Dann kommt der Wind endlich zur Ruhe. Er lässt stetig nach, wird schwach und schwächer. Unsere Wartegefangenschaft auf Kos hat ein Ende. Mitten in der Nacht verlassen wir die Insel. Wir ergreifen die Möglichkeit zur Flucht, denn Stunden später kann alles wieder anders sein.

„Ich will nicht nach Hause", sagt Gi oft.

Gegen zwei Uhr legen wir auf Santorin an. Nichts ist zu sehen von dem viel gelobten kleinen Archipel. Stockdunkel und fürchterlich kalt ist es. Wir verkriechen uns mit unseren Rädern im Wartesaal, strecken uns auf den Bänken aus und hüllen uns bis über die Köpfe in Decken und Tücher ein. Doch wir schlafen nur kurz. Als die Sonne aufgeht, koche ich recht zügig Kaffee. Wir haben es eilig, denn das Wetter hat umgeschlagen. Die Sonne verspricht einen warmen Tag.

Acht von den zehn Kilometern müssen wir schieben, um die knapp 300 Höhenmeter bis zum Inselhauptort Fira zu überwinden. Die Schieberei stört uns nicht, denn auf diesen Kilometern wird uns bewusst: Das ringförmige Archipel ist etwas ganz Besonderes. Seine Einmaligkeit verdankt es großer vulkanischer Aktivität. Der weiße Kranz der Inselhäuser, das schwarze, graue und rote Farbenspiel der Abbruchkanten und das ewig blau erscheinende Meer bilden eine Symbiose von unvorstellbarer Schönheit. Alles erscheint als fantastisches Schauspiel – unwirklich verwunschen, schwer greifbar, schwer verdaulich schön. Wir vergessen Europa für kurze Zeit.

In Piräus holt uns Europa wieder ein. Griechenland steht vor dem Konkurs. Doch egal, mit wem wir reden, Resteuropa und unsere Bundeskanzlerin Angela Merkel bekommen dabei immer ihr Fett weg. Selbstkritik der Griechen erleben wir nicht. „Die Grundregeln der Demokratie haben bei euch und in Resteuropa versagt. Betrug, Überschuldung, Parteienfilz,

Lügen, Korruption – das sind eure Probleme", sage ich nicht nur zu Niko, dem Kellner im Altstadtviertel von Athen.

In Patras besteigen wir die Fähre nach Venedig. Diese legt recht zentral in der Stadt an. Das ist gut für uns, denn wir brauchen nur wenige Hundert Meter bis zum Bahnhof zu pedalen, dem zentralen Verteilungsplatz für all die einströmenden Venedig-Touristen. Hier beginnen die Kanäle und – welch ein Schreck für uns – auch gleich die vielen Brücken. „Mit den Rädern könnt ihr da nicht rein!", wird uns gleich dreimal versichert. Wir schieben trotzdem die Fahrräder über die erste Brücke, fragen im ersten Hotel und erschrecken über den geforderten Preis.

„30. März!", flüstert mir Gi zu. „Dein Geburtstag! Schluck den Preis!"

Ich schlucke und wir bereuen nicht.

Nach Tagen der Muse radeln wir lange bergauf. Die Nächte im Zelt lassen uns Europa leichter erleben. Über Salzburg treffen wir in München ein. „Herzlich willkommen!", steht auf dem Spruchband über dem reichlich gedeckten Tisch. Unsere drei Münchner Freundinnen überschütten uns mit viel gewohnter Herzlichkeit. Tage später pedalen wir nach genau 48 110 Kilometern in Sonneberg ein. Es ist Samstag, der 16. April 2011, als wir unsere Familie und viele Freunde in die Arme schließen.

Da gab es doch mal den italienischen Trainer bei Bayern München, Giovanni Trapattoni, der sagte 1998 fürchterlich aufgebracht: „Ich habe fertig!"

Und auch wir haben fertig – doch so richtig fertig werden wir selbst damit wohl nie sein.

Und auch wir haben fertig – doch so richtig fertig werden

wir selbst wohl damit nie sein.

Unter: www.grenzenlosabenteuer.de

finden sie die jeweils aktuellen Termine zu den Vorträgen der Weltumradlung sowie

weitere Bilder.

SCHLUSSGEDANKEN UND DANKESCHÖN

VIER WOCHEN SPÄTER

Während unserer Fahrradtour hatte ich selbst nie einen Termin bei einem Arzt. Nach drei Wochen in Deutschland holen mich jedoch Bauchschmerzen ein. Es ist aber keine Magenverstimmung. Ein Pole untersucht mich in der Notaufnahme. Ein Rumäne gibt mir die Narkose und ein deutscher Arzt schnippelt mir den Blinddarm raus. Das Leben ist irgendwie verrückt! Noch immer sind wir nicht richtig in Deutschland angekommen, denn Deutschland hat sich verändert. Wir haben uns verändert. Die ganze Welt verändert sich. Dies merken wir auch an den Nachrichten, denn egal, welch ein Tag gerade ist, Weltnachrichten – meist nicht so gute – gibt es immer. So werden wir oft bei den Sichtungen der vielen Digitalbilder, der Aufzeichnungen und eben dieser täglichen Nachrichten zurückgeholt in unsere fernen Länder. Dies geschieht auf verträgliche und unverträgliche Weise: Wir sind weit sensibler für die Probleme der Welt geworden. Umweltschutz, Klimaveränderung, Krieg, Überbevölkerung, Unterernährung, Übergewicht, Gewaltzunahme, Globalisierung, Religionskonflikte, Reichtum, Armut und Terror – sie bemächtigen sich unseren Gehirnwindungen, egal, unter welchem Vorwand. Wir sind aber auch sensibler für die Schönheiten der Welt geworden.

Landschaften, Gastfreundschaft, Herzlichkeit, Tiere, Verzicht, heiße Tage, kalte Tage, Sonne, Mond, Sterne, Berge, Flüsse und, und, und – all das gesellt sich dazu. All diese positiven und negativen Weltgedanken fügen ein Wesen zusammen. Das Wesen ist die Menschheit. Es ist wichtig, an eine gute Menschheit zu glauben. Und in der Regel sind die Menschen auch prima, egal, wo sie leben. Wir selbst haben den wenigen, die uns nicht wohlgesonnen waren, schon längere Zeit verziehen. Wir hoffen aber auch, dass diejenigen, die wir bewusst oder unbewusst enttäuscht haben, uns ebenfalls verziehen haben. Zu danken haben wir vielen – stellvertretend für alle anderen danken wir besonders unseren Müttern für die positive Erduldung unserer etwas längeren Fahrradtour, Matthias für die übernommene Heimatbürokratie und Martin für die vielen wertvollen Tipps. Wir danken weiterhin Osman in Omorate, den Zahnärzten im Iran, dem kochenden Iman, „Nachdenker", „Zukunft", meinem Gesprächspartner zum Thema Gott in Äthiopien, den kubanischen Pionieren und auch den stolzen Menschen auf Sokotra. Allen war eines gemein: Sie waren sehr reich an Herzlichkeit, Hilfsbereitschaft, Gastfreundschaft und menschlicher Wärme. Für mich waren sie zudem lebendige Geschichten. Auch dafür bin ich ihnen sehr dankbar.

Die Sehnsucht

ist mein Kompass ...

Unsere Bücher handeln vom Reisen abseits der üblichen Routen und berichten damit von Abenteuern aus erster Hand.